PRINCÍPIOS

de CONTABILIDADE
COMENTADOS

2ª EDIÇÃO

JULIANA MOURA RIBEIRO COELHO

OSNI MOURA RIBEIRO

PRINCÍPIOS
de CONTABILIDADE
COMENTADOS

Atualizado conforme as Leis n. 11.638/2007 e n. 11.941/2009 e NBCS TGS convergentes com as Normas Internacionais de Contabilidade IFRS

saraiva uni

ISBN 978-85-7144-035-7

Dados Internacionais de Catalogação na Publicação (CIP)
Angélica Ilacqua CRB-8/7057

Coelho, Juliana Moura Ribeiro
   Princípios de contabilidade comentados / Juliana Moura Ribeiro
Coelho, Osni Moura Ribeiro. – 2. ed. – São Paulo: Saraiva Educação,
2019.

   Contempla a NBC TG Estrutura Conceitual – Estrutura Concei-
tual para Elaboração e Divulgação de Relatório Contábil-Financeiro
   Bibliografia
   ISBN 978-85-7144-035-7

   1. Contabilidade I. Título II. Ribeiro, Osni Moura Fernando
Soares III. Queiroz, Timóteo Ramos

19-1017
         CDU 657
         CDD 657

Índices para catálogo sistemático:
1. Contabilidade

Av. Doutora Ruth Cardoso, 7221, 1º Andar
Pinheiros – São Paulo – SP – CEP: 05425-902

SAC | Dúvidas referente a conteúdo editorial,
material de apoio e reclamações:
sac.sets@somoseducacao.com.br

Direção executiva	Flávia Alves Bravin
Direção editorial	Renata Pascual Müller
Gerência editorial	Rita de Cássia S. Puoço
Coordenação editorial	Fernando Alves
Edição	Ana Laura Valerio Neto Bach Thiago Fraga
Produção editorial	Alline Garcia Bullara Amanda Mota Loyola Daniela Nogueira Secondo Estela Janiski Zumbano
Serviços editoriais	Juliana Bojczuk Fermino
Revisão	Rosângela Barbosa Equipe Join
Diagramação	Join Bureau
Arte da capa	Aero Comunicação
Adaptação da capa	Daniela Nogueira Secondo
Impressão e acabamento	Gráfica Paym

2ª edição

ERP 302.831.002.001

COD. OBRA 10258   CL 651870   CAE 658894

Sobre os autores

Osni Moura Ribeiro é bacharel em Ciências Contábeis e professor de Contabilidade Geral, Comercial, Intermediária, Avançada, Gerencial, Pública, Tributária, de Custos, Auditoria e Análise das Demonstrações Contábeis.

Já ocupou cargos de contador, analista contábil, inspetor contábil, auditor e agente fiscal de rendas da Secretaria da Fazenda do Estado de São Paulo. Atua como auditor e consultor de vários órgãos públicos e empresas particulares.

É também palestrante e autor das seguintes obras publicadas pela Editora Saraiva Educação: *Auditoria* (Série em Foco) – 3ª edição (coautor), *Contabilidade Básica* (Série em Foco) – 30ª edição, *Contabilidade Comercial* (Série em Foco) – 19ª edição, *Contabilidade de Custos* (Série em Foco) – 10ª edição, *Contabilidade Geral* (Série em Foco) – 10ª edição, *Estrutura e Análise de Balanços* (Série em Foco) – 12ª edição, *Contabilidade Avançada* – 6ª edição, *Contabilidade Básica*, versão universitária – 4ª edição, *Contabilidade de Custos*, versão universitária – 5ª edição, *Contabilidade Fundamental* – 5ª edição, *Contabilidade Intermediária* – 5ª edição, *Contabilidade para Concursos e Exame de Suficiência* – 2ª edição (coautor), *Demonstrações Financeiras* – 4ª edição, *Introdução à Contabilidade Gerencial* – 3ª edição (coautor), *Introdução à Contabilidade Tributária* – 2ª edição (coautor), *Gestão Organizacional com Ênfase nas organizações hospitalares* – 1ª edição (coautor) e *Ética na contabilidade* – 1ª edição (coautor).

Juliana Moura Ribeiro Coelho é pós-graduada pelo Instituto Brasileiro de Mercado de Capitais (IBMEC-SP)/INSPER (Certificate in Financial Management) e graduada em Economia pela Pontifícia Universidade Católica de São Paulo (PUC-SP). Possui, também, formação em mercado financeiro e derivativos em cursos ministrados pelas principais instituições de ensino na área (New York University, B3 e Instituto de Ensino e Pesquisa – INSPER).

Atuou durante quatro anos como auditora externa pela Ernst & Young e atua há mais de dez anos como auditora interna em instituições financeiras brasileiras, tendo trabalhado também por dois anos no mercado norte-americano.

Apresentação

Com o advento da Lei n. 11.638, de 27 de dezembro de 2007, e da Lei n. 11.941, de 27 de maio de 2009, que promoveram importantes alterações na Lei n. 6.404, de 15 de dezembro de 1976 (Lei das Sociedades por Ações), iniciou-se um processo de mudanças nos procedimentos contábeis até então praticados no Brasil, de modo a adequá-los aos padrões internacionais de contabilidade praticados nos principais mercados financeiros.

O Conselho Federal de Contabilidade (CFC), imbuído nesse movimento de convergência, iniciou também, a partir de 2007, um processo de atualização das Normas Brasileiras de Contabilidade e de Auditoria, para adequá-las às novas normas internacionais que entraram em vigor nos principais países do mundo, especificamente nos países da Europa, Estados Unidos e Japão, a partir de 2008.

Nesse novo cenário, o CFC aprovou, em 28 de março de 2008, por meio da Resolução CFC n. 1.121, a NBC TG ESTRUTURA CONCEITUAL – Estrutura Conceitual para Elaboração e Apresentação das Demonstrações Contábeis, cuja Resolução foi revogada em 8 de dezembro de 2011, pela n. 1.374, que aprovou a NBC TG ESTRUTURA CONCEITUAL – Estrutura Conceitual para Elaboração e Divulgação de Relatório Contábil-Financeiro, com o objetivo de estabelecer os conceitos que fundamentam a elaboração e a apresentação de Demonstrações Contábeis nos padrões internacionais.

Em 2019, procedemos a uma importante reformulação nesta obra, atualizando e reescrevendo todos os capítulos, criando um capítulo específico para as Normas Brasileiras de Contabilidade (NBCs) e redistribuindo as atividades teóricas, na primeira edição agrupadas em seção única, para o final de cada capítulo.

Com a reformulação que resultou na segunda edição, esta obra ficou mais útil aos professores, estudantes e profissionais que atuam na área contábil, fomentando a discussão da validade e aplicabilidade dos Princípios de Contabilidade, das características qualitativas da informação contábil-financeira útil e de outros conceitos de contabilidade tratados na NBC TG ESTRUTURA CONCEITUAL – Estrutura Conceitual para Elaboração e Divulgação de Relatório Contábil-Financeiro.

O livro está estruturado como segue:

No Capítulo 1 apresentamos informações históricas acerca dos Princípios de Contabilidade no Brasil. Tratamos de vários temas, como a Estrutura Conceitual Básica da Contabilidade, a Estrutura Conceitual fundamentada no IASB e a revogação da Resolução CFC n. 750, de 1993.

No Capítulo 2 tratamos das NBCs, enfocando a estrutura e o caminho que percorrem desde a elaboração e a divulgação pelo IASB até serem transformadas em normas brasileiras de contabilidade, concluindo com os objetivos de todas as normas brasileiras do tipo NBC TG.

Nos Capítulos 3 a 8 discutimos a essência, validade e aplicabilidade dos Princípios de Contabilidade.

No Capítulo 9 apresentamos as características qualitativas da informação contábil-financeira útil que, juntamente com os Princípios de Contabilidade, constituem padrões que devem ser assumidos por todos os contabilistas no exercício das atividades profissionais.

Por fim, no tópico denominado Anexos, apresentamos documentos importantes, inclusive a NBC TG ESTRUTURA CONCEITUAL – Estrutura Conceitual para Elaboração e Divulgação de Relatório Contábil-Financeiro, na íntegra.

Esperamos que com mais este trabalho estejamos contribuindo para que o ensino e a aprendizagem da Ciência Contábil fiquem cada vez mais fáceis e acessíveis a um número cada vez maior de pessoas interessadas.

Os autores.

Sumário

1 Princípios de Contabilidade

> O ponto de partida para qualquer área do conhecimento humano deve ser sempre os princípios que a sustentam. Esses princípios espelham a ideologia de determinado sistema, seus postulados básicos e seus fins. Vale dizer, os princípios são eleitos como fundamentos e qualificações essenciais da ordem que institui. Os princípios possuem o condão de declarar e consolidar os altos valores da vida humana e, por isso, são considerados pedras angulares e vigas-mestras do sistema.[1]

1.1 Conceito

Na literatura contábil brasileira, os Princípios de Contabilidade recebem diversas denominações: fundamentos, postulados, premissas, conceitos, guias, bases, mandamentos, pressupostos fundamentais de contabilidade etc.

---

[1] Parte da Introdução ao Apêndice II da Resolução CFC n. 750, de 1993, aprovado pela Resolução CFC n. 1.111, de 2007. Vale dizer que essas duas Resoluções foram revogadas pela NBC TSP ESTRUTURA CONCEITUAL – Estrutura Conceitual para elaboração e divulgação de informação contábil de propósito geral pelas entidades do setor público, aprovada pelo CFC em seu plenário de 23 de setembro de 2016.

Os Princípios de Contabilidade representam a essência das doutrinas e teorias relativas à Ciência da Contabilidade, consoante o entendimento predominante nos universos científico e profissional de nosso País. Concernem, pois, à Contabilidade no seu sentido mais amplo de Ciência Social, cujo objeto é o patrimônio das entidades.[2]

Os Princípios de Contabilidade, portanto, são preceitos que devem, obrigatoriamente, ser adotados por todos os contabilistas no exercício de suas atividades profissionais, sejam eles contadores ou técnicos em Contabilidade, visando à uniformização não apenas dos registros contábeis como também de todos os procedimentos que envolvam a Ciência Contábil.

Sabemos que o produto final da contabilidade são os relatórios elaborados a partir da escrituração contábil, sendo mais comuns as demonstrações contábeis como o Balanço Patrimonial, a Demonstração do Resultado do Período, a Demonstração dos Fluxos de Caixa, entre outras. Assim, para possibilitar a comparabilidade das informações apresentadas nos relatórios contábeis, é preciso que os procedimentos adotados pelos contabilistas sejam uniformes em todo o mundo.

O trabalho dos profissionais da contabilidade é direcionado pelas normas contábeis, elaboradas à luz dos princípios de Contabilidade e derivadas, no Brasil, do Conselho Federal de Contabilidade (CFC), que as elabora em consonância com as Normas Internacionais de Contabilidade, do inglês International Financial Reporting Standards (IFRS), emitidas pelo International Accounting Standards Board (IASB) com sede em Londres, na Inglaterra.

1.2 Os primeiros princípios no Brasil

Com a finalidade de uniformizar os procedimentos contábeis praticados no Brasil – uma vez que não havia consenso entre os contabilistas brasileiros acerca do conceito, do conteúdo e da abrangência dos princípios vigentes – o CFC, por meio da Resolução CFC n. 530, de 23 de outubro de 1981, aprovou no Brasil, pela primeira vez, os Princípios Fundamentais de Contabilidade, inserindo-os na Norma Brasileira de Contabilidade NBC – T1.

O CFC definiu conceitos e postulados gerais emanados da doutrina contábil como princípios, considerando, durante sua fixação, a variedade de denominações utilizadas em outros países, como regras, convenções, postulados, conceitos, guias, bases ou pressupostos fundamentais de contabilidade. Naquela época, o CFC estabeleceu que a aplicação dos princípios visava ao tratamento contábil uniforme dos atos e fatos administrativos e das demonstrações deles decorrentes.

---

[2] Texto extraído do art. 2º da revogada Resolução CFC n. 750, de 1993.

No Brasil, o primeiro grupo de princípios recebeu do CFC a denominação de "Princípios Fundamentais de Contabilidade", sendo composto de dezesseis princípios: da Entidade, da Qualificação e Quantificação dos Bens Patrimoniais, da Expressão Monetária, da Competência, da Oportunidade, da Formalização dos Registros Contábeis, da Terminologia Contábil, da Equidade, da Continuidade, da Periodicidade, da Prudência, da Uniformidade, da Informação, dos Atos e Fatos Aleatórios, da Correção Monetária e da Integração.

1.3 A primeira revisão dos princípios no Brasil

Em 29 de dezembro de 1993, por meio da Resolução n. 750, o CFC revogou a Resolução n. 530, de 1981, justificando que a evolução da última década na área da Ciência Contábil reclamava a atualização substantiva e adjetiva dos Princípios Fundamentais de Contabilidade.

Assim, a partir de 1º de janeiro de 1994, os dezesseis Princípios Fundamentais de Contabilidade passam a ser 7, com as seguintes intitulações: da Entidade, da Continuidade, da Oportunidade, do Registro pelo Valor Original, da Atualização Monetária, da Competência e da Prudência.

Em 16 de dezembro de 1994, o CFC, considerando a conveniência de esclarecer melhor o conteúdo e a abrangência dos Princípios Fundamentais de Contabilidade, aprovou, por meio da Resolução CFC n. 774, o Apêndice à Resolução sobre os Princípios Fundamentais de Contabilidade.

Em 29 de novembro de 2007, o CFC, por meio da Resolução n. 1.111, aprovou o Apêndice II da Resolução CFC n. 750, de 1993, tratando da interpretação dos Princípios de Contabilidade sob a perspectiva do setor público.

1.4 A segunda revisão dos princípios no Brasil

Em 28 de maio de 2010, por meio da Resolução n. 1.282, o CFC atualizou e consolidou dispositivos da Resolução CFC n. 750, de 1993, apresentando as seguintes justificativas:

> CONSIDERANDO que, por conta do processo de convergência às normas internacionais de contabilidade, o Conselho Federal de Contabilidade aprovou a NBC TG ESTRUTURA CONCEITUAL – Estrutura Conceitual para Elaboração e Apresentação das Demonstrações Contábeis, que discute a aplicabilidade dos Princípios Fundamentais de Contabilidade contidos na Resolução CFC n. 750, de 1993;

> CONSIDERANDO a necessidade de manutenção da Resolução CFC n. 750, de 1993, que tinha sido e continuava sendo referência para outros organismos normativos e reguladores brasileiros;

CONSIDERANDO a importância do conteúdo doutrinário apresentado na Resolução CFC n. 750, de 1993, que continuava sendo, naquele novo cenário convergido, o alicerce para o julgamento profissional na aplicação das Normas Brasileiras de Contabilidade;

CONSIDERANDO que, para assegurar a adequada aplicação das Normas Brasileiras de Contabilidade à luz dos Princípios de Contabilidade, há a necessidade de harmonização dos dois documentos vigentes (Resolução CFC n. 750, de 1993, e NBC TG ESTRUTURA CONCEITUAL – Estrutura Conceitual para Elaboração e Divulgação de Relatório Contábil-Financeiro;

CONSIDERANDO que, por conta dessa harmonização, a denominação de Princípios Fundamentais de Contabilidade deveria ser alterada para Princípios de Contabilidade, visto ser suficiente para o perfeito entendimento dos usuários das demonstrações contábeis e dos profissionais da Contabilidade.

Assim, por decisão do CFC, "Princípios Fundamentais de Contabilidade" tornou-se "Princípios de Contabilidade"; o art. 8°, que tratava do Princípio da Atualização Monetária, passou a incorporar o princípio do registro pelo valor original; diferentes partes de outros artigos foram revogados, procedendo, ainda, modificações nas redações dos arts. 5°, 6°, 7°, 9° e no § 1° do art. 10, da Resolução CFC n. 750, de 1993; e a Resolução CFC n. 774, que tratava do Apêndice à Resolução sobre os Princípios Fundamentais de Contabilidade, também foi revogada. Tudo isso por causa do processo de convergência das Normas Brasileiras de Contabilidade (NBCs) às Normas Internacionais de Contabilidade (NICs).

Com a revogação do Princípio da Atualização Monetária, a partir de 28 de maio de 2010, os Princípios de Contabilidade que eram obrigatoriamente adotados por todos os contabilistas brasileiros eram: da Entidade, da Continuidade, da Oportunidade, do Registro pelo Valor Original, da Competência e da Prudência.

Em 25 de novembro de 2011, o CFC, por meio da Resolução n. 1.367, alterou o Apêndice II da Resolução CFC n. 750, de 1993.

1.5 Estrutura Conceitual básica da Contabilidade

Em 5 de fevereiro de 1986, a Comissão de Valores Mobiliários (CVM), por meio da Deliberação n. 29, aprovou e referendou a Estrutura Conceitual Básica da Contabilidade – estudo elaborado pelo Instituto Brasileiro de Pesquisas Contábeis, Atuariais e Financeiras (Ipecafi), que, na época, foi também aprovado pelo Instituto Brasileiro de Contadores (Ibracon). Com a aprovação pela CVM, esse documento passou a ser de adoção obrigatória para todas as companhias abertas registradas nesse órgão.

O documento elaborado pela Ipecafi que norteou o estudo da Ciência Contábil no Brasil por várias décadas tratou dos seguintes assuntos: Objetivos da Contabilidade, Cenários Contábeis e Princípios (Conceitos) Fundamentais de Contabilidade. É importante destacar que parte dos conceitos discutidos pelo Ipecafi estava contida na Resolução CFC n. 750, de 1993 e na NBC TG ESTRUTURA CONCEITUAL – Estrutura Conceitual para Elaboração e Divulgação de Relatório Contábil-Financeiro, aprovada pela Resolução CFC n. 1.374, de 2011.

No estudo realizado pelo Ipecafi, para as finalidades nele propostas, os Princípios (Conceitos) Fundamentais de Contabilidade foram classificados em três categorias básicas, a saber: Postulados ambientais da Contabilidade; Princípios contábeis propriamente ditos e Convenções Contábeis.

O mencionado estudo do Ipecafi, dividiu os Princípios contábeis propriamente ditos em quatro tipos: Princípio do Custo como Base de Valor; Princípio do Denominador Comum Monetário; Princípio da Realização da Receita e Princípio do Confronto das Despesas com as Receitas e com os Períodos Contábeis.

As convenções tratadas foram também quatro: Objetividade; Materialidade; Conservadorismo e Consistência ou uniformidade.

Finalmente, é importante destacar que em 14 de março de 2008, por meio da Deliberação CVM n. 539, a Comissão de Valores Mobiliários (CVM), ao mesmo tempo que revogou a Deliberação CVM n. 29, de 5 de fevereiro de 1986, aprovou e tornou obrigatório, para as companhias abertas, o Pronunciamento Conceitual Básico que dispõe sobre a Estrutura Conceitual para a Elaboração e Apresentação das Demonstrações Contábeis, emitido pelo Comitê de Pronunciamentos Contábeis (CPC), cujo pronunciamento foi transformado pelo CFC na NBC TG ESTRUTURA CONCEITUAL – Estrutura Conceitual para Elaboração e Divulgação de Relatório Contábil-Financeiro, aprovada pela Resolução n. 1.374, de 2011.

1.6 Estrutura Conceitual fundamentada no IASB

A Estrutura Conceitual atualmente em vigor no Brasil foi transformada pelo CFC na NBC TG ESTRUTURA CONCEITUAL – Estrutura Conceitual para Elaboração e Divulgação de Relatório Contábil-Financeiro. Essa NBC foi aprovada pela Resolução CFC n. 1.374, de 8 de dezembro de 2011, tendo em vista a edição do Pronunciamento Conceitual Básico (R1) pelo CPC, que tem por base o The Conceptual Framework for Financial Reporting (IASB – BV 2011 Blue Book).

A mencionada Resolução revogou a Resolução CFC n. 1.121, de 2008, que tinha aprovado a NBC TG ESTRUTURA CONCEITUAL – Estrutura Conceitual para Elaboração e Apresentação das Demonstrações Contábeis.

É importante destacar que o CFC, no processo de convergência das NBCs aos padrões internacionais, por meio de Resoluções ou pelo seu plenário, aprova as NBCs técnicas do tipo NBC TG, com fundamento nos Pronunciamentos Técnicos CPCs do CPC, convergentes com as Normas Internacionais de Contabilidade IFRS, emitidas pelo IASB.

O CFC apresenta informações importantes no prefácio da NBC TG Estrutura Conceitual (1):[3]

> O International Accounting Standards Board (IASB) está em pleno processo de atualização de sua Estrutura Conceitual. O projeto dessa Estrutura Conceitual está sendo conduzido em fases.
>
> À medida que um capítulo é finalizado, itens da Estrutura Conceitual para Elaboração e Apresentação das Demonstrações Contábeis, que foi emitida em 1989, vão sendo substituídos. Quando o projeto da Estrutura Conceitual for finalizado, o IASB terá um único documento, completo e abrangente, denominado Estrutura Conceitual para Elaboração e Divulgação de Relatório Contábil-Financeiro (The Conceptual Framework for Financial Reporting).
>
> Esta versão da Estrutura Conceitual inclui dois capítulos que o IASB aprovou como resultado da primeira fase do projeto da Estrutura, o Capítulo 1 – objetivo da elaboração e divulgação de Relatório Contábil-Financeiro de propósito geral e o Capítulo 3 – Características qualitativas da informação contábil-financeira útil.
>
> O Capítulo 2 tratará do conceito relativo à entidade que divulga a informação.
>
> O Capítulo 4 contém o texto remanescente da antiga Estrutura Conceitual.
>
> A tabela de equivalência, ao término desta publicação, evidencia a correspondência entre os conteúdos do documento Estrutura Conceitual para Elaboração e Apresentação das Demonstrações Contábeis e a atual Estrutura Conceitual para Elaboração e Divulgação de Relatório Contábil-Financeiro. [...]

A NBC TG Estrutura Conceitual estabelece os conceitos que fundamentam a elaboração e a apresentação de Demonstrações Contábeis destinadas a usuários externos, com a função, conforme consta na própria NBC TG, de:

a) dar suporte ao desenvolvimento de novas normas, interpretações e comunicados técnicos e à revisão dos já existentes, quando necessário;

b) dar suporte à promoção da harmonização das regulações, das normas contábeis e dos procedimentos relacionados à apresentação das Demonstrações Contábeis, provendo uma base para a redução do número de tratamentos contábeis alternativos permitidos pelas normas, interpretações e comunicados técnicos;

c) dar suporte aos órgãos reguladores nacionais;

d) auxiliar os responsáveis pela elaboração das Demonstrações Contábeis na aplicação das normas, interpretações e comunicados técnicos e no tratamento de assuntos que ainda não tenham sido objeto desses documentos;

---

[3] Em algumas citações deste livro, por razão de simplificação, adotaremos a denominação "NBC TG Estrutura Conceitual" em substituição a "NBC TG ESTRUTURA CONCEITUAL – Estrutura Conceitual para Elaboração e Divulgação de Relatório Contábil-Financeiro".

e) auxiliar os auditores independentes a formar sua opinião sobre a conformidade das Demonstrações Contábeis com as normas, interpretações e comunicados técnicos;

f) auxiliar os usuários das Demonstrações Contábeis na interpretação de informações nelas contidas, elaboradas em conformidade com as normas, interpretações e comunicados técnicos; e

g) proporcionar aos interessados informações sobre o enfoque adotado na formulação das normas, das interpretações e dos comunicados técnicos.

As Demonstrações Contábeis elaboradas dentro do que prescreve tal Estrutura Conceitual objetivam fornecer informações úteis para a tomada de decisões econômicas e avaliações por parte dos usuários em geral.

É importante destacar, mais uma vez, que a Estrutura Conceitual aborda:

a. o objetivo da elaboração e divulgação de Relatório Contábil-Financeiro;

b. as características qualitativas da informação contábil-financeira útil;

c. a definição, o reconhecimento e a mensuração dos elementos a partir dos quais as Demonstrações Contábeis são elaboradas; e

d. os conceitos de capital e de manutenção de capital.

O Capítulo 1 da NBC TG em destaque apresenta o objetivo do Relatório Contábil-Financeiro de Propósito Geral. O item OB1 estabelece que o objetivo da elaboração e divulgação de Relatório Contábil-Financeiro de propósito geral constitui o pilar da Estrutura Conceitual. O Capítulo 2, que será apresentado futuramente, trata do conceito relativo à entidade que divulga a informação. O Capítulo 3 apresenta as Características Qualitativas da Informação Contábil-Financeira Útil, tratadas no Capítulo 9 deste livro. O Capítulo 4 mantém itens remanescentes da antiga Estrutura Conceitual, como: Premissa Subjacente (Continuidade), Elementos das Demonstrações Contábeis (Posição patrimonial e financeira, Ativos, Passivos, Patrimônio Líquido, Receitas, Despesas, Ajustes para Manutenção de Capital), Reconhecimento dos Elementos das Demonstrações Contábeis (Probabilidade de futuros benefícios econômicos, Confiabilidade da mensuração, Reconhecimento de Ativos, Reconhecimento de Passivos, Reconhecimento de Receitas e Reconhecimento de Despesas), Mensuração dos Elementos das Demonstrações Contábeis e Conceitos de Capital e de Manutenção de Capital.

Veja a NBC TG ESTRUTURA CONCEITUAL – Estrutura Conceitual para Elaboração e Divulgação de Relatório Contábil-Financeiro, na íntegra, no Anexo 1 deste livro.

Portanto, com a aprovação da NBC TG Estrutura Conceitual, a literatura contábil brasileira passou a contar com dois documentos derivados do próprio CFC, tratando do mesmo assunto: Resolução CFC n. 750, de 1993, e NBC TG ESTRUTURA CONCEITUAL – Estrutura Conceitual para Elaboração e Divulgação de Relatório Contábil-Financeiro.

1.7 Revogação da Resolução CFC n. 750, de 1993

É importante esclarecer que, no Brasil, a expressão "Princípios de Contabilidade" sempre esteve vinculada ao conjunto de princípios aprovados pelo CFC por meio de Resoluções.

Com a revogação da Resolução CFC n. 750, de 1993, (que dispunha sobre os Princípios de Contabilidade), por meio da NBC TSP ESTRUTURA CONCEITUAL – Estrutura Conceitual para Elaboração e Divulgação de Informação Contábil de Propósito Geral Pelas Entidades do Setor Público, aprovada pelo CFC em seu plenário de 23 de setembro de 2016, ficou a impressão de que os Princípios de Contabilidade foram extintos.

O CFC revogou a Resolução que tratava dos princípios e não os princípios em si, uma vez que não cabe ao CFC extinguir Princípios de Contabilidade, mas sim normatizar e fiscalizar a profissão contábil, além de, a logo prazo, bem orientar o profissional da contabilidade para aplicar as normas de contabilidade elaboradas à luz dos princípios e das convenções contábeis geralmente aceitas internacionalmente, visando à uniformização dos procedimentos contábeis praticados no Brasil para que sejam convergentes com os procedimentos contábeis praticados nos demais países do mundo.

Com o ingresso no Brasil das Normas Internacionais de Contabilidade a partir de 1º de janeiro de 2008, o CFC tratou de transformar tais normas internacionais em NBCs, para que fossem adotadas por todos os contabilistas brasileiros no exercício de suas atividades profissionais.

Assim, com a edição da NBC TG Estrutura Conceitual, aprovada pela Resolução CFC n. 1.121, de 2008, com nova redação dada pela Resolução CFC n. 1.374, de 2011, passaram a vigorar no Brasil, conforme já dissemos, dois documentos tratando do mesmo assunto, embora com intitulações, quantidades e enfoques diferentes.

Dos seis princípios constantes da revogada Resolução CFC n. 750, de 1993, não há correlação somente para o Princípio da Prudência: a NBC dedicou todo o Capítulo 2 à entidade que reporta a informação contábil; o Princípio da Continuidade é tratado no item 4.1, considerando-o como premissa subjacente; o Princípio da Oportunidade é tratado como uma das características qualitativas de melhoria, no item QC29, com o título de tempestividade; o Princípio do Registro pelo Valor Original é respaldado na introdução e nos itens QC13, 4.55 e 4.56; e, finalmente, o Princípio da Competência é tratado pela NBC como regime de competência nos itens OB17 e OB19.

1.8 Primazia da essência sobre a forma

A expressão "primazia da essência sobre a forma", bandeira insubstituível das Normas Internacionais de Contabilidade derivadas do IASB, significa que, na escrituração contábil, as normas contábeis devem prevalecer sobre as exigências legais, sendo aplicada nas situações em que determinações legais sejam incompatíveis com procedimentos contábeis disciplinados pelas normas contábeis.

Seria, então, o tesouro público prejudicado com a aplicação dessa regra? A adoção dessa regra não implica desobediência às exigências da legislação tributária. O fisco adota mecanismos que o resguarda de procedimentos contábeis que conflitam com seus interesses.

A regra "primazia da essência sobre a forma" encontra respaldo no § 2º do art. 177 da Lei n. 6.404, de 1976, onde está estabelecido que a companhia observará exclusivamente em livros ou registros auxiliares, sem qualquer modificação da escrituração mercantil e das demonstrações reguladas nesta Lei, as disposições da lei tributária, ou de legislação especial sobre a atividade que constitui seu objeto, que prescrevam, conduzam ou incentivem a utilização de métodos ou critérios contábeis diferentes ou determinem registros, lançamentos ou ajustes ou, ainda, a elaboração de outras demonstrações financeiras.

Portanto, sempre que um procedimento contido em norma contábil contrariar interesses do fisco, o contabilista, respaldado pela Lei n. 6.404, de 1976, atenderá na sua escrituração as determinações da referida norma contábil. Caso o procedimento gere alguma diferença que resulte em redução de base de cálculo e implique a falta de recolhimento de parte ou do total de algum tributo, essa diferença será oferecida ao fisco para tributação.

Quando a aplicação de uma norma contábil resultar em redução na base de cálculo da Contribuição Social sobre o Lucro Líquido ou do Imposto de Renda sobre o Lucro Líquido, o ajuste será feito no Livro Eletrônico de Escrituração e Apuração do Imposto sobre a Renda e da Contribuição Social sobre o Lucro Líquido da Pessoa Jurídica Tributada pelo Lucro Real (e-Lalur), instituído pela Instrução Normativa RFB n. 989, de 2009.

São exemplos de despesas reconhecidas pelas normas contábeis e não contempladas pelo fisco as derivadas de perdas estimadas para ajustar saldos de contas representativas de direitos a receber de clientes, as derivadas de perdas estimadas para ajustar saldos de contas representativas de estoques ao valor realizável líquido, as derivadas de variações nas taxas de depreciação, amortização e exaustão em decorrência da aplicação do teste de recuperabilidade em bens do ativo imobilizado e intangível quando divergirem das taxas admitidas pelo fisco etc.

São exemplos de receitas reconhecidas pelas normas contábeis e não admitidas pelo fisco as receitas de participações societárias resultantes da aplicação do método da equivalência patrimonial, do recebimento de dividendos etc.

É sempre conveniente destacar que a aplicação da regra "primazia da essência sobre a forma" nem sempre implicará a falta de recolhimento de tributos. Pode haver situações em que formalizações legais ou contratuais resultem em procedimentos não contemplados por alguma norma contábil.

Veja, por exemplo, o estabelecido no item 4.6 da NBC TG ESTRUTURA CONCEITUAL – Estrutura Conceitual para Elaboração e Divulgação de Relatório Contábil-Financeiro, aprovada pela Resolução CFC n. 1.374, de 2011:

4.6. Ao avaliar se um item se enquadra na definição de Ativo, Passivo ou Patrimônio Líquido, deve-se atentar para a sua essência subjacente e realidade econômica e não apenas para sua forma legal. Assim, por exemplo, no caso do arrendamento mercantil financeiro, a essência subjacente e a realidade econômica são a de que o arrendatário adquire os benefícios econômicos do uso do Ativo arrendado pela maior parte da sua vida útil, em contraprestação de aceitar a obrigação de pagar por esse direito valor próximo do valor justo do Ativo e o respectivo encargo financeiro. Dessa forma, o arrendamento mercantil financeiro dá origem a itens que satisfazem à definição de Ativo e de Passivo e, portanto, devem ser reconhecidos como tais no Balanço Patrimonial do arrendatário.

Veja, também, o que estabelece o item 4.12 da mesma NBC TG:

4.12. Muitos ativos, como, por exemplo, contas a receber e imóveis, estão associados a direitos legais, incluindo o direito de propriedade. Ao determinar a existência do ativo, o direito de propriedade não é essencial. Assim, por exemplo, um imóvel objeto de arrendamento mercantil será um ativo, caso a entidade controle os benefícios econômicos que são esperados que fluam da propriedade. Embora a capacidade de a entidade controlar os benefícios econômicos normalmente resulte da existência de direitos legais, o item pode, contudo, satisfazer à definição de ativo mesmo quando não houver controle legal. Por exemplo, o conhecimento (*know-how*) obtido por meio da atividade de desenvolvimento de produto pode satisfazer à definição de ativo quando, mantendo esse conhecimento (*know-how*) em segredo, a entidade controlar os benefícios econômicos que são esperados que fluam desse ativo.

1.9 Características qualitativas da informação contábil-financeira útil

As características qualitativas, conforme já comentamos, são tratadas no Capítulo 3 da NBC TG ESTRUTURA CONCEITUAL, e identificam os tipos de informação que serão apresentadas nos Relatórios Contábil-Financeiros (informação contábil-financeira), dividindo-se em duas categorias:

a. características qualitativas fundamentais (Relevância e Representação fidedigna); e
b. características qualitativas de melhoria (Comparabilidade, Verificabilidade, Tempestividade e Compreensibilidade).

Essas características serão abordadas com mais detalhes no Capítulo 9 deste livro.

1.10 Normas de Contabilidade

Normas de contabilidade, são padrões adotados por todos os contabilistas, no exercício de suas atividades profissionais.

Na literatura contábil, a palavra norma é utilizada como sinônimo de preceito, regra, modelo, padrão, postulado, premissa, convenção, conceito, pressuposto fundamental de contabilidade e até de lei e mandamento norteadores dos procedimentos dos profissionais que atuam na área contábil. Isso acontece para que haja uniformização nos registros contábeis e, consequentemente, nos dados informados ñas demonstrações contábeis, isto é, nos produtos finais da contabilidade.

No Brasil, conforme já comentamos, o CFC é o órgão responsável pela fiscalização e normatização dos procedimentos executados pelos profissionais que atuam na área contábil e é desse órgão que emanam as NBCs, convergentes com as Normas Internacionais de Contabilidade, conforme trataremos no Capítulo 2 deste livro.

1.11 Penalidades

A inobservância dos Princípios de Contabilidade constitui infração nas alíneas "c", "d" e "e" do art. 27 do Decreto-Lei n. 9.295, de 27 de maio de 1946 e, quando aplicável, ao Código de Ética Profissional do Contador (CEPC).

O Decreto-Lei n. 9.295, de 27 de maio de 1946, entre outras providências, criou o CFC e definiu as atribuições do Contador e do Guarda-livros.[4] Veja o que estabelece o art. 27 do Decreto-Lei n. 9.295, de 27 de maio de 1946:

CAPÍTULO V

DAS PENALIDADES

Art. 27 As penalidades ético-disciplinares aplicáveis por infração ao exercício legal da profissão são as seguintes: (redação dada pelo art. 76 da Lei n. 12.249, de 11 de junho de 2010)

a) multa de 1 (uma) a 10 (dez) vezes o valor da anuidade do exercício em curso aos infratores dos arts. 12 e 26 deste Decreto-Lei; (redação dada pelo art. 76 da Lei n. 12.249, de 11 de junho de 2010)

b) multa de 1 (uma) a 10 (dez) vezes aos profissionais e de 2 (duas) a 20 (vinte) vezes o valor da anuidade do exercício em curso às empresas ou a quaisquer organizações contábeis, quando se tratar de infração dos arts. 15 e 20 e seus respectivos parágrafos; (redação dada pelo art. 76 da Lei n. 12.249, de 11 de junho de 2010)

---

[4] A Lei n. 3.384, de 28 de abril de 1958, chamou de Técnico em Contabilidade a profissão de Guarda-livros.

c) multa de 1 (uma) a 5 (cinco) vezes o valor da anuidade do exercício em curso aos infratores de dispositivos não mencionados nas alíneas "a" e "b" ou para os quais não haja indicação de penalidade especial; (redação dada pelo art. 76 da Lei n. 12.249, de 11 de junho de 2010)

d) suspensão do exercício da profissão, pelo período de até 2 (dois) anos, aos profissionais que, dentro do âmbito de sua atuação e no que se referir à parte técnica, forem responsáveis por qualquer falsidade de documentos que assinarem e pelas irregularidades de escrituração praticadas no sentido de fraudar as rendas públicas; (redação dada pelo art. 76 da Lei n. 12.249, de 11 de junho de 2010)

e) suspensão do exercício da profissão, pelo prazo de 6 (seis) meses a 1 (um) ano, ao profissional com comprovada incapacidade técnica no desempenho de suas funções, a critério do Conselho Regional de Contabilidade a que estiver sujeito, facultada, porém, ao interessado a mais ampla defesa; (redação dada pelo art. 76 da Lei n. 12.249, de 11 de junho de 2010)

f) cassação do exercício profissional quando comprovada incapacidade técnica de natureza grave, crime contra a ordem econômica e tributária, produção de falsa prova de qualquer dos requisitos para registro profissional e apropriação indevida de valores de clientes confiados a sua guarda, desde que homologada por 2/3 (dois terços) do plenário do Tribunal Superior de Ética e Disciplina; (redação dada pelo art. 76 da Lei n. 12.249, de 11 de junho de 2010)

g) advertência reservada, censura reservada e censura pública nos casos previstos no Código de Ética Profissional do Contador elaborado e aprovado pelos Conselhos Federal e Regionais de Contabilidade, conforme previsão do art. 10 do Decreto-Lei n. 1.040, de 21 de outubro de 1969. (redação dada pelo art. 76 da Lei n. 12.249, de 11 de junho de 2010)

Veja o CEPC, na íntegra, no Anexo 2 deste livro.

 ATIVIDADES TEÓRICAS

1. Responda:

1.1 Cite três denominações que os Princípios de Contabilidade recebem na literatura contábil brasileira.

1.2 O que são Princípios de Contabilidade?

1.3 Qual é o produto final da contabilidade?

1.4 Cite três documentos considerados produtos finais da contabilidade.

1.5 Com que finalidade o CFC aprovou em 1985 pela primeira vez os Princípios Fundamentais de Contabilidade?

1.6 Em que época ocorreu a segunda revisão desses princípios no Brasil?

1.7 A partir de maio de 2010, eram seis os Princípios de Contabilidade derivados do CFC. Quais eram eles?

1.8 Com base em quais documentos o CFC emite as Normas Brasileiras de Contabilidade técnicas do tipo NBC TG?

1.9 Por que o CFC revogou a Resolução CFC n. 750, de 1993, que tratava dos Princípios de Contabilidade?

1.10 O que significa a expressão "primazia da essência sobre a forma"?

1.11 Por que o governo não fica prejudicado com a aplicação da regra "primazia da essência sobre a forma"?

1.12 Qual o procedimento a ser tomado pelo contador quando, na aplicação da regra "primazia da essência sobre a forma", há diferenças que resultem em redução de base de cálculo e impliquem a falta de recolhimento do IR e da CSLL?

1.13 Cite dois exemplos de despesas reconhecidas pelas Normas Contábeis e não admitidas pelo fisco.

1.14 Cite dois exemplos de receitas reconhecidas pelas Normas Contábeis e não admitidas pelo fisco.

1.15 O que as características qualitativas da informação contábil identificam?

1.16 Como se dividem as características qualitativas da informação contábil?

1.17 O que são normas de contabilidade?

2. Classifique as afirmativas em falsas (F) ou verdadeiras (V):

2.1 ( ) Os princípios de contabilidade devem ser adotados pelos contabilistas visando à uniformização não só dos registros contábeis como também de todos os procedimentos que envolvem a Ciência Contábil.

2.2 ( ) O produto final da contabilidade é a escrituração contábil.

2.3 ( ) Os relatórios contábeis – produto final da contabilidade – são elaborados com base nos registros contábeis da entidade.

2.4 ( ) Para possibilitar a comparabilidade das informações apresentadas nos relatórios contábeis é preciso que os procedimentos adotados pelos contabilistas sejam uniformes em todo o mundo.

2.5 ( ) Os Princípios Contábeis são elaborados à luz das normas contábeis.

2.6 ( ) As normas contábeis são elaboradas à luz dos Princípios Contábeis.

2.7 ( ) A NBC TG Estrutura Conceitual estabelece os conceitos que fundamentam a elaboração e a apresentação de Demonstrações Contábeis destinadas a usuários internos.

2.8 ( ) A NBC TG Estrutura Conceitual estabelece os conceitos que fundamentam a elaboração e a apresentação de Demonstrações Contábeis destinadas a usuários externos.

2.9 ( ) A Estrutura Conceitual aborda o objetivo da elaboração e divulgação de Relatório Contábil-Financeiro; as características qualitativas da informação contábil-financeira útil; a definição, o reconhecimento e a mensuração dos elementos a partir dos quais as Demonstrações Contábeis são elaboradas; e os conceitos de capital e de manutenção de capital.

2.10 ( ) Com a revogação da Resolução CFC n. 750, de 1993, (que dispunha sobre os Princípios de Contabilidade), por meio da NBC TSP ESTRUTURA CONCEITUAL – Estrutura Conceitual para Elaboração e Divulgação de Informação Contábil de Propósito Geral Pelas Entidades do Setor Público, os princípios de contabilidade foram extintos.

2.11 ( ) Cabe ao CFC criar e extinguir Princípios de Contabilidade.

2.12 ( ) Ao CFC cabe normatizar e fiscalizar a profissão contábil.

2.13 ( ) O princípio da competência é tratado pela NBC TG Estrutura Conceitual, com a denominação de "regime de competência".

2.14 ( ) A expressão "primazia da essência sobre a forma" deve ser aplicada nas situações em que determinações legais sejam incompatíveis com procedimentos contábeis disciplinados pela legislação.

2.15 ( ) O tesouro público fica prejudicado todas as vezes que as entidades, na escrituração contábil, priorizarem a essência dos fatos sobre a forma jurídica.

2.16 ( ) A regra "primazia da essência sobre a forma" encontra respaldo no § 2º do art. 177 da Lei n. 6.404, de 1976.

2.17 ( ) A adoção da regra "primazia da essência sobre a forma" nem sempre implica a falta de recolhimento de tributos.

2.18 ( ) A inobservância dos Princípios de Contabilidade constitui infração nas alíneas "c", "d" e "e" do art. 27 do Decreto-Lei n. 9.295, de 27 de maio de 1946 e, quando aplicável, ao CEPC.

2.19 ( ) A inobservância dos Princípios de Contabilidade não gera punições aos contabilistas, uma vez que foram revogados pelo CFC.

3. Escolha a alternativa correta:

3.1 "Os Princípios de Contabilidade representam a essência das doutrinas e teorias relativas à Ciência da Contabilidade, consoante o entendimento predominante nos universos científico e profissional de nosso País."

Esse texto é parte do art. 2º da revogada Resolução CFC n. 750, de 1993 e:

a) não tem sentido algum devido à revogação da Resolução;

b) deve ser lembrado sempre que o assunto seja Princípios de Contabilidade;

c) pela sua importância, deve integrar o conceito do princípio da tempestividade;

d) N.D.A.

3.2 No Brasil, as Normas de Contabilidade:

a) derivam do CFC;

b) derivam do Governo Federal;

c) são elaboradas em consonância com as Normas Internacionais IFRS;

d) as alternativas "a" e "c" estão corretas.

3.3 Regras, convenções, postulados, conceitos, guias, bases ou pressupostos, segundo o CFC:

a) eram maneiras diferentes de denominar Princípios de Contabilidade em outros países;

b) atualmente não podem mais ser utilizadas para denominar os Princípios de Contabilidade;

c) são sinônimos de elementos patrimoniais;

d) N.D.A.

3.4 O primeiro grupo de Princípios de Contabilidade que vigorou no Brasil era:

a) composto de 16 princípios;

b) denominado Princípios Fundamentais de Contabilidade;

c) não eram de adoção obrigatória;

d) as alternativas "a" e "b" estão corretas.

3.5 Em 29 de dezembro de 1993, por meio da Resolução n. 750, o CFC:

a) revogou a Resolução CFC n. 530, de 1981, que tratava dos 16 Princípios Fundamentais de Contabilidade;

b) extinguiu os Princípios Fundamentais de Contabilidade;

c) aprovou sete Princípios Fundamentais de Contabilidade por meio da Resolução CFC n. 750;

d) as alternativas "a" e "c" estão corretas.

3.6 O International Accounting Standards Board (IASB), com sede em Londres, na Inglaterra, é o órgão responsável:

a) pela emissão das NBCs;

b) por fiscalizar os contadores brasileiros no exercício de suas atividades profissionais;

c) pela emissão dos pronunciamentos contábeis do tipo CPC;

d) N.D.A.

3.7 A finalidade da NBC TG Estrutura Conceitual, conforme consta na própria NBC TG, é:

a) dar suporte ao desenvolvimento de novas normas;

b) dar suporte à promoção da harmonização das regulações, das normas contábeis e dos procedimentos relacionados à apresentação das Demonstrações Contábeis;

c) dar suporte aos órgãos reguladores nacionais;

d) todas estão corretas.

3.8 Dos seis Princípios de Contabilidade constantes da revogada Resolução CFC n. 750, de 1993, não há correlação na NBC TG Estrutura Conceitual somente para o Princípio:

a) da Entidade;

b) da Prudência;

c) da Oportunidade;

d) da Competência.

3.9 É bandeira insubstituível das Normas Internacionais de Contabilidade:

a) IASB;

b) primazia da essência sobre a forma;

c) essência sob a forma;

d) o Princípio da Competência.

3.10 Quando um procedimento contido em norma contábil contrariar interesses do fisco, o contabilista deverá:

a) adotar as orientações do fisco em detrimento da norma contábil;

b) dirigir-se a uma unidade do fisco federal de seu município para obter autorização para proceder o registro contábil;

c) aplicar a norma contábil;

d) N.D.A.

3.11 São características qualitativas fundamentais:
a) Relevância e Consistência;
b) Relevância e Tempestividade;
c) Relevância e Representação Fidedigna;
d) Comparabilidade, Materialidade, Relevância e Tempestividade.

3.12 A criação do CFC e a definição das atribuições do contador e do técnico em contabilidade ocorreram por meio de:
a) Lei federal;
b) Decreto-Lei federal;
c) Portaria ministerial;
d) Resolução do CFC.

2 Normas Brasileiras de Contabilidade (NBCs)

As Normas Brasileiras de Contabilidade editadas pelo Conselho Federal de Contabilidade (CFC) devem seguir os mesmos padrões de elaboração e estilo utilizados nas Normas Internacionais e compreendem as Normas propriamente ditas, as Interpretações Técnicas e os Comunicados Técnicos.[1]

2.1 Conceito

Segundo estabelece o art. 2º da citada Resolução do CFC, as Normas Brasileiras de Contabilidade (NBCs), classificadas em Profissionais e Técnicas, estabelecem:

a. regras e procedimentos de conduta que devem ser observados como requisitos para o exercício da profissão contábil;

b. conceitos doutrinários, princípios, estrutura técnica e procedimentos a serem aplicados quando da realização dos trabalhos previstos nas normas aprovadas por resolução emitidas pelo CFC, de maneira convergente com as Normas Internacionais de Contabilidade emitidas pelo Comitê Internacional de Normas de

---

[1] Art. 1º da Resolução CFC n. 1.328, de 2011.

Contabilidade (IASB), bem como com as Normas Internacionais de Auditoria e Asseguração e com as Normas Internacionais de Contabilidade para o Setor Público emitidas pela Federação Internacional de Contadores (Ifac).

2.2 Estrutura das NBCs

Conforme dissemos, as NBCs dividem-se em Profissionais e Técnicas. As Profissionais estabelecem preceitos de conduta para o exercício profissional, sendo classificadas em:

a. Geral (NBC PG): Normas Brasileiras de Contabilidade aplicadas indistintamente a todos os profissionais de Contabilidade;

b. do Auditor Independente (NBC PA): Normas Brasileiras de Contabilidade aplicadas, especificamente, aos contadores que atuam como auditores independentes;

c. do Auditor Interno (NBC PI): Normas Brasileiras de Contabilidade aplicadas especificamente aos contadores que atuam como auditores internos;

d. do Perito (NBC PP): Normas Brasileiras de Contabilidade aplicadas especificamente aos contadores que atuam como peritos contábeis.

As Técnicas, por sua vez, estabelecem conceitos doutrinários, estrutura técnica e procedimentos a serem aplicados, sendo classificadas em:

a. Geral (NBC TG) – Normas Brasileiras de Contabilidade convergentes com as Normas Internacionais emitidas pelo International Accounting Standards Board (IASB) e Normas Brasileiras de Contabilidade editadas por necessidades locais, sem equivalentes internacionais. Essas Normas, por sua vez, são subdivididas em:

   a.1) Normas completas, que compreendem as Normas editadas pelo CFC a partir dos documentos emitidos pelo CPC convergentes com as normas do IASB, numeradas de 00 a 999;

   a.2) Normas simplificadas para PMEs, que compreendem a Norma de PME editada pelo CFC a partir do documento emitido pelo IASB, bem como as ITs e os CTs editados pelo CFC sobre o assunto, numerados de 1.000 a 1.999;

   a.3) Normas específicas, que compreendem as ITs e os CTs editados pelo CFC sobre entidades, atividades e assuntos específicos, numerados de 2.000 a 2.999.

b. do Setor Público (NBC TSP) – Normas Brasileiras de Contabilidade aplicadas ao Setor Público, convergentes com as Normas Internacionais de Contabilidade para o Setor Público, emitidas pela International Federation of Accountants (Ifac); e Normas Brasileiras de Contabilidade aplicadas ao Setor Público editadas por necessidades locais, sem equivalentes internacionais;

c. de Auditoria Independente de Informação Contábil Histórica (NBC TA) – Normas Brasileiras de Contabilidade aplicadas à Auditoria convergentes com as Normas Internacionais de Auditoria Independente emitidas pela Ifac;

d. de Revisão de Informação Contábil Histórica (NBC TR) – Normas Brasileiras de Contabilidade aplicadas à Revisão convergentes com as Normas Internacionais de Revisão emitidas pela Ifac;

e. de Asseguração de Informação Não Histórica (NBC TO) – Normas Brasileiras de Contabilidade aplicadas à Asseguração convergentes com as Normas Internacionais de Asseguração emitidas pela Ifac;

f. de Serviço Correlato (NBC TSC) – Normas Brasileiras de Contabilidade aplicadas aos Serviços Correlatos convergentes com as Normas Internacionais para Serviços Correlatos emitidas pela Ifac;

g. de Auditoria Interna (NBC TI) – Normas Brasileiras de Contabilidade aplicáveis aos trabalhos de Auditoria Interna;

h. de Perícia (NBC TP) – Normas Brasileiras de Contabilidade aplicáveis aos trabalhos de Perícia;

i. de Auditoria Governamental (NBC TAG) – Normas Brasileiras de Contabilidade aplicadas à Auditoria Governamental convergentes com as Normas Internacionais de Auditoria Governamental emitidas pela Organização Internacional de Entidades Fiscalizadoras Superiores (Intosai).

As NBCs TAS, consideradas em conjunto, fornecem as Normas para o trabalho do auditor no cumprimento de seus objetivos gerais. Tais NBCs TAS tratam das responsabilidades gerais do auditor, bem como de suas considerações adicionais, relevantes para a aplicação dessas responsabilidades a tópicos específicos.[2]

2.3 Interpretações e Comunicados Técnicos

As Interpretações Técnicas têm por objetivo esclarecer a aplicação das Normas Brasileiras de Contabilidade, definindo regras e procedimentos a serem aplicados em situações, transações ou atividades específicas, sem alterar a substância de tais Normas.[3]

Os Comunicados Técnicos têm por objetivo esclarecer assuntos de natureza contábil, definindo procedimentos a serem observados e considerando tanto os interesses da profissão como as demandas da sociedade.[4]

---

[2] Item 53A da NBC TA 200.
[3] Art. 5º da Resolução CFC n. 1.328, de 2011.
[4] Art. 6º da Resolução CFC n. 1.328, de 2011.

2.4 Identificação das Normas

Segundo estabelece o art. 9º da Resolução CFC n. 1.328, de 2011, a inobservância às Normas Brasileiras de Contabilidade constitui infração disciplinar sujeita às penalidades previstas nas alíneas de "c" a "g" do art. 27 do Decreto-Lei n. 9.295, de 1946, alterado pela Lei n. 12.249, de 2010, e ao Código de Ética Profissional do Contador (CEPC).

As Normas são identificadas conforme segue:

I – a Norma Brasileira de Contabilidade é identificada pela sigla NBC, seguida das letras conforme disposto nos arts. 3º e 4º, numeração específica em cada agrupamento, seguido de hífen e denominação. Por exemplo: NBC PA 290 – "Denominação"; NBC TG 01 – "Denominação";

II – a Interpretação Técnica é identificada pela sigla IT, seguida da letra ou letras e numeração do grupo a que pertence conforme disposto nos arts. 3º e 4º, seguida de hífen e denominação. Por exemplo: ITG 01 – "Denominação"; ITSP 01 – "Denominação";

III – o Comunicado Técnico é identificado pela sigla CT, seguida da letra ou letras e numeração do grupo a que pertence conforme disposto nos arts. 3º e 4º, seguido de hífen e denominação. Por exemplo: CTG 01 – "Denominação"; CTSP 01 – "Denominação";

Veja, agora, o que estabelece o art. 7-A da mencionada Resolução:

Art. 7-A. Para alteração de Norma Brasileira de Contabilidade, de Interpretação Técnica e de Comunicado Técnico, serão observados os seguintes casos e condições:

I – alteração total: nos casos de alteração redacional de toda a norma, interpretação ou comunicado, deverá ser mantida a sigla e identificada a nova redação pela letra "R", seguida do número sequencial (Ex: NBC PA 290 (R1); ITG 01 (R1); CTG 01 (R1)).

II – alteração parcial: nos casos de alteração, exclusão ou inclusão de item(ns) da norma, interpretação ou comunicado, deverá ser editado documento denominado "Revisão NBC" seguido da numeração inicial 01 e seguintes (Ex: Revisão NBC 01, Revisão NBC 02, Revisão NBC 03).

§ 1º A alteração, inclusão e revogação de dispositivo deverão ser consolidadas na respectiva norma, fazendo referência à "Revisão NBC", sem alterar a sigla da norma modificada.

§ 2º O dispositivo alterado ou revogado deve ser tachado, permanecendo no corpo da norma alterada.

§ 3º As alterações incluídas na norma não alteram a letra "R + numeração" na sigla de normas vigentes.

2.5 Como as Normas Internacionais ingressam no Brasil?

Sabemos que as normas de contabilidade são padrões adotados por todos os contabilistas no exercício de suas atividades profissionais. No Brasil, o Conselho Federal de Contabilidade (CFC) é o órgão responsável pela fiscalização e normatização dos procedimentos executados pelos profissionais que atuam na área contábil.

As Leis n. 11.638, de 2007, e 11.941, de 2009, ajustaram a legislação societária brasileira (Lei n. 6.404, de 1976) especificamente na parte que trata de matéria contábil, de modo que possibilite o ingresso das Normas Internacionais de Contabilidade na literatura contábil brasileira. As Normas Internacionais de Contabilidade International, ou Financial Reporting Standards (IFRS), são emitidas, revisadas e divulgadas pelo International Accounting Standards Board (IASB), organismo internacional sem fins lucrativos, com sede em Londres, na Inglaterra, constituído por representantes dos países que adotam as Normas Internacionais, inclusive pelo Brasil.

Assim, as normas internacionais emitidas pelo IASB ingressam no Brasil por meio do Comitê de Pronunciamentos Contábeis (CPC). O CPC, criado pelo CFC por meio da Resolução n. 1.055, de 2005, transforma as Normas Internacionais de Contabilidade em Pronunciamentos Técnicos.

No processo de convergência, o CPC oferece à audiência pública Minutas de Pronunciamentos Técnicos para que todos os interessados nas Demonstrações Contábeis, como os profissionais que as elaboram, auditam, analisam ou usam como base para tomada de decisão, bem como os professores, estudantes e outros, deem sugestões e façam comentários em busca de seu aperfeiçoamento.

Finalmente, para que as Normas Internacionais de Contabilidade sejam de adoção obrigatória para todos os contabilistas brasileiros, o CFC, fundamentado nos pronunciamentos técnicos elaborados pelo CPC, emite as NBCs Técnicas do tipo NBC TG.

2.6 Legislação Tributária × Normas Internacionais de Contabilidade

Com o intuito de preservar os interesses do fisco, em face da adoção das Normas Internacionais de Contabilidade que entraram em vigor no Brasil a partir de 01 de janeiro de 2008 por meio da Lei 11.638, de 2007, o governo brasileiro criou o Regime Tributário de Transição (RTT). O RTT, instituído pela Lei n. 11.941, de 2009, vigorou de 01 de janeiro de 2010 a 31 de dezembro de 2014.

Esse regime tributário tratou dos ajustes que deviam ser efetuados no Livro Eletrônico de Escrituração e Apuração do Imposto sobre a Renda e da Contribuição Social sobre o Lucro Líquido da Pessoa Jurídica Tributada pelo Lucro Real (e-Lalur), para fins de apuração das bases de cálculo do Imposto de Renda (lucro real) e da Contribuição Social incidentes sobre o lucro líquido, em decorrência da aplicação dos novos métodos e critérios contábeis introduzidos pela Lei n. 11.638, de 2007, e pelos arts. 37 e 38 da própria Lei n. 11.941, de 2009, convergentes com as Normas Internacionais de Contabilidade.

Conforme previsão contida no § 1º do art. 15 da mencionada Lei n. 11.941, de 2009, os critérios contidos no RTT prevaleceriam até a entrada em vigor da Lei que disciplinasse os efeitos tributários dos novos métodos e critérios contábeis, buscando a neutralidade tributária.

Assim, na vigência do RTT, todos os lançamentos de despesas, custos e receitas que influenciaram o resultado do exercício, efetuados na escrituração contábil em decorrência da aplicação das Normas Internacionais de Contabilidade, consubstanciadas nas NBCs do tipo NBC TG, e que estavam em desacordo com a legislação tributária brasileira, foram transformados, no e-Lalur, em adições ou exclusões do lucro contábil, para fins de apuração do lucro real e da base de cálculo da CSLL.

Para o fisco, prevaleceriam os métodos e critérios contábeis vigentes em 31 de dezembro de 2007, até que a legislação tributária fosse modificada.

Em 13 de maio de 2014, por meio da Lei n. 12.973, o governo revogou o RTT ao mesmo tempo em que disciplinou os procedimentos a serem obrigatoriamente adotados por todas as entidades a partir de 01 de janeiro de 2015 (ou a partir de 01 de janeiro de 2014 para as entidades que fizeram essa opção), visando expurgar do resultado as despesas e as receitas derivadas da aplicação das normas internacionais que estivessem em desacordo com os interesses do fisco. Pelo RTT, as entidades deviam ajustar os seus resultados no e-Lalur, mediante o expurgo de todas as despesas e receitas derivadas da aplicação das Normas Internacionais de Contabilidade.

Com as novas disciplinas introduzidas pela Lei n. 12.973, de 2014, os expurgos de receitas e despesas no e-Lalur, decorrentes da aplicação das Normas Internacionais de Contabilidade continuam. Contudo, agora as entidades somente podem expurgar as despesas e as receitas devidamente especificadas pelo fisco e que tenham sido contabilizadas na escrituração contábil em subcontas distintas a serem informadas no e-lalur. Além disso, a partir de 2015, as entidades ficaram obrigadas a escriturar o e-Lalur e entregá-lo, anualmente, em meio digital ao Sistema Público de Escrituração Digital (Sped).

Finalmente, é importante destacar que o contabilista deve sempre consultar a legislação tributária para verificar o procedimento que deve ser adotado para fins tributários, em relação às despesas, aos custos e às receitas derivadas da aplicação das Normas Internacionais de Contabilidade lançadas na escrituração contábil. Ocorre que o fisco adotou grande parte dessas despesas, custos e receitas, exigindo que sejam contabilizadas em subcontas distintas na escrituração comercial. Porém, parte delas deve ser expurgada para fins de apuração do lucro real e da base de cálculo da CSLL, pois serão acatadas pelo fisco somente no futuro.

Diante do exposto e considerando que parte das despesas, custos e receitas reconhecidas pela contabilidade, em decorrência da aplicação das Normas Internacionais de Contabilidade, serão reconhecidas pelo fisco somente no futuro, e por já terem exercido influência sobre o resultado contábil, seus efeitos vão gerar direitos ou obrigações futuras com o fisco. Nesse caso, conforme estabelece a NBC TG 32, os tributos incidentes sobre essas despesas, custos e receitas vão gerar ativos e passivos fiscais diferidos.

Assim, devem ser lançadas no e-Lalur, além das adições, exclusões e compensações previstas no Regulamento do Imposto de Renda (RIR, de 1999) também os ajustes estabelecidos pela Lei n. 12.973, de 2014.

2.7 Normas Brasileiras de Contabilidade Técnica Geral (NBC TG)[5]

Como vimos, as Normas Técnicas estabelecem conceitos doutrinários, estrutura técnica e procedimentos a serem aplicados, sendo classificadas em Geral (NBC TG) e do Setor Público (NBC TSP).

Vimos também que as NBCs TG são subdivididas em Normas Completas, Normas Simplificadas para PMEs e Normas Específicas. Nesta seção, apresentaremos, para seu conhecimento, os títulos e os objetivos das Normas Completas e das Normas Simplificadas para PMEs.

NBC TG ESTRUTURA CONCEITUAL – Estrutura Conceitual para Elaboração e Divulgação de Relatório Contábil-Financeiro

■ Por razão de simplificação, ao longo deste livro denominamos a NBC TG ESTRUTURA CONCEITUAL – Estrutura Conceitual para Elaboração e Divulgação de Relatório Contábil-Financeiro simplesmente como NBC TG – Estrutura Conceitual.

Esta norma estabelece os conceitos que fundamentam a elaboração e a apresentação de demonstrações contábeis destinadas a usuários externos, com a finalidade de:

a. dar suporte ao desenvolvimento de novas normas, interpretações e comunicados técnicos e à revisão dos já existentes, quando necessário;

b. dar suporte à promoção da harmonização das regulações, das normas contábeis e dos procedimentos relacionados à apresentação das demonstrações contábeis, provendo uma base para a redução do número de tratamentos contábeis alternativos permitidos pelas normas, interpretações e comunicados técnicos;

c. dar suporte aos órgãos reguladores nacionais;

d. auxiliar os responsáveis pela elaboração das demonstrações contábeis na aplicação das normas, interpretações e comunicados técnicos e no tratamento de assuntos que ainda não tenham sido objeto desses documentos;

e. auxiliar os auditores independentes a formar sua opinião sobre a conformidade das demonstrações contábeis com as normas, interpretações e comunicados técnicos;

---

[5] É importante esclarecer que os textos dos objetivos das normas apresentados nesta seção foram extraídos das respectivas normas com as adaptações que julgamos convenientes para facilitar a compreensão. No site do CFC, você encontra essas normas na íntegra, além das demais normas técnicas e profissionais.

f. auxiliar os usuários das demonstrações contábeis na interpretação de informações nelas contidas, elaboradas em conformidade com as normas, interpretações e comunicados técnicos; e

g. proporcionar aos interessados informações sobre o enfoque adotado na formulação das normas, das interpretações e dos comunicados técnicos.

É importante esclarecer, em primeiro lugar, que, conforme destacado na própria Norma, esta Estrutura Conceitual não é uma norma propriamente dita e, portanto, não define normas ou procedimentos para qualquer questão particular sobre aspectos de mensuração ou divulgação. Nada nesta Estrutura Conceitual substitui qualquer norma, interpretação ou comunicado técnico.

Em segundo lugar, pode haver um número limitado de casos em que seja observado um conflito entre esta Estrutura Conceitual e uma norma, uma interpretação ou um comunicado técnico. Nesses casos, as exigências da norma, da interpretação ou do comunicado técnico específicos devem prevalecer sobre esta Estrutura Conceitual. Entretanto, à medida que futuras normas, interpretações e comunicados técnicos sejam desenvolvidos ou revisados tendo como norte esta Estrutura Conceitual, o número de casos de conflito entre esta Estrutura Conceitual e eles tende a diminuir.

A NBC esclarece, por fim, que esta Estrutura Conceitual será revisada de tempos em tempos com base na experiência decorrente de sua utilização.

NBC TG 01 – Redução ao Valor Recuperável de Ativos

O objetivo desta Norma é estabelecer procedimentos que a entidade deve aplicar para assegurar que seus ativos estejam registrados contabilmente por valor que não exceda seus valores de recuperação. Estabelece a norma que um ativo está registrado contabilmente por valor que excede seu valor de recuperação se o seu valor contábil exceder o montante a ser recuperado pelo uso ou pela venda do ativo.

Se esse for o caso, o ativo é caracterizado como sujeito ao reconhecimento de perdas e a Norma requer que a entidade reconheça um ajuste para perdas por desvalorização, além de especificar quando a entidade deve reverter um ajuste para perdas por desvalorização, estabelecendo as divulgações requeridas.

NBC TG 02 – Efeitos das Mudanças nas Taxas de Câmbio e Conversão de Demonstrações Contábeis

O objetivo desta Norma é oferecer orientação acerca de como incluir transações em moeda estrangeira e operações no exterior nas demonstrações contábeis da entidade e como converter demonstrações contábeis para moeda de apresentação.

Uma entidade pode manter atividades em moeda estrangeira de duas formas: pode ter transações em moedas estrangeiras ou pode ter operações no exterior. Adicionalmente, a entidade pode apresentar suas demonstrações contábeis em uma moeda estrangeira. Os principais pontos envolvem quais taxas de câmbio devem ser usadas e como reportar os efeitos das mudanças nas taxas de câmbio nas demonstrações contábeis.

NBC TG 03 – Demonstração dos Fluxos de Caixa

O objetivo desta Norma é requerer a prestação de informações acerca das alterações históricas de caixa e equivalentes de caixa da entidade por meio de demonstração dos fluxos de caixa.

As informações sobre o fluxo de caixa de uma entidade, segregado por atividades operacionais, de investimento e de financiamento, são úteis para proporcionar aos usuários das demonstrações contábeis uma base para avaliar a capacidade de a entidade gerar caixa e equivalentes de caixa, bem como as necessidades da entidade de utilização de tais fluxos de caixa.

As decisões econômicas tomadas pelos usuários exigem avaliação da capacidade de a entidade gerar caixa e equivalentes de caixa, bem como da época de sua ocorrência e do grau de certeza de sua geração.

NBC TG 04 – Ativo Intangível

O objetivo da presente Norma é definir o tratamento contábil dos ativos imateriais não abrangidos especificamente em outra norma, estabelecer o dever de uma entidade de reconhecer um ativo intangível apenas se determinados critérios especificados nesta Norma forem atendidos e especificar como mensurar o valor contábil dos ativos intangíveis, exigindo divulgações específicas sobre eles.

NBC TG 05 – Divulgação sobre Partes Relacionadas

O objetivo desta Norma é assegurar que as demonstrações contábeis da entidade contenham as divulgações necessárias para chamar a atenção dos usuários para a possibilidade de o balanço patrimonial e a demonstração do resultado da entidade encontrarem-se afetados pela existência de partes relacionadas e por transações e saldos, incluindo compromissos, com referidas partes relacionadas

NBC TG 06 – Operações de Arrendamento Mercantil

O objetivo desta Norma é estabelecer, para arrendatários e arrendadores, políticas contábeis e divulgações apropriadas a aplicar em relação a arrendamentos mercantis.

NBC TG 07 – Subvenção e Assistência Governamentais

O objetivo desta norma é estabelecer regras para serem aplicadas na contabilização e na divulgação de subvenção governamental e na divulgação de outras formas de assistência governamental.

NBC TG 08 – Custos de Transação e Prêmios na Emissão de Títulos e Valores Mobiliários

O objetivo da presente Norma é estabelecer o tratamento contábil aplicável ao reconhecimento, mensuração e divulgação dos custos de transação incorridos e dos prêmios recebidos no processo de captação de recursos por intermédio da emissão de títulos patrimoniais e/ou de dívida.

NBC TG 09 – Demonstração do Valor Adicionado (DVA)

O objetivo desta Norma é estabelecer critérios para elaboração e apresentação da Demonstração do Valor Adicionado (DVA), a qual representa um dos elementos componentes do Balanço Social e tem por finalidade evidenciar a riqueza criada pela entidade e sua distribuição durante determinado período. Sua elaboração deve levar em conta a NBC TG – Estrutura Conceitual, e os dados, em sua maioria, são obtidos principalmente a partir da Demonstração do Resultado.

NBC TG 10 – Pagamento Baseado em Ações

O objetivo da presente Norma é estabelecer procedimentos para reconhecimento e divulgação, nas demonstrações contábeis, das transações com pagamento baseado em ações realizadas pela entidade.

Especificamente, exige-se que os efeitos das transações com pagamento baseado em ações estejam refletidos no resultado e no balanço patrimonial da entidade, incluindo despesas associadas com transações por meio das quais opções de ações são outorgadas a empregados.

NBC TG 11 – Contratos de Seguro

O objetivo desta Norma é especificar o reconhecimento contábil por parte de qualquer entidade que emita contratos de seguro (denominada nesta Norma como seguradora).

O CFC informa nos objetivos desta norma que completará a segunda fase do projeto sobre contratos de seguro, em consonância com as Normas Internacionais de Contabilidade as quais preveem, para essa segunda fase, o aprofundamento das questões conceituais e práticas relevantes.

Em particular, esta Norma determina:

a. limitadas melhorias na contabilização de contratos de seguro pelas seguradoras;
b. divulgação que identifique e explique os valores resultantes de contratos de seguro nas demonstrações contábeis da seguradora e que ajude os usuários dessas demonstrações a compreender o valor, a tempestividade e a incerteza de fluxos de caixa futuros originados de contratos de seguro.

NBC TG 12 – Ajuste a Valor Presente

O objetivo desta Norma é estabelecer os requisitos básicos a serem observados quando da apuração do Ajuste a Valor Presente de elementos do ativo e do passivo quando da elaboração de demonstrações contábeis, dirimindo algumas questões controversas advindas de tal procedimento, do tipo:

a. se a adoção do ajuste a valor presente é aplicável tão somente a fluxos de caixa contratados ou se porventura seria aplicada também a fluxos de caixa estimados ou esperados;

b. em que situações é requerida a adoção do ajuste a valor presente de ativos e passivos, isto é, se no momento de registro inicial de ativos e passivos, se na mudança da base de avaliação de ativos e passivos ou se em ambos os momentos;

c. se passivos não contratuais, como aqueles decorrentes de obrigações não formalizadas ou legais, são alcançados pelo ajuste a valor presente;

d. qual a taxa apropriada de desconto para um ativo ou um passivo e quais os cuidados necessários para se evitarem distorções de cômputo e viés;

e. qual o método de alocação de descontos (juros) recomendado;

f. se o ajuste a valor presente deve ser efetivado líquido de efeitos fiscais.

A utilização de informações com base no valor presente concorre para o incremento do valor preditivo da Contabilidade, permite a correção de julgamentos acerca de eventos passados já registrados e traz melhoria na forma pela qual eventos presentes são reconhecidos. Se ditas informações são registradas de modo oportuno, à luz do que prescreve a NBC TG – Estrutura Conceitual em seus itens 26 e 28, obtêm-se demonstrações contábeis com maior grau de relevância – característica qualitativa imprescindível.

Deve-se sempre atentar do mesmo modo para a confiabilidade, outra característica qualitativa imprescindível prevista na citada NBC TG – Estrutura Conceitual, em seus itens 31 e 32. Nesse particular, o uso de estimativas e julgamentos acerca de eventos probabilísticos deve estar livre de viés. As premissas, os cálculos levados a efeito e os modelos de precificação utilizados devem ser passíveis de verificação por terceiros independentes, o que requer que a custódia dessas informações seja feita com todo o zelo e sob condições ideais. Para que terceiros independentes possam chegar a resultados similares ou aproximados daqueles produzidos pelo prestador da informação, condição essencial para o atributo confiabilidade, torna-se imperativo que o processo na origem seja conduzido com total neutralidade.

NBC TG 13 – Adoção Inicial da Lei n. 11.638, de 2007, e da Medida Provisória n. 449, de 2008

Esta Norma tem por objetivo assegurar que as primeiras demonstrações contábeis elaboradas de acordo com as novas práticas contábeis adotadas no Brasil, bem como as demonstrações contábeis intermediárias, que se refiram à parte do período coberto por essas demonstrações contábeis, contenham informações que:

a. proporcionem um ponto de partida adequado para a contabilidade de acordo com as novas práticas contábeis adotadas no Brasil;
b. sejam transparentes para os usuários;
c. possam ser geradas a um custo que não supere os benefícios para os usuários.

NBC TG 14 (não emitida pelo CFC)

NBC TG 15 – Combinação de Negócios

O objetivo desta Norma é aprimorar a relevância, a confiabilidade e a comparabilidade das informações que a entidade fornece em suas demonstrações contábeis acerca de combinação de negócios e seus efeitos.

Para esse fim, estabelece princípios e exigências na forma como o adquirente:

a. reconhece e mensura, em suas demonstrações contábeis, os ativos identificáveis adquiridos, os passivos assumidos e as participações societárias de não controladores na adquirida;
b. reconhece e mensura o ágio por expectativa de rentabilidade futura (*goodwill* adquirido) advindo da combinação de negócios ou o ganho proveniente de compra vantajosa; e
c. determina quais as informações que devem ser divulgadas para possibilitar que os usuários das demonstrações contábeis avaliem a natureza e os efeitos financeiros da combinação de negócios.

NBC TG 16 – Estoques

O objetivo desta Norma é estabelecer o tratamento contábil para os estoques, considerando como questão fundamental na contabilização dos estoques o valor do custo a ser reconhecido como ativo e mantido nos registros até que as respectivas receitas sejam reconhecidas.

Esta Norma proporciona orientação sobre a determinação do valor de custo dos estoques e sobre seu subsequente reconhecimento como despesa em resultado, incluindo qualquer redução ao valor realizável líquido, bem como oferece orientação sobre o método e os critérios usados para atribuir custos aos estoques.

NBC TG 17 – Contratos de Construção

O objetivo desta Norma é estabelecer o tratamento contábil das receitas e despesas associadas a contratos de construção.

Por força da natureza da atividade subjacente aos contratos de construção, as datas de início e término do contrato caem, geralmente, em períodos contábeis diferentes. Por isso, o assunto primordial referente à contabilização dos contratos de construção é a alocação da receita e das despesas correspondentes ao longo dos períodos de execução da obra nos quais o trabalho de construção é levado a efeito.

Esta Norma utiliza os critérios de reconhecimento estabelecidos na NBC TG Estrutura Conceitual para determinar o momento em que as receitas do contrato e as despesas a elas relacionadas devem ser reconhecidas na demonstração do resultado. Também proporciona indicação prática sobre a aplicação desses critérios.

NBC TG 18 – Investimento em Coligada, em Controlada e em Empreendimento Controlado em Conjunto

O objetivo desta Norma é estabelecer regras para a contabilização de investimentos em coligadas e em controladas e definir os requisitos para a aplicação do método da equivalência patrimonial quando da contabilização de investimentos em coligadas, em controladas e em empreendimentos controlados em conjunto (*joint ventures*).

NBC TG 19 – Negócios em Conjunto

O objetivo desta Norma é estabelecer princípios para o reporte financeiro por entidades que tenham interesses em negócios controlados em conjunto (negócios em conjunto).

Esta Norma define controle conjunto e exige que a entidade que seja parte integrante de negócio em conjunto determine o tipo de negócio em conjunto com o qual está envolvida por meio da avaliação de seus direitos e obrigações e contabilize esses direitos e obrigações conforme o tipo de negócio em conjunto.

NBC TG 20 – Custos de Empréstimos

O objetivo desta norma é esclarecer que os custos de empréstimos diretamente atribuíveis à aquisição, à construção ou à produção de ativo qualificável formam parte do custo de tal ativo, o que também serve para outros custos de empréstimos que devem ser reconhecidos como despesas.

NBC TG 21 – Demonstração Intermediária

O objetivo desta Norma é estabelecer o conteúdo mínimo de uma demonstração contábil intermediária e os princípios para reconhecimento e mensuração de demonstrações completas ou condensadas de período intermediário.

Estabelece a norma que demonstrações intermediárias tempestivas e confiáveis aumentam a habilidade dos investidores, dos credores e de outros usuários de entender a capacidade de a entidade gerar lucros e fluxos de caixa, bem como sua condição financeira e de liquidez.

NBC TG 22 – Informações por Segmento

O objetivo desta norma é orientar as entidades para divulgar informações que permitam aos usuários das demonstrações contábeis avaliarem a natureza e os efeitos financeiros das atividades de negócio nos quais estão envolvidas e os ambientes econômicos em que opera.

NBC TG 23 – Políticas Contábeis, Mudança de Estimativa e Retificação de Erro

O objetivo desta Norma é definir critérios para a seleção e a mudança de políticas contábeis, juntamente com o tratamento contábil, a divulgação de mudança nas políticas contábeis e nas estimativas contábeis e a retificação de erro, de modo a melhorar a relevância e a confiabilidade das demonstrações contábeis da entidade, permitindo sua comparabilidade ao longo do tempo com as demonstrações contábeis de outras entidades.

Os requisitos de divulgação relativos a políticas contábeis, exceto aqueles que dizem respeito à mudança nas políticas contábeis, são estabelecidos na NBC TG 26 – Apresentação das Demonstrações Contábeis.

NBC TG 24 – Evento Subsequente

O objetivo desta Norma é determinar quando a entidade deve ajustar suas demonstrações contábeis com respeito a eventos subsequentes ao período contábil a que se referem tais demonstrações e as informações que deve divulgar sobre a data em que é concedida a autorização para emissão das demonstrações contábeis e sobre os eventos subsequentes ao período contábil a que se referem essas demonstrações.

Esta Norma também estabelece que a entidade não deve elaborar suas demonstrações contábeis segundo o pressuposto da continuidade caso os eventos subsequentes ao período contábil a que se referem as demonstrações indiquem que o pressuposto da continuidade não é apropriado.

NBC TG 25 – Provisões, Passivos Contingentes e Ativos Contingentes

O objetivo desta Norma é estabelecer que sejam aplicados critérios de reconhecimento e bases de mensuração apropriados a provisões e a passivos e ativos contingentes e que seja divulgada informação suficiente nas notas explicativas para permitir que os usuários entendam sua natureza, oportunidade e valor.

NBC TG 26 – Apresentação das Demonstrações Contábeis

O objetivo desta Norma é definir a base para a apresentação das demonstrações contábeis, de modo que assegure a comparabilidade tanto com as demonstrações contábeis de períodos anteriores da mesma entidade como com as demonstrações contábeis de outras entidades.

Nesse cenário, esta Norma estabelece requisitos gerais para a apresentação das demonstrações contábeis, diretrizes para a sua estrutura e requisitos mínimos para seu conteúdo.

NBC TG 27 – Ativo Imobilizado

O objetivo desta Norma é estabelecer o tratamento contábil para ativos imobilizados, de modo que os usuários das demonstrações contábeis possam discernir a informação sobre o investimento da entidade em seus ativos imobilizados, bem como suas mutações.

Os principais pontos a serem considerados na contabilização do ativo imobilizado são o reconhecimento dos ativos, a determinação de seus valores contábeis e os valores de depreciação e perdas por desvalorização a serem reconhecidas em relação aos mesmos.

NBC TG 28 – Propriedade para Investimento

O objetivo desta Norma é estabelecer o tratamento contábil de propriedades para investimento e respectivos requisitos de divulgação.

NBC TG 29 – Ativo Biológico e Produto Agrícola

O objetivo desta Norma é estabelecer o tratamento contábil e as respectivas divulgações relacionados aos ativos biológicos e aos produtos agrícolas.

NBC TG 30 – Receitas

O objetivo desta Norma é estabelecer o tratamento contábil de receitas provenientes de certos tipos de transações e eventos. A questão primordial na contabilização da receita é determinar quando reconhecê-la, o que deve ocorrer quando for provável que benefícios econômicos futuros fluam para a entidade e possam ser confiavelmente mensurados.

Esta Norma identifica as circunstâncias em que esses critérios são satisfeitos e, portanto, devem ter sua receita reconhecida, além de fornecer orientação prática sobre a aplicação de tais critérios.

NBC TG 31 – Ativo Não Circulante Mantido para Venda e Operação Descontinuada

O objetivo desta Norma é estabelecer a contabilização de ativos não circulantes mantidos para venda (colocados à venda) e a apresentação e a divulgação de operações descontinuadas.

Em particular, a Norma exige que os ativos que satisfazem aos critérios de classificação como mantidos para venda sejam:

a. mensurados pelo menor entre o valor contábil até então registrado e o valor justo menos as despesas de venda, e que a depreciação ou a amortização desses ativos cesse;

b. apresentados separadamente no balanço patrimonial e que os resultados das operações descontinuadas sejam apresentados separadamente na demonstração do resultado.

NBC TG 32 – Tributos sobre o Lucro

O objetivo desta Norma é estabelecer o tratamento contábil para os tributos sobre o lucro, cuja questão principal é como contabilizar os efeitos fiscais atuais e futuros de:

a. futura recuperação (liquidação) do valor contábil dos ativos (passivos) reconhecidos no balanço patrimonial da entidade; e

b. operações e outros eventos do período atual reconhecidos nas demonstrações contábeis da entidade.

O valor contábil daquele ativo ou passivo é inerente ao reconhecimento de ativo ou passivo que a entidade espera recuperar ou liquidar. Se for provável que a recuperação ou a liquidação desse valor contábil tornará futuros pagamentos de tributos maiores (menores) do que eles seriam se tal recuperação ou liquidação não tivessem efeitos fiscais, esta Norma exige que a entidade reconheça um passivo fiscal diferido (ativo fiscal diferido), com certas exceções.

Esta Norma exige que a entidade contabilize os efeitos fiscais das transações e de outros eventos da mesma maneira que contabiliza as próprias transações e os outros eventos. Assim, para transações e outros eventos reconhecidos no resultado, quaisquer efeitos fiscais relacionados também devem ser reconhecidos no resultado. Para transações e outros eventos reconhecidos fora do resultado (tratados como outros resultados abrangentes dentro do patrimônio líquido),[6] quaisquer efeitos fiscais relacionados também devem ser reconhecidos fora do resultado (em outros resultados abrangentes ou diretamente no patrimônio líquido, respectivamente).

NBC TG 33 – Benefícios a Empregados

O objetivo desta Norma é estabelecer a contabilização e a divulgação dos benefícios concedidos aos empregados. Para tanto, esta Norma requer que a entidade reconheça:

a. um passivo quando o empregado prestou o serviço em troca de benefícios a serem pagos no futuro; e

b. uma despesa quando a entidade se utiliza do benefício econômico proveniente do serviço recebido do empregado em troca de benefícios a esse empregado.

NBC TG 34 (não emitida pelo CFC)

---

[6] Sobre a demonstração do resultado abrangente, ver NBC TG 26 – Apresentação das Demonstrações Contábeis.

NBC TG 35 – Demonstrações Separadas

O objetivo desta Norma é estabelecer o tratamento contábil e as divulgações requeridas para investimentos em controladas, em coligadas e em empreendimentos controlados em conjunto, quando da elaboração de demonstrações separadas.

NBC TG 36 – Demonstrações Consolidadas

O objetivo desta Norma é estabelecer princípios para a apresentação e a elaboração de demonstrações consolidadas quando a entidade controla uma ou mais entidades.

Para atingir seu objetivo, esta Norma:

a. exige que a entidade (controladora) que controla uma ou mais entidades (controladas) apresente demonstrações consolidadas;
b. define o princípio de controle e o estabelece como a base para a consolidação;
c. define como aplicar o princípio de controle para identificar se um investidor controla a investida e, portanto, deve consolidá-la;
d. define os requisitos contábeis para a elaboração de demonstrações consolidadas; e
e. define entidade de investimento e estabelece uma exceção para a consolidação de controladas específicas de entidade de investimento.[7]

NBC TG 37 – Adoção Inicial das Normas Internacionais de Contabilidade

O objetivo desta Norma é garantir que as primeiras demonstrações contábeis de uma entidade, de acordo com as Normas Internacionais de Contabilidade emitidas pelo IASB, doravante referenciadas como IFRSs, e as demonstrações contábeis intermediárias para os períodos parciais cobertos por essas demonstrações contábeis contenham informações de alta qualidade que:

a. sejam transparentes para os usuários e comparáveis em relação a todos os períodos apresentados;
b. proporcionem um ponto de partida adequado para as contabilizações de acordo com as IFRSs; e
c. possam ser geradas a um custo que não supere os benefícios.

NBC TG 38 – Instrumentos Financeiros: Reconhecimento e Mensuração

O objetivo desta Norma é estabelecer princípios para reconhecer e mensurar ativos financeiros, passivos financeiros e alguns contratos de compra e venda de itens não financeiros. Os requisitos para apresentar os instrumentos financeiros estão na

---

[7] Incluído pela NBC TG 36 (R2).

NBC TG 39 – Instrumentos Financeiros: Apresentação, e os requisitos para divulgar informações a respeito de instrumentos financeiros estão na NBC TG 40 – Instrumentos Financeiros: Evidenciação.

NBC TG 39 – Instrumentos Financeiros: Apresentação

O objetivo desta Norma é estabelecer princípios para a apresentação de instrumentos financeiros, como passivo ou patrimônio líquido, e para compensação de ativos e passivos financeiros. Aplica-se a classificação de instrumentos financeiros, na perspectiva do emitente, em ativos financeiros, passivos financeiros e instrumentos patrimoniais; a classificação de juros respectivos, dividendos, perdas e ganhos; e as circunstâncias em que ativos e passivos financeiros devem ser compensados.

Os princípios desta Norma complementam os Princípios para Reconhecimento e Mensuração dos ativos financeiros e passivos financeiros da NBC TG 38 – Instrumentos Financeiros: Reconhecimento e Mensuração, e para divulgação das informações sobre eles da NBC TG 40 – Instrumentos Financeiros: Evidenciação.

NBC TG 40 – Instrumentos Financeiros: Evidenciação

O objetivo desta Norma é exigir que a entidade divulgue em suas demonstrações contábeis aquilo que permita que os usuários avaliem:

a. a significância do instrumento financeiro para a posição patrimonial e financeira e para o desempenho da entidade; e

b. a natureza e a extensão dos riscos resultantes de instrumentos financeiros a que a entidade está exposta durante o período e ao fim do período contábil, e como a entidade administra tais riscos.

Os princípios nesta Norma complementam os Princípios para Reconhecimento, Mensuração e Apresentação de ativos financeiros e passivos financeiros da NBC TG 38 – Instrumentos Financeiros: Reconhecimento e Mensuração e da NBC TG 39 – Instrumentos Financeiros: Apresentação.

NBC TG 41 – Resultado por Ação

O objetivo desta Norma é estabelecer princípios para a determinação e a apresentação do resultado por ação, a fim de melhorar as comparações de desempenho entre diferentes companhias (sociedades por ações) no mesmo período, bem como para a mesma companhia em períodos diferentes.

Mesmo que os dados do resultado por ação tenham limitações em decorrência das diferentes políticas contábeis que podem ser usadas para determinar resultados, um denominador determinado consistentemente melhora os relatórios financeiros. O foco desta Norma está no denominador do cálculo do resultado por ação.

NBC TG 42 – Contabilidade em Economia Hiperinflacionária

O objetivo desta norma é estabelecer regras para possibilitar a atualização monetária dos valores a serem informados nas demonstrações contábeis, inclusive nas demonstrações contábeis consolidadas, de qualquer entidade cuja moeda funcional seja a moeda de uma economia hiperinflacionária.

NBC TG 43 – Adoção Inicial das NBC Ts Convergidas em 2009 que têm por base o Pronunciamento Técnico CPC 43 (R1) (IFRS 1 do IASB)

O objetivo desta Norma é fornecer as diretrizes necessárias para que as demonstrações contábeis de uma entidade que estejam de acordo com as normas, interpretações e comunicados técnicos do CFC, e as divulgações contábeis intermediárias para os períodos parciais cobertos por essas demonstrações contábeis, possam ser declaradas, com as exceções do contido nos itens 4 e 5, como estando conformes com as Normas Internacionais de Contabilidade emitidas pelo IASB.

NBC TG 44 – Demonstrações Combinadas

O objetivo desta Norma é oferecer orientação quanto aos critérios para elaboração, às circunstâncias envolvidas e à forma da apresentação de demonstrações contábeis combinadas de acordo com as práticas contábeis adotadas no Brasil, bem como esclarecer seu significado.

NBC TG 45 – Divulgação de Participações em Outras Entidades

O objetivo desta Norma é exigir que a entidade divulgue informações que permitam aos usuários de suas demonstrações contábeis avaliar:

a. a natureza de suas participações em outras entidades e os riscos associados a tais participações; e
b. os efeitos dessas participações sobre a sua posição financeira, seu desempenho financeiro e seus fluxos de caixa.

NBC TG 46 – Mensuração do Valor Justo

O objetivo desta Norma é:

a. definir valor justo;
b. estabelecer em uma única Norma a estrutura para a mensuração do valor justo; e
c. estabelecer divulgações sobre mensurações do valor justo.

O valor justo é uma mensuração baseada em mercado e não uma mensuração específica da entidade. Para alguns ativos e passivos, pode haver informações de mercado ou transações de mercado observáveis disponíveis, enquanto para outros pode não haver. Contudo, o objetivo da mensuração do valor justo em ambos os casos é o mesmo – estimar o preço pelo qual uma transação não forçada para vender o ativo ou para transferir o passivo ocorreria entre participantes do mercado na data de mensuração sob condições correntes de mercado (ou seja, um preço de saída na data de mensuração do ponto de vista de participante do mercado que detenha o ativo ou o passivo).

Quando o preço para um ativo ou passivo idêntico não é observável, a entidade mensura o valor justo utilizando outra técnica de avaliação que maximiza o uso de dados observáveis relevantes e minimiza o uso de dados não observáveis.

Por ser uma mensuração baseada em mercado, o valor justo é mensurado utilizando-se as premissas que os participantes do mercado utilizariam ao precificar o ativo ou o passivo, incluindo premissas sobre risco. Como resultado, a intenção da entidade de manter um ativo ou de liquidar ou, de outro modo, satisfazer um passivo não é relevante ao mensurar o valor justo.

A definição de valor justo se concentra em ativos e passivos porque são o objeto primário da mensuração contábil. Além disso, esta Norma deve ser aplicada aos instrumentos patrimoniais próprios da entidade mensurados ao valor justo.

NBC TG 47 – Receita de Contrato com Clientes

O objetivo desta norma é estabelecer os princípios que a entidade deve aplicar para apresentar informações úteis aos usuários de demonstrações contábeis sobre a natureza, o valor, a época e a incerteza de receitas e fluxos de caixa provenientes de contrato com cliente.

NBC TG 48 – Instrumentos Financeiros

O objetivo desta norma é estabelecer princípios para os relatórios financeiros de ativos financeiros e passivos financeiros que devem apresentar informações pertinentes e úteis aos usuários de demonstrações contábeis para a sua avaliação dos valores, época e incerteza dos fluxos de caixa futuros da entidade.

NBC TG 49 – Contabilização e Relatório Contábil de Planos de Benefícios de Aposentadoria

O objetivo desta norma é apresentar regras a serem aplicadas nas demonstrações contábeis de planos de benefícios de aposentadoria para os quais sejam elaboradas tais demonstrações contábeis.

NBC TG 1000 – Contabilidade para Pequenas e Médias Empresas

O objetivo desta norma é disciplinar os procedimentos contábeis adotados nas pequenas e médias empresas. Conforme consta do Apêndice "Glossário de Termos" da NBC TG 1000 – Contabilidade para Pequenas e Médias Empresas, pequenas e médias empresas são Entidades que:

a. não têm responsabilidade de prestação pública de contas; mas
b. elaboram demonstrações contábeis para fins gerais para usuários externos (credores, processos licitatórios, agências de avaliação de *rating* etc.).

ATIVIDADES TEÓRICAS

1. Responda:

1.1   O que são Normas Brasileiras de Contabilidade?

1.2   Como se classificam as Normas Brasileiras de Contabilidade?

1.3   O que as Normas Técnicas estabelecem?

1.4   O que são NBCs TGs?

1.5   O que são Normas Completas?

1.6   O que são Normas Simplificadas para PMEs e como são numeradas?

1.7   O que são Normas Específicas e como são numeradas?

1.8   O que são NBCs TSPs?

1.9   O que são NBCs TAs?

1.10 O que são NBCs TRs?

1.11 O que são NBCs TOs?

1.12 O que são NBCs TSCs?

1.13 O que são NBCs TIs?

1.14 O que são NBCs TPs?

1.15 O que são NBCs TAGs?

1.16 O que são Normas de Contabilidade?

1.17 Legalmente, o que possibilitou o ingresso no Brasil dos padrões internacionais de contabilidade?

1.18 Como as Normas Internacionais de Contabilidade ingressam no Brasil?

1.19 É possível um contador brasileiro opinar sobre determinada NBCs do tipo NBC TG?

1.20 O que é necessário para que uma norma internacional seja adotada por todos os contabilistas brasileiros?

1.21 O que é preciso para que as entidades expurguem os resultados, despesas e receitas derivadas da aplicação de normas contábeis quando contrariam interesses do fisco?

1.22 Cite, resumidamente, os objetivos das seguintes NBCs TGs:

    1ª)   NBC TG ESTRUTURA CONCEITUAL – Estrutura Conceitual para Elaboração e Divulgação de Relatório Contábil-Financeiro

    2ª)   NBC TG 01 – Redução ao Valor Recuperável de Ativos

    3ª)   NBC TG 02 – Efeitos das Mudanças nas Taxas de Câmbio e Conversão de Demonstrações Contábeis

    4ª)   NBC TG 03 – Demonstração dos Fluxos de Caixa

    5ª)   NBC TG 04 – Ativo Intangível

    6ª)   NBC TG 05 – Divulgação sobre Partes Relacionadas

    7ª)   NBC TG 06 – Operações de Arrendamento Mercantil

    8ª)   NBC TG 07 – Subvenção e Assistência Governamentais

    9ª)   NBC TG 08 – Custos de Transação e Prêmios na Emissão de Títulos e Valores Mobiliários

    10ª) NBC TG 09 – Demonstração do Valor Adicionado (DVA)

11ª) NBC TG 10 – Pagamento Baseado em Ações

12ª) NBC TG 11 – Contratos de Seguro

13ª) NBC TG 12 – Ajuste a Valor Presente

14ª) NBC TG 13 – Adoção Inicial da Lei n. 11.638, de 2007, e da Medida Provisória n. 449, de 2008.

15ª) NBC TG 15 – Combinação de Negócios

16ª) NBC TG 16 – Estoques

17ª) NBC TG 17 – Contratos de Construção

18ª) NBC TG 18 – Investimento em Coligada, em Controlada e em Empreendimento Controlado em Conjunto

19ª) NBC TG 19 – Negócios em Conjunto

20ª) NBC TG 20 – Custos de Empréstimos

21ª) NBC TG 21 – Demonstração Intermediária

22ª) NBC TG 22 – Informações por Segmento

23ª) NBC TG 23 – Políticas Contábeis, Mudança de Estimativa e Retificação de Erro

24ª) NBC TG 24 – Evento Subsequente

25ª) NBC TG 25 – Provisões, Passivos Contingentes e Ativos Contingentes

26ª) NBC TG 26 – Apresentação das Demonstrações Contábeis

27ª) NBC TG 27 – Ativo Imobilizado

28ª) NBC TG 28 – Propriedade para Investimento

29ª) NBC TG 29 – Ativo Biológico e Produto Agrícola

30ª) NBC TG 30 – Receitas

31ª) NBC TG 31 – Ativo Não Circulante Mantido para Venda e Operação Descontinuada

32ª) NBC TG 32 – Tributos sobre o Lucro

33ª) NBC TG 33 – Benefícios a Empregados

34ª) NBC TG 35 – Demonstrações Separadas

35ª) NBC TG 36 – Demonstrações Consolidadas

36ª) NBC TG 37 – Adoção Inicial das Normas Internacionais de Contabilidade

37ª) NBC TG 38 – Instrumentos Financeiros: Reconhecimento e Mensuração

38ª) NBC TG 39 – Instrumentos Financeiros: Apresentação

39ª) NBC TG 40 – Instrumentos Financeiros: Evidenciação

40ª) NBC TG 41 – Resultado por Ação

41ª) NBC TG 42 – Contabilidade em Economia Hiperinflacionária

42ª) NBC TG 43 – Adoção Inicial das NBC Ts Convergidas em 2009 que tem por base o Pronunciamento Técnico CPC 43 (R1) (IFRS 1 do IASB).

43ª) NBC TG 44 – Demonstrações Combinadas

44ª) NBC TG 45 – Divulgação de Participações em Outras Entidades

45ª) NBC TG 46 – Mensuração do Valor Justo

46ª) NBC TG 47 – Receita de Contrato com Clientes

47ª) NBC TG 48 – Instrumentos financeiros

48ª) NBC TG 49 – Contabilização e Relatório Contábil de Planos de Benefícios de Aposentadoria

49ª) NBC TG 1000 – Contabilidade para Pequenas e Médias Empresas

2. Classifique as afirmativas em falsas (F) ou verdadeiras (V):

2.1 (   ) As NBCs são editadas pelo Conselho Regional de Contabilidade (CRC).

2.2 (   ) As NBCs são editadas pelo CFC.

2.3 (   ) As NBCs Técnicas estabelecem preceitos de conduta para o exercício profissional.

2.4 (   ) As NBCs PGs são as NBCs aplicadas indistintamente a todos os profissionais de Contabilidade.

2.5 (   ) As NBCs PAs são as NBCs aplicadas, especificamente, aos contadores que atuam como auditores internos.

2.6 (   ) As NBCs PIs são as NBCs aplicadas especificamente aos contadores que atuam como auditores internos.

2.7 (   ) As NBCs PPs são as NBCs aplicadas especificamente aos contadores que atuam como peritos contábeis.

2.8 (   ) A Norma Brasileira de Contabilidade é identificada pela sigla NBC.

2.9 (   ) A Interpretação Técnica é identificada pela sigla NBC IT, seguida da letra ou letras e numeração do grupo a que pertence.

2.10 (   ) O Comunicado Técnico é identificado pela sigla CT, seguida da letra ou letras e numeração do grupo a que pertence.

2.11 (   ) As Normas, Interpretações e Comunicados alterados devem ser identificados pela letra "R" de revisão, seguida do número da revisão realizada.

2.12 (   ) Segundo estabelece o art. 9º da citada Resolução CFC n. 1.328, de 2011, a inobservância às NBCs constitui infração disciplinar sujeita às penalidades previstas nas alíneas de "c" a "g" do art. 27 do Decreto-Lei n. 9.295, de 1946, e ao Código de Ética Profissional do Contador.

2.13 (   ) O CFC é o órgão responsável pela fiscalização e normatização dos procedimentos executados pelos profissionais que atuam na área contábil no Brasil.

2.14 (   ) O IASB, organismo internacional responsável pela emissão, revisão e divulgação das normas IFRS, tem sua sede em Genebra, na Suíça.

2.15 (   ) O CPC, criado pelo CFC, transforma as Normas Internacionais en NBCs.

2.16 (   ) O Regime Tributário de Transição (RTT), instituído pela Lei n. 11.941, de 2009, vigorou de 01 de janeiro de 2010 a 31 de dezembro de 2014, para ajustar os procedimentos contábeis decorrentes da aplicação das normas IFRS aos interesses do fisco.

2.17 (   ) A NBC TG Estrutura Conceitual não é uma norma propriamente dita. Havendo conflito entre os conceitos constantes nela em relação a outras normas, prevalece o contido nas outras normas.

3. Escolha a alternativa correta:

3.1 São NBCs:

a) Normas propriamente ditas.

b) Interpretações Técnicas.

c) Comunicados Técnicos.

d) Todas estão corretas.

3.2 Segundo estabelece o art. 2º da Resolução CFC n. 1.328, de 2011, as NBCs estabelecem:

a) regras e procedimentos de conduta que devem ser observados como requisitos para o exercício da profissão contábil;

b) requisitos para o governo adotar quando for elaborar leis que influenciem os procedimentos contábeis;

c) conceitos doutrinários, princípios, estrutura técnica e procedimentos a serem aplicados quando da realização dos trabalhos previstos nas normas aprovadas por resolução emitidas pelo CFC, de maneira convergente com as Normas Internacionais de Contabilidade emitidas pelo IASB, bem como com as Normas Internacionais de Auditoria e Asseguração e com as Normas Internacionais de Contabilidade para o Setor Público emitidas pela Ifac;

d) somente a "b" está errada.

3.3 As NBCs profissionais são classificadas em:

a) Geral (NBC PG) e do Auditor Independente (NBC PA).

b) Geral (NBC PG), do Auditor Independente (NBC PA) e do Auditor Interno (NBC PI).

c) Geral (NBC PG), do Auditor Independente (NBC PA), do Auditor Interno (NBC PI) e do Perito (NBC PP).

d) Todas estão corretas.

3.4 As Normas que fornecem as normas para o trabalho do auditor no cumprimento dos seus objetivos gerais são:

a) NBCs TAs;

b) NBCs TGs;

c) NBCs TIs;

d) todas estão corretas.

3.5 As NBCs que têm por objetivo esclarecer sua aplicação, definindo regras e procedimentos a serem aplicados em situações, transações ou atividades específicas, sem alterar a substância dessas normas, são chamadas de:

a) NBCs TGs;

b) Interpretações Técnicas;

c) Comunicados técnicos;

d) NBCs TAs.

3.6 As NBCs que têm por objetivo esclarecer assuntos de natureza contábil, com a definição de procedimentos a serem observados, considerando os interesses da profissão e as demandas da sociedade, são chamadas de:

a) Interpretações Técnicas;

b) NBCs TGs;

c) NBCs TAs;

d) Comunicados Técnicos.

3.7 O organismo internacional responsável pela emissão, revisão e divulgação das Normas Internacionais de Contabilidade é o:

a) Iasc.

b) Ifac.

c) CFC.

d) IASB.

3.8 O CPC:

a) é o Comitê de Pronunciamento Contábeis;

b) foi criado pelo CFC;

c) é o órgão brasileiro por intermédio do qual as normas internacionais IFRS ingressam no Brasil;

d) todas estão corretas.

3 Princípio da Entidade

> **Ideia principal:** o patrimônio da entidade não se confunde com o patrimônio do proprietário ou dos sócios.

3.1 Conceito

Ao estudar o princípio da entidade, é preciso destacar dois aspectos:

a. A entidade como organização que reporta as informações contábeis e que no final de cada exercício social tem por obrigação a elaboração de demonstrativos compostos por informações extraídas de seus registros contábeis; e

b. A entidade como um princípio que direciona os registros contábeis segregando a pessoa física do proprietário da pessoa jurídica da organização.

A NBC TG Estrutura Conceitual, até sua primeira revisão em 2011, sendo aprovada pelo Conselho Federal de Contabilidade (CFC) por meio da Resolução n. 1.374, não tratou do conceito de entidade. Contudo, no prefácio da NBC TG mencionada, o CFC informa que esse assunto está em estudo no International Accounting Standards Board (IASB) e que será apresentado futuramente como um capítulo da NBC TG Estrutura Conceitual.

É importante destacar que, conforme consta do prefácio da NBC TG Estutura Conceitual, o IASB está em pleno processo de atualização de sua Estrutura Conceitual, cujo projeto vem sendo conduzido em fases. À medida que um capítulo é finalizado, itens da Estrutura Conceitual para Elaboração e Apresentação das Demonstrações Contábeis, emitida em 1989, vão sendo substituídos. Quando o projeto da Estrutura Conceitual for finalizado, o IASB terá um único documento, completo e abrangente, denominado Estrutura Conceitual para Elaboração e Divulgação de Relatório Contábil-Financeiro (do inglês The Conceptual Framework for Financial Reporting).

Assim, enquanto o IASB não concluir seus estudos, vamos, no presente capítulo, tratar dos dois aspectos mencionados que envolvem a entidade.

3.2 A entidade que reporta a informação

3.2.1 Organizações ou entidades econômico-administrativas

- A entidade que reporta a informação é a organização responsável pela elaboração de demonstrações contábeis ou de outros relatórios contendo informações extraídas de seus registros contábeis.

- As organizações são entidades econômico-administrativas que reúnem os seguintes elementos: titular, capital, patrimônio, pessoas, ações administrativas e fim determinado.

- Titular é o proprietário da organização, ou seja, aquele que investiu um capital para a constituição do empreendimento. As organizações podem ter apenas um proprietário, chamadas de empresa individual ou simplesmente de empresário, ou mais de um, denominadas sociedade ou sociedade empresária.

- Capital é o montante de recursos que o titular ou os sócios investem na organização, composto apenas por dinheiro ou por uma mescla de dinheiro e outros elementos patrimoniais como móveis, imóveis, veículos, computadores etc.

- Patrimônio é a organização em si, composta pelo conjunto de bens, direitos e obrigações avaliados em moeda e pertencentes a uma pessoa física ou jurídica.

- Pessoas são todos os seres humanos que trabalham na organização, seja qual for o cargo que ocupam ou a função que exercem.

- Ações administrativas são os atos praticados pelas pessoas que dão vida à organização, seja planejando, dirigindo, controlando, movimentando máquinas, equipamentos, efetuando compras, pagamentos, produzindo bens, promovendo vendas ou prestando serviços etc.

- Fim determinado é a meta que impulsiona o titular ou os sócios a constituírem a organização. Se econômica, seu fim é o lucro. Há, porém, organizações constituídas sem fins lucrativos, como as que têm finalidades recreativas, filantrópicas, religiosas etc., conforme veremos adiante.

3.2.2 Classificação

3.2.2.1 Quanto ao fim

Ao considerarmos o fim a que se destinam, as entidades podem ser classificadas como segue:

a. **Instituições:** entidades econômico-administrativas com finalidades sociais, cuja administração tem por objetivo o bem-estar social da coletividade, como as associações recreativas e esportivas, os hospitais beneficentes, os asilos etc., ou com objetivos socioeconômicas, cuja administração tem interesse no aspecto econômico da entidade, mas o reverte em benefício da coletividade a que pertencem, como os institutos de aposentadorias, pensões, previdência etc.

b. **Empresas:** entidades econômico-administrativas que têm finalidade econômica, isto é, visam ao lucro, desenvolvendo os mais variados ramos de atividades, como comércio, indústria, agricultura, pecuária e uma infinidade de serviços como transporte, telecomunicações, turismo, assistência à saúde e muitos outros.

3.2.2.2 Quanto à natureza do capital

Quanto à natureza do capital com o qual são constituídas, as entidades podem ser:

a. **Públicas:** constituídas com capital do governo;
b. **Particulares (privadas):** constituídas com capital de particulares; e
c. **Mistas:** constituídas com capital do governo e de particulares, ao mesmo tempo, essas entidades são também conhecidas por entidades de economia mista.

3.2.2.3 Quanto ao porte

Quanto ao porte, as organizações podem ser classificadas em:

a. **Microempreendedor Individual (MEI):** com receita bruta anual até o limite fixado pelo governo. Em 2019, esse limite era de R$ 60.000,00;[1]
b. **Microempresa (ME):** com receita bruta anual superior a R$ 60.000,00 e igual ou inferior a R$ 360.000,00;[2]
c. **Empresa de Pequeno Porte (EPP):** com receita bruta anual superior a R$ 360.000,00 e igual ou inferior a R$ 3.600.000,00;[3]

---

[1] Art. 18-A da Lei Complementar n. 123, de 2006.
[2] Inciso I do art. 3º da Lei Complementar n. 123, de 2006.
[3] Inciso II do art. 3º da Lei Complementar n. 123, de 2006.

d. **Empresa de Médio Porte (EMP):** com receita bruta anual superior a R$ 3.600.000 e igual ou inferior a R$ 300.000.000,00; e

e. **Empresa de Grande Porte (EGP):** com receita bruta anual superior a R$ 300.000.000 ou com ativo total superior a R$ 240.000.000,00;[4]

Veja o que dispõe o parágrafo único do art. 3º da Lei n. 11.638, de 2007, citado:

> Parágrafo único. Considera-se de grande porte, para os fins exclusivos desta Lei, a sociedade ou conjunto de sociedades sob controle comum que tiver, no exercício social anterior, ativo total superior a R$ 240.000.000,00 (duzentos e quarenta milhões de reais) ou receita bruta anual superior a R$ 300.000.000,00 (trezentos milhões de reais).

3.2.3 Conclusão

Certamente, você já ouviu falar em lojas, casas comerciais, clubes de futebol, bancos, indústrias, postos de gasolina, escolas, cinemas, teatros, emissoras de rádio e de televisão, lanchonetes, restaurantes, hospitais, igrejas etc. Há uma infinidade de organizações econômico-administrativas criadas pelo ser humano para atingir algum objetivo, seja de ordem econômica ou social.

Podemos imaginar vários tipos de entidades: instituições governamentais; empresas públicas; particulares e mistas; instituições com finalidades sociais ou socioeconômicas. Todas elas devem ser adequadamente organizadas, bem gerenciadas e controladas para que possam atingir seus objetivos da melhor maneira possível.

3.3 Entendendo melhor o Princípio da Entidade

O Princípio da Entidade requer que o patrimônio da organização seja distinto do patrimônio do titular (proprietário) ou dos sócios (proprietários). Assim, quando uma pessoa ou um grupo de pessoas constituem uma entidade, o patrimônio que conceberem é independente do patrimônio pessoal de cada um.

O CFC, por várias décadas, por meio da Resolução CFC n. 750, de 1993, reconhecia a validade desse princípio, estabelecendo que o Princípio da Entidade reconhece o Patrimônio como objeto da Contabilidade e afirma a autonomia patrimonial, a necessidade da diferenciação de um Patrimônio particular no universo dos patrimônios existentes, independentemente de pertencer a uma pessoa, um conjunto de pessoas, uma sociedade ou instituição de qualquer natureza ou finalidade, com ou sem fins lucrativos. Por consequência, nesta acepção, o Patrimônio não se confunde com aqueles do proprietário ou dos sócios (neste último caso, quando se trata de sociedades).

---

[4] Parágrafo único do art. 3º da Lei n. 11.638, de 2007.

Como vimos, o patrimônio é um conjunto de Bens, Direitos e Obrigações pertencente a uma pessoa física ou jurídica, tenha ou não finalidade lucrativa. Porém, é importante destacar que o patrimônio também é objeto de outras Ciências Sociais como Economia, Administração e Direito. Contudo, somente a Contabilidade o estuda nos seus aspectos qualitativo e quantitativo.

O aspecto qualitativo refere-se à natureza dos elementos que o compõem, como dinheiro em caixa ou em bancos, direitos a receber de clientes, obrigações a pagar a fornecedores, estoques de materiais de troca, uso ou consumo, móveis e utensílios, veículos etc. Já o aspecto quantitativo refere-se à expressão dos componentes patrimoniais em valores monetários.

Portanto, analisando o patrimônio sob os aspectos qualitativo e quantitativo, pode-se entender sua composição e conhecer o Patrimônio Líquido pela subtração do total do Ativo (soma dos Bens e dos Direitos) do total do Passivo (soma das Obrigações).

É importante salientar também que o que delimita o campo de abrangência de uma Ciência é o seu objeto. Assim, sendo o campo de abrangência da Contabilidade o patrimônio, caso ele não existisse, a Contabilidade não teria razão de ser.

Em relação à segregação do patrimônio da entidade como sendo independente do patrimônio do proprietário ou dos sócios, é importante rever os conceitos de pessoa física e de pessoa jurídica. Temos que:

- proprietário = pessoa física; e
- entidade = pessoa jurídica.

Veja bem: você é uma pessoa física. Quando nasceu, foi registrado no Cartório do Registro Civil. A Certidão de Nascimento foi o primeiro documento que comprovou sua existência perante a sociedade, dando-lhe condições de exercer sua cidadania.

As entidades, sob o ponto de vista legal, também são consideradas pessoas, mas de existência jurídica. Elas adquirem personalidade jurídica mediante registro em vários órgãos públicos que variam de acordo com a natureza das atividades que realizarão. As empresas comerciais, por exemplo, para adquirir personalidade jurídica, devem ser registradas em pelo menos seis órgãos públicos: Junta Comercial do Estado, Secretaria da Receita Federal, Prefeitura Municipal, Secretaria da Fazenda do Estado, Previdência Social e Sindicato de Classe. Portanto, as entidades estarão aptas a exercer suas atividades somente depois de adquirirem personalidade jurídica.

Toda pessoa jurídica tem como proprietário uma pessoa física. Quando houver mais de um proprietário, a pessoa jurídica corresponderá a uma sociedade e os proprietários serão denominados cotistas, acionistas etc., conforme a forma jurídica pela qual esteja revestida a sociedade: sociedade por cotas de responsabilidade limitada, sociedade por ações etc. Poderá, ainda, haver uma pessoa jurídica cujo proprietário seja outra pessoa jurídica ou várias delas. Contudo, tais pessoas jurídicas proprietárias serão, por sua vez, de propriedade de uma ou mais pessoas físicas.

Contudo, o patrimônio do proprietário ou os patrimônios de cada sócio, cotista ou acionista são independentes e não se confundem com o patrimônio da entidade da qual são proprietários, pois este princípio estabelece que o patrimônio deva revestir-se do atributo de autonomia em relação a todos os outros patrimônios existentes, pertencendo a uma entidade, no sentido de sujeito suscetível à aquisição de direitos e obrigações. Portanto, o patrimônio de uma entidade, em hipótese alguma, será confundido com os patrimônios de seus sócios ou proprietários.

Exemplo prático

João pretende tornar-se comerciante. Para isso, vai constituir uma empresa de tintas. Enquanto pessoa física, seu patrimônio pode ser constatado na declaração de renda devidamente entregue ao poder público por meio da Secretaria da Receita Federal referente ao exercício de X2, com posição de 31 de dezembro do ano calendário de X1:

PATRIMÔNIO DE JOÃO – pessoa física

Em 31.12.X1

a. Ativo (Bens e Direitos)

Saldo em conta-corrente bancária no valor de	$ 150.000
(+) Uma casa onde reside com sua família, avaliada em	$ 500.000
(+) Um automóvel avaliado em	$ 50.000
Total do Ativo	$ 700.000

b. Passivo (Obrigações)

Diversas contas para pagar	($ 30.000)

c. Patrimônio Líquido

Positivo de $ 670.000 ($ 700.000 – $ 30.000)

Consideremos os seguintes eventos ocorridos durante o mês de janeiro de X2, envolvendo João e sua empresa comercial:

1. João decidiu utilizar $ 100.000 de sua conta-corrente bancária para constituir o capital da empresa, denominada Comercial João.
2. João firmou contrato de locação de um imóvel onde será instalada sua empresa, cujo pagamento do primeiro mês de aluguel ocorrerá somente no mês de fevereiro.
3. João pagou diversos carnês referentes a compras efetuadas para sua casa durante o ano de X1, no valor de $ 10.000, por meio de cheque de sua conta-corrente particular.
4. Para legalizar sua empresa visando dotá-la de personalidade jurídica, João contratou os serviços de um escritório de Contabilidade ao qual pagou a importância de $ 5.000 por meio de cheque de sua conta-corrente particular.

5. Após a empresa estar devidamente registrada nos órgãos competentes e tendo adquirido personalidade jurídica, João abriu uma conta-corrente bancária em nome da empresa, tendo efetuado depósito inicial de $ 100.000 por meio de cheque de sua conta-corrente particular. Esse depósito correspondeu ao capital inicial de sua empresa.

6. João reembolsou a importância de $ 5.000 referente às despesas com a legalização, mediante a emissão de um cheque da conta-corrente da empresa que depositou em sua conta-corrente particular. Esse procedimento decorre do fato de que os gastos com a legalização da empresa são despesas da pessoa jurídica e não da pessoa física do proprietário.

7. João pagou, com cheque de sua conta bancária particular, as despesas de consumo de energia elétrica ocorridas em sua residência durante o mês de janeiro, no valor de $ 200.

8. João efetuou as seguintes compras para sua empresa, tendo pago com cheques da conta-corrente jurídica:

   a. diversos móveis para uso, no valor de $ 10.000;

   b. mercadorias para revender, no valor de $ 50.000.

9. João vendeu mercadorias, à vista, no valor de $ 20.000. Consideremos que essas mercadorias custaram $ 8.000.

10. João efetuou o pagamento das despesas de telefones ocorridas durante o mês de janeiro em sua empresa, no valor de $ 500,00, por meio de cheque da conta-corrente jurídica.

Considerando apenas as informações apresentadas, ocorridas durante o primeiro mês de funcionamento da empresa, veja como ficaram os patrimônios de João e de sua empresa em 31.01.X2:

PATRIMÔNIO DE JOÃO – pessoa física

Em 31.01.X2

a. Ativo

Saldo em conta-corrente bancária no valor de	$ 39.800
(+) Uma casa onde reside com sua família, avaliada em	$ 500.000
(+) Um automóvel avaliado em	$ 50.000
Total do Ativo	$ 589.800

b. Passivo

(–) Diversas contas para pagar	($ 20.000)

c. Patrimônio Líquido

Positivo de $ 569.800 ($ 589.800 – $ 20.000)

PATRIMÔNIO DA COMERCIAL JOÃO – pessoa jurídica
Em 31.01.X2

a. Ativo

Bancos conta Movimento	$ 54.500
(+) Estoque de Mercadorias	$ 42.000
(+) Móveis e Utensílios	$ 10.000
Total do Ativo	$ 106.500

b. Passivo ZERO

c. Patrimônio Líquido

Capital	$ 100.000
(+) Lucro Líquido	$ 6.500
Total do Patrimônio Líquido	$ 106.500

- No evento 3, João pagou Obrigações de sua casa; logo, esse pagamento afetou o patrimônio da pessoa física e não o da pessoa jurídica.

- O evento 4, embora corresponda a despesas da empresa, afetou o patrimônio da pessoa física, pois a empresa ainda não tinha adquirido personalidade jurídica. Não podendo exercer as suas atividades operacionais, os gastos incorridos nessa fase de organização são custeados pelo proprietário que, posteriormente, se ressarcirá da empresa, quando estiver devidamente legalizada.

- O evento 5 afetou tanto o patrimônio de João, pela diminuição de $ 100.000 da sua conta-corrente bancária particular, como o patrimônio da pessoa jurídica, pelo ingresso desse mesmo valor em sua conta-corrente. O depósito do valor do capital por meio de cheque do proprietário serve de prova perante as autoridades fiscais de que o capital foi efetivamente realizado e que o proprietário tinha recursos suficientes para realizá-lo.

- No evento 6, João foi reembolsado da importância de $ 5.000 referente às despesas que pagou para sua empresa enquanto ainda não tinha personalidade jurídica. Esse fato, portanto, afetou o patrimônio particular de João, aumentando-o, e também o patrimônio da pessoa jurídica, reduzindo-o.

- No evento 7, João pagou com cheque de sua conta-corrente particular despesas com o consumo de energia elétrica de sua casa. João não poderia considerar essa despesa como se fosse da sua empresa uma vez que ocorreu na gestão do seu patrimônio particular e não no da pessoa jurídica. Porém, se assim agisse, estaria incluindo no resultado da sua empresa uma despesa fictícia, sujeita a ser glosada pelo fisco.

- O evento 8 afetou somente o patrimônio da pessoa jurídica.

- O evento 9 corresponde a venda com lucro, afetando somente o patrimônio da pessoa jurídica.

   Observe que no Patrimônio Líquido da Comercial João apareceu um lucro de $ 6.500. Esse lucro foi assim apurado:

Vendas de mercadorias	$ 20.000
(–) Custo das mercadorias vendidas	($ 8.000)
= Lucro Bruto	$ 12.000
(–) Despesas com a legalização	($ 5.000)
(–) Despesa com telefonemas	($ 500)
= Lucro Líquido	$ 6.500

- No evento 10, João não deveria lançar a despesa de telefone em seu patrimônio particular, uma vez que não foi beneficiado com esse gasto; se, porém, não lançar na empresa, gerará um lucro fictício de $ 500,00 inexistente, sobre o qual ainda incorrerá em tributos.

Analisando o exemplo apresentado, é possível observar a validade do Princípio da Entidade quando estabelece autonomia entre o patrimônio da entidade e o patrimônio de seu proprietário. Ocorre que tanto a pessoa jurídica (entidade) como a pessoa física (proprietário) possuem direitos e deveres distintos.

As entidades podem ser constituídas sob várias formas jurídicas, como empresário (empresa individual) ou sociedade empresária (sociedade em nome coletivo, sociedade em comandita simples, sociedade limitada, sociedade anônima etc.). Legalmente, as responsabilidades das pessoas físicas envolvendo seu patrimônio particular são diferentes das responsabilidades que assumem em relação aos atos por elas praticados em nome das entidades das quais são proprietárias ou sócias.

Há que se considerar, finalmente, que, dependendo da forma jurídica pela qual estiver revestida a entidade, os bens particulares dos sócios podem ser afetados para cobrir dívidas por eles realizadas em nome da entidade.

Outra forma bem simples que evidencia a autonomia do patrimônio de uma empresa do patrimônio particular do seu proprietário é o fato de que ambos estão obrigados a apresentar anualmente para o fisco declarações de rendas distintas: uma da pessoa física e outra da pessoa jurídica.

É importante evidenciar que o CFC, na vigência da revogada Resolução CFC n. 750, de 1993, afirmava que o patrimônio pertence à entidade, mas a recíproca não é verdadeira. Essa afirmativa não gera dúvidas, pois afirmar que a entidade pertence ao patrimônio e não o patrimônio à entidade é o mesmo que afirmar que o veículo é dono de seu proprietário e não o proprietário dono do veículo.

É importante destacar, por fim, que o CFC, por meio da mencionada Resolução revogada, estabelecia que a soma ou a agregação contábil de patrimônios autônomos não resulta em nova entidade, mas sim em uma unidade de natureza econômico-contábil.

É fácil compreender, por exemplo, que uma rede de lojas composta por um estabelecimento matriz e 50 filiais constituam uma só entidade, porque as filiais, embora sob o ponto de vista legal, devam ser registradas nos mesmos órgãos públicos onde foi registrada a matriz, não adquirem personalidade jurídica própria, segregada da matriz, pois são consideradas suas extensões, cujos responsáveis perante as autoridades fiscais são os mesmos responsáveis pela matriz. É importante salientar que o registro de filiais é feito mediante alterações nos atos constitutivos da matriz.

Portanto, embora cada filial represente um patrimônio segregado da matriz, com funções operacionais distintas, pela falta de autonomia não constituem novas entidades.

Outro exemplo ocorre com a consolidação de Demonstrações Contábeis de um grupo de empresas composto por uma controladora e suas controladas, elaborada para fins de conhecer o patrimônio do conjunto. Essas demonstrações consolidadas não geram nova entidade, pois, embora cada conjunto de demonstrações (Balanço, Demonstração do Resultado do Período, Demonstração das Mutações do Patrimônio Líquido, Demonstração dos Fluxos de Caixa e Demonstração do Valor Adicionado) representem patrimônio de entidade diferente, cada uma delas continua com autonomia e personalidade jurídica próprias. A consolidação de Demonstrações Contábeis, embora resulte em novo patrimônio, não gera entidade nova.

Finalmente, é importante destacar que há algumas situações em que a junção de vários patrimônios ou de parte deles pode gerar uma nova entidade. É o caso de cisão, prevista no art. 229 da Lei n. 6.404, de 1976, quando a companhia transfere parcelas de seu patrimônio para uma ou mais sociedades constituídas para esse fim, dividindo seu capital.

3.4 Correlação com a NBC TG Estrutura Conceitual

A NBC TG Estrutura Conceitual apresenta em seu bojo um conjunto de conceitos com o objetivo de disciplinar os procedimentos das entidades em geral quando da apresentação de informações envolvendo o patrimônio e sua movimentação por meio das demonstrações contábeis e de outros relatórios derivados da escrituração contábil da entidade.

Conforme comentamos na Seção 3.1, a entidade é objeto de estudo no IASB, cuja conclusão será apresentada futuramente em um capítulo da NBC TG Estrutura Conceitual. Na versão atual dessa estrutura conceitual, não há evidências de tratamento do

Princípio da Entidade. Selecionamos a seguir, para conhecimento, alguns itens que envolvem a entidade, mas considerando-a como organismo que reporta as informações contábeis na elaboração de informações úteis aos seus usuários, veja:

Introdução

OB1. O objetivo da elaboração e divulgação de relatório contábil-financeiro de propósito geral constitui o pilar da Estrutura Conceitual. Outros aspectos da Estrutura Conceitual – como o conceito de entidade que reporta a informação, as características qualitativas da informação contábil-financeira útil e suas restrições, os elementos das demonstrações contábeis, o reconhecimento, a mensuração, a apresentação e a evidenciação – fluem logicamente desse objetivo.

[...]

OB7. Relatórios contábil-financeiros de propósito geral não são elaborados para se chegar ao valor da entidade que reporta a informação; a rigor, fornecem informação para auxiliar investidores, credores por empréstimo e outros credores, existentes e em potencial, a estimarem o valor da entidade que reporta a informação.

OB8. Usuários primários individuais têm diferentes, e possivelmente conflitantes, desejos e necessidades de informação. Este Conselho Federal de Contabilidade, ao levar à frente o processo de produção de suas normas, irá procurar proporcionar um conjunto de informações que atenda às necessidades do número máximo de usuários primários. Contudo, a concentração em necessidades comuns de informação não impede que a entidade que reporta a informação preste informações adicionais que sejam mais úteis a um subconjunto particular de usuários primários.

OB9. A administração da entidade que reporta a informação está também interessada em informação contábil-financeira sobre a entidade. Contudo, a administração não precisa apoiar-se em relatórios contábil-financeiros de propósito geral uma vez que é capaz de obter a informação contábil-financeira de que precisa internamente.

[...]

OB12. Relatórios contábil-financeiros de propósito geral fornecem informação acerca da posição patrimonial e financeira da entidade que reporta a informação, a qual representa informação sobre os recursos econômicos da entidade e reivindicações contra a entidade que reporta a informação. Relatórios contábil-financeiros também fornecem informação sobre os efeitos de transações e outros eventos que alteram os recursos econômicos da entidade que reporta a informação e reivindicações contra ela. Ambos os tipos de informação fornecem dados de entrada úteis para decisões ligadas ao fornecimento de recursos para a entidade.

ATIVIDADES TEÓRICAS

1. Responda:

   1.1 Qual é a ideia principal do Princípio da Entidade?

   1.2 O que é a entidade que reporta informação?

   1.3 O que são organizações?

   1.4 O que é o titular de uma organização?

   1.5 O que é capital sob o ponto de vista contábil?

   1.6 No conceito de organização, o que representa a palavra "pessoas"?

   1.7 O que é patrimônio?

   1.8 No conceito de organização, o que significa a expressão "ações administrativas"?

   1.9 No conceito de organização, o que significa "fim determinado"?

   1.10 Cite os principais ramos de atividades que as empresas podem exercer.

   1.11 O que é MEI?

   1.12 O que é ME?

   1.13 O que é EPP?

   1.14 A Certidão de Nascimento é o documento que garante ao cidadão o exercício da cidadania. Quais documentos comprovam o nascimento das entidades?

   1.15 Sob o ponto de vista legal, qual é a diferença entre pessoa física e pessoa jurídica?

   1.16 A pessoa física, ao nascer, tem seu registro feito no Cartório de Registro Civil de Pessoas. Uma entidade comercial precisa ser registrada em vários órgãos públicos. Cite quatro deles.

   1.17 A partir de que momento as organizações estarão aptas a desenvolver suas atividades operacionais?

   1.18 João Lourenço é proprietário de uma empresa de pequeno porte. Todo ano ele é obrigado a elaborar para o fisco federal uma declaração de renda de sua empresa e outra de sua pessoa física. O que essa obrigação de João Lourenço tem a ver com o Princípio da Entidade?

   1.19 João Lourenço, proprietário de uma indústria no interior do estado, viajou para a capital para comprar roupas para sua família e aproveitou para visitar um atacadista de produtos para sua sorveteria, efetuando compra em valor considerável. João Lourenço pagou todas as compras com o cartão de débito de sua conta-corrente particular. A atitude de João Lourenço está correta? Justifique.

   1.20 As entidades podem ser constituídas sob várias formas jurídicas. Cite cinco delas.

   1.21 Cite os itens da NBC TG Estrutura Conceitual correlacionados com o Princípio da Entidade.

2. Classifique as afirmativas em falsas (F) ou verdadeiras (V):

   2.1 ( ) Instituições são entidades econômico-administrativas com finalidades sociais ou socioeconômicas.

   2.2 ( ) Empresas são entidades econômico-administrativas que têm finalidade econômica, isto é, não visam ao lucro.

2.3 ( ) Empresas são entidades econômico-administrativas que têm finalidade econômica, isto é, visam ao lucro.

2.4 ( ) Empresas públicas são o mesmo que empresas privadas.

2.5 ( ) Empresas particulares são o mesmo que empresas privadas, conforme art. 3° da Lei Complementar n. 123, de 2006;

2.6 ( ) EMP possui receita bruta anual superior a R$ 3.600.000,00 e igual ou inferior a R$ 300.000.000,00.

2.7 ( ) EGP possui receita bruta anual superior a R$ 300.000.000,00 ou com Ativo total superior a R$ 240.000.000,00.

2.8 ( ) O Princípio da Entidade requer que o patrimônio da organização seja distinto do patrimônio do titular (proprietário) ou dos sócios (proprietários).

2.9 ( ) Quando uma pessoa ou um grupo de pessoas constituem uma entidade, o patrimônio que o proprietário ou os sócios constituíram passa a integrar o patrimônio particular de cada um deles.

2.10 ( ) O patrimônio é objeto da Contabilidade, mas não o é de outras ciências.

2.11 ( ) O patrimônio também é objeto de outras Ciências Sociais. Contudo, somente a Contabilidade o estuda nos seus aspectos qualitativo e quantitativo.

2.12 ( ) Analisando o patrimônio sob os aspectos qualitativo e quantitativo, pode-se entender sua composição e conhecer o Patrimônio Líquido pela subtração do total do Ativo (soma dos Bens e dos Direitos) do total do Passivo (soma das Obrigações).

2.13 ( ) O Princípio da Entidade segrega o patrimônio do proprietário do da entidade, mas há situações em que esses patrimônios se confundem.

2.14 ( ) Embora o Princípio da Entidade considere a autonomia do patrimônio da empresa e dos proprietários, há situações em que os patrimônios dos proprietários são usados para cobrir dívidas da pessoa jurídica, especialmente nos casos de falência, de acordo com a forma jurídica pela qual a entidade estiver revestida.

2.15 ( ) Em uma entidade composta por um estabelecimento matriz e 20 filiais localizadas em diversos municípios, cada estabelecimento é autônomo, embora pertençam aos mesmos sócios, resultando em 21 entidades diferentes.

2.16 ( ) Segundo o CFC, o patrimônio de uma entidade resulta da soma dos patrimônios particulares de seus proprietários.

2.17 ( ) A NBC TG Estrutura Conceitual trata do princípio da entidade em seus itens OB1, OB7, OB8, OB9 e OB12.

3. Escolha a alternativa correta:

3.1 Quanto ao fim, as entidades podem ser:
   a) instituições e empresas;
   b) públicas e particulares;
   c) pequenas, médias e grandes;
   d) N.D.A.

3.2 Quanto à natureza do capital com o qual são constituídas, as entidades podem ser:
   a) públicas e particulares;
   b) públicas, particulares e mistas;
   c) públicas e privadas;
   d) todas estão erradas.

3.3 Quanto ao porte, as empresas podem ser:
a) de pequeno, médio e grande porte;
b) de pequeno, médio, grande e extraporte;
c) microempreendedor individual, microempresas, empresas de pequeno porte, empresas de médio porte e empresas de grande porte;
d) N.D.A.

3.4 O CFC, por meio da revogada Resolução n. 750, de 1993, estabelecia que o Princípio da Entidade:
a) não reconhece o patrimônio como objeto da Contabilidade;
b) afirma a autonomia patrimonial sem a necessidade da diferenciação de um Patrimônio particular no universo dos patrimônios existentes, independentemente de pertencer a uma pessoa, um conjunto de pessoas, uma sociedade ou instituição de qualquer natureza, exceto sem fins lucrativos;
c) o Patrimônio da entidade engloba o patrimônio dos proprietários;
d) todas estão erradas.

3.5 O CFC, por meio da revogada Resolução n. 750, de 1993, estabelecia que o Princípio da Entidade:
a) reconhece o patrimônio como objeto da Contabilidade;
b) afirma a autonomia patrimonial, a necessidade da diferenciação de um Patrimônio particular no universo dos patrimônios existentes, independentemente de pertencer a uma pessoa, um conjunto de pessoas, uma sociedade ou instituição de qualquer natureza ou finalidade, com ou sem fins lucrativos;
c) o Patrimônio da entidade não se confunde com o patrimônio do proprietário ou dos sócios;
d) todas estão corretas.

3.6 É correto afirmar que:
a) o aspecto qualitativo do patrimônio refere-se à expressão dos componentes patrimoniais em valores monetários;
b) o aspecto quantitativo do patrimônio refere-se à natureza dos elementos que o compõe, como dinheiro em caixa ou em bancos, direitos a receber de clientes, obrigações a pagar a fornecedores etc.;
c) os aspectos qualitativo e quantitativo substituem os aspectos comparativo e tempestivo;
d) todas estão erradas.

3.7 É correto afirmar que:
a) o proprietário de uma empresa será sempre uma pessoa física;
b) uma sociedade poderá ser considerada pessoa física ou jurídica;
c) uma pessoa jurídica poderá ter como proprietários pessoas físicas e pessoas jurídicas;
d) todas estão corretas.

3.8 Escolha a opção que informa o documento correto para a respectiva pessoa:
a) Certidão de nascimento: pessoa jurídica.
b) Petição: sociedade.
c) Contrato social: sociedades em geral.
d) Estatuto: empresas individuais.

3.9 João Lourenço, proprietário de uma indústria de sorvetes, efetuou no dia 16.01.X1 as seguintes compras, tendo pago em dinheiro:

1) Compra de ingredientes para fabricação de sorvetes, no valor de $ 5.000.
2) Compra de um freezer para armazenar sorvetes, no valor de $ 3.000.
3) Compra de alimentos e bebidas para sua casa, no valor de $ 130.
4) Compra de um par de chinelos para uso pessoal, no valor de $ 55.
5) Compra de embalagens e palitos para aplicar na produção de sorvetes, no valor de $ 500.
6) Compra de envelopes, canetas e outros materiais de escritório para uso no expediente da fábrica de sorvetes, no valor de $ 800.

Os fatos citados provocarão redução tanto no caixa da pessoa física como no da pessoa jurídica de João Lourenço, como segue:

a) Um fato na pessoa física e cinco na pessoa jurídica.
b) Três fatos na pessoa física e três na pessoa jurídica.
c) Quatro fatos na pessoa jurídica e dois na pessoa física.
d) Todos na pessoa jurídica.

4 Princípio da Continuidade

> **Ideia principal:** a entidade tem existência indeterminada.

4.1 Conceito

O Princípio da Continuidade pressupõe que a Entidade continuará em operação no futuro e, portanto, consideram tal circunstância na mensuração e apresentação dos componentes do patrimônio. Esse princípio fixa a duração indeterminada das empresas como parâmetro para fins de apuração dos resultados e de avaliação dos componentes patrimoniais, influenciando as informações a serem apresentadas nas demonstrações contábeis.

4.2 Correlação com a NBC TG Estrutura Conceitual

Veja o que estabelece a NBC TG Estrutura Conceitual:

Premissa subjacente Continuidade

5.1. As demonstrações contábeis normalmente são elaboradas tendo como premissa que a entidade está em atividade (*going concern assumption*) e irá manter-se em operação por um futuro previsível. Desse modo, parte-se do pressuposto de que a entidade não tem a intenção, nem tampouco a necessidade, de entrar em processo de liquidação ou de reduzir materialmente a escala de suas operações. Por outro lado, se essa intenção ou necessidade existir, as demonstrações contábeis podem ter que ser elaboradas em bases diferentes e, nesse caso, a base de elaboração utilizada deve ser divulgada.

Como é possível observar, o International Accounting Standards Board (IASB), reconhecendo a validade desse princípio, o incluiu na norma contábil NBC TG Estrutura Conceitual, destacando-o como premissa subjacente.

Nos dicionários de língua portuguesa, encontramos a palavra "subjacente" com o significado de "aquilo que está por baixo". Dessa forma, devemos interpretar a intenção do IASB em destacar o Princípio da Continuidade como premissa ou princípio subjacente de modo a fazer com que os registros contábeis sejam efetuados considerando a duração indeterminada da entidade, sendo a interrupção de suas atividades um fato inusitado.

Não restam dúvidas de que a Continuidade influencia o valor econômico dos Ativos e, em muitos casos, o valor de vencimento dos Passivos, especialmente quando a extinção da entidade tem prazo determinado, previsto ou previsível.

Como a premissa considera que a empresa tem duração indeterminada, essa circunstância justifica a aplicação do Princípio do Registro pelo valor original para a avaliação dos elementos patrimoniais a serem apresentados no Balanço e do Princípio (regime) de Competência para apuração do resultado do período.

Esses dois princípios, tratados nos Capítulos 6 e 7 deste livro, respectivamente, somente se ajustam nos casos em que a entidade tenha vida indeterminada; caso contrário, conforme veremos na sequência, sua adoção fica prejudicada.

4.3 Correlação com o Princípio da Competência

Sabemos que existem pelo menos dois regimes contábeis que podem ser adotados para apurar o resultado de um período: o regime de caixa e o regime de competência. É atribuição do regime contábil definir quais despesas e quais receitas devem integrar o resultado do período, influenciando assim na apuração do resultado.

Na mesma linha de raciocínio, é possível adotar dois critérios para avaliar os elementos patrimoniais: com base no custo original (Princípio do Registro pelo Valor Original) ou com base no valor corrente ou de realização. A aplicação desses critérios dependerá das evidências de continuidade ou não das atividades operacionais da entidade.

Na continuidade, conforme dissemos, despesas e receitas são registradas pelo regime contábil de competência, justificando-se o diferimento de despesas e de receitas, quando beneficiarem mais de um Exercício Social. Na descontinuidade, esse procedimento muda, isto é, uma vez constatada a completa cessação das atividades da entidade, não se justifica o pagamento de despesas que beneficiarão períodos futuros e muito menos a realização de receitas a serem recebidas após seu fechamento.

Além disso, poderão surgir despesas ou receitas derivadas da própria descontinuidade, exatamente para que direitos e obrigações reflitam seus valores correntes, os quais, nessas situações, nem sempre correspondem a valores justos. Isso se justifica pelo fato de que, no processo de antecipação de recebimentos de direitos, para incentivar os clientes a liquidar os títulos antes das datas fixadas para os vencimentos, a entidade poderá oferecer-lhes descontos; da mesma forma, na antecipação do pagamento de obrigações, a entidade em descontinuidade pode obter descontos que normalmente não obteria em um processo de continuidade.

O mesmo pode ocorrer com estoques que precisam ser liquidados, ou seja, a entidade poderá arcar com descontos por vendê-los abaixo do preço de mercado ou até com prejuízos por vendê-los abaixo do custo. Esse raciocínio aplica-se também aos bens de uso que, na pressa de negociá-los, a entidade poderá não alcançar os valores que na continuidade seriam aceitos como valores recuperáveis.

No processo de continuidade, elementos do Ativo e do Passivo têm seu registro fundamentado no Princípio do Registro pelo Valor Original, embora sejam admitidos o reconhecimento de perdas, de atualização monetária (quando autorizada por lei), de depreciação, amortização e exaustão – despesas essas que, no processo de encerramento de atividades, são inaplicáveis.

Portanto, o Princípio da Continuidade é válido apenas na presunção de que a entidade estará sempre em operação, podendo sua aplicação ser invalidada diante da descontinuidade da atividade. Contudo, pode haver situações que viabilizem a aplicação desse princípio mesmo na descontinuidade, uma vez que várias são as circunstâncias que podem evidenciar a descontinuidade operacional de uma entidade, como data definida para o encerramento das atividades devidamente constante do documento constitutivo (petição, contrato ou estatuto), interesse do proprietário ou dos sócios ou por motivos alheios aos seus interesses.

O princípio aplica-se aos casos em que a extinção de uma pessoa jurídica não cessa as atividades operacionais desenvolvidas por ela porque serão continuadas pela sucessora; entretanto, há casos em que a descontinuidade de uma pessoa jurídica implica na paralisação definitiva das suas atividades operacionais, caso em que o Princípio da Continuidade deixa de ser aplicável.

A descontinuidade das atividades de uma pessoa jurídica que não descaracteriza a aplicação do Princípio da Continuidade pode ocorrer nos casos de transformação em outro tipo de entidade, incorporação por outra entidade, fusão com outras entidades ou cisão total.

- Transformação é a operação pela qual a sociedade passa independentemente de dissolução e liquidação, de um tipo para outro.[1]

- Incorporação é a operação pela qual uma ou mais sociedades são absorvidas por outra que lhes sucede todos os direitos e obrigações.[2]

- Fusão é a operação pela qual se unem duas ou mais sociedades para formar nova sociedade, que lhes sucederá em todos os direitos e obrigações.[3]

- Cisão é a operação pela qual a companhia transfere parcelas do seu patrimônio para uma ou mais sociedades constituídas para esse fim ou já existentes, extinguin-do-se a companhia cindida, se houver versão de todo seu patrimônio ou dividindo seu capital, se houver versão parcial.[4]

Nesses casos, embora haja descontinuidade da pessoa jurídica, suas atividades operacionais serão continuadas por outras pessoas jurídicas que lhes sucedem, assumindo todos os seus direitos e obrigações nos termos da legislação. Porém, há outras situações em que haverá paralisação definitiva das atividades operacionais da pessoa jurídica, tornando inviável a aplicação do Princípio da Continuidade.

Nessas circunstâncias, a entidade será primeiramente dissolvida, depois extinta e por fim liquidada. Contabilmente, o encerramento das atividades de uma entidade é feito revertendo o Patrimônio Líquido aos sócios ou ao proprietário e transferindo todo o patrimônio para a outra sociedade ou, se for o caso, procedendo à sua liquidação.

- A dissolução ocorre em uma companhia:
  a) de pleno direito:
     a.1) pelo término do prazo de duração;
     a.2) nos casos previstos no estatuto.
  b) por deliberação da Assembleia Geral;
  c) pela existência de um único acionista, verificado em Assembleia Geral Ordinária, se o mínimo de dois não for reconstituído até a Assembleia do ano seguinte, ressalvado o disposto no art. 251 da Lei n. 6.404, de 1976 (quando se tratar de sociedade por ações);
  d) pela extinção, na forma da lei, da autorização para funcionar;
  e) por decisão judicial;
  f) quando anulada sua constituição, em ação proposta por qualquer acionista;
  g) quando for provado que não pode preencher seu fim, em ação proposta por acionista que represente 5% ou mais do Capital Social;

---

[1] Art. 220 da Lei n. 6.404, de 1976.
[2] Art. 227 da Lei n. 6.404, de 1976.
[3] Art. 228 da Lei n. 6.404, de 1976.
[4] Art. 229 da Lei n. 6.404, de 1976.

h) em caso de falência, na forma prevista na respectiva lei;

i) por decisão de autoridade administrativa competente nos casos e na forma prevista em lei especial.[5]

■ Quanto à liquidação, liquidar uma sociedade corresponde a vender seus bens à vista, receber todos os seus direitos e pagar todas as suas obrigações. Nos termos do art. 208 da Lei n. 6.404, de 1976, o estatuto ou a Assembleia Geral determinará o modo de liquidação e nomeará o liquidante e o Conselho Fiscal que devem funcionar durante o período de liquidação. Para liquidar uma sociedade, é preciso, em primeiro lugar, dissolvê-la. Depois de dissolvida (encerrada), conservará personalidade jurídica até sua extinção, a fim de proceder à liquidação.

■ A liquidação, além de outros deveres estabelecidos na Lei n. 6.404, de 1976, fará levantar de imediato, em prazo não superior ao fixado pela Assembleia Geral ou pelo juiz, o Balanço Patrimonial da companhia, realizará o Ativo, pagará o Passivo e partilhará o remanescente entre os acionistas. O liquidante procederá contabilmente ao encerramento das contas da sociedade, transferindo-as para a sociedade em liquidação.

■ Veja o que dispõe o art. 212 da Lei n. 6.404, de 1976:

> Em todos os atos ou operações, o liquidante deverá usar a denominação social seguida das palavras "em liquidação". Na liquidação da entidade, em lugar do regime de Competência, aplica-se, na apuração do resultado, o regime de Caixa, e os componentes patrimoniais deixam de ser avaliados com fundamento no Princípio do Registro pelo Valor Original para serem avaliados pelo valor corrente que poderá ser o valor presente para Direitos e Obrigações e o valor de mercado ou outro valor abaixo ou acima do valor de mercado, conforme sejam as circunstâncias no momento das negociações.

4.4 Correlação com o Princípio do Registro pelo Valor Original

Como sabemos, o registro de entrada de todos os elementos patrimoniais, sejam do ativo, do passivo, do patrimônio líquido, sejam representativos de despesas ou de receitas, será feito sempre pelo respectivo valor original.

O valor original é o constante do documento que comprova a ocorrência do fato que gera seu registro contábil. Contudo, algumas normas contábeis estabelecem que o valor de entrada de determinados elementos patrimoniais deve ser diferente do valor constante do documento que comprova a ocorrência do fato – como é o caso do registro da compra de imóveis, que, além do valor pago ao antigo proprietário, deve integrar no custo de aquisição os valores pagos a título de corretagem, tributos e outros custos incorridos no momento da aquisição.

---

[5] Art. 206 da Lei n. 6.404, de 1976.

Outro exemplo pode ser extraído do item 43 da NBC TG 38 que trata da mensuração inicial de ativos e de passivos financeiros, estabelecendo que quando um ativo financeiro é inicialmente reconhecido, a entidade deve mensurá-lo incluindo em seu valor justo os custos de transação (tributos, corretagens, emolumentos etc.), exceto quando se tratar de investimentos destinados à negociação.

É importante destacar também que, conforme disciplinas contidas na NBC TG 15 (itens 10 e 32 a 34), na NBC TG 18 (item 32), na ITG 09 (itens 18 a 47) e no Decreto-Lei n. 1.598, de 1977, devidamente atualizado pela Lei n. 12.973, de 2014 (art. 20), os investimentos efetuados em títulos representativos do capital de outras sociedades, classificados no grupo Investimentos do Ativo Não Circulante, efetuados em coligadas, controladas, em sociedades que façam parte de um mesmo grupo ou que estejam sob controle comum, devem ser contabilizados pelo valor do custo de aquisição, e, quando o custo de aquisição for diferente do valor de patrimônio líquido do investimento que está sendo adquirido, esse custo deverá ser desdobrado para evidenciar:

a. o valor de Patrimônio Líquido, o valor da Mais Valia e o valor do Ágio por Expectativa de Rentabilidade Futura; ou

b. o valor de Patrimônio Líquido e o valor do Deságio (Menos Valia ou Compra Vantajosa).[6]

Entretanto, os dois procedimentos contidos nos exemplos apresentados não invalidam o que é determinado no Princípio do Registro pelo valor original aplicado em consonância com o Princípio da Continuidade. Tendo em vista que, ocorrendo ingresso de investimentos com ágio ou com deságio, embora haja tal reconhecimento no momento da entrada desses elementos patrimoniais, eles serão registrados em contas segregadas daquela que registra o elemento patrimonial.

4.5 Correlação com a NBC TG 24 – Evento Subsequente

Salvo nos casos especiais já comentados, é válida a aplicação do Princípio da Continuidade por considerar que a entidade é uma organização sem data fixada para o encerramento de suas atividades operacionais.

Contudo, é importante evidenciar que a NBC TG 24 estabelece que a entidade não deve elaborar suas demonstrações contábeis segundo o pressuposto da continuidade se os eventos subsequentes ao período contábil a que se referem as demonstrações indicarem que o pressuposto da continuidade não é apropriado.

Havendo probabilidade de cessação da vida da entidade, as causas deverão ser informadas em Notas Explicativas, pois essas informações são úteis aos usuários das Demonstrações Contábeis.

---

[6] É possível encontrar mais detalhes envolvendo a contabilização de investimentos com ágio e deságio no Capítulo 3 do livro *Contabilidade avançada*, de Osni Moura Ribeiro, pela editora Saraiva Educação.

ATIVIDADES TEÓRICAS

1. Responda:

1.1 Qual é a ideia principal do Princípio da Continuidade?

1.2 Qual é o conceito de Princípio da Continuidade?

1.3 Como a NBC TG Estrutura Conceitual trata o Princípio da Continuidade?

1.4 Segundo entendimento contido na NBC TG Estrutura Conceitual, qual procedimento a entidade deve tomar quando houver intenção de descontinuidade total de suas atividades?

1.5 Como o IASB considera o Princípio da Continuidade que está inserido no item 5.2 da NBC TG Estrutura Conceitual?

1.6 Por que a aplicação do Princípio da Competência torna-se inviável nos casos de descontinuidade das atividades da empresa?

1.7 Por que na descontinuidade não se aplica o Princípio do Registro pelo valor original?

1.8 Por que na descontinuidade o valor dos estoques não deve ser registrado pelo valor original?

1.9 O que descaracteriza a aplicação do Princípio da Continuidade?

1.10 Sabemos que, em determinadas circunstâncias, mesmo na descontinuidade é viável a aplicação do Princípio da Continuidade. Cite duas dessas circunstâncias.

1.11 O que é transformação de sociedade?

1.12 Em que consiste a Incorporação?

1.13 Em que consiste a fusão de sociedades?

1.14 Em que consiste a cisão?

1.15 Cite os casos possíveis em que, embora havendo descontinuidade da pessoa jurídica, suas atividades operacionais serão continuadas por outras, justificando a aplicação do Princípio da Continuidade.

1.16 Como é feito contabilmente o encerramento das atividades de uma empresa?

1.17 Cite quatro casos que justificam a dissolução de uma entidade.

1.18 Em que consiste a liquidação de sociedades?

1.19 O que é preciso para liquidar uma sociedade?

1.20 Qual é a principal justificativa que valida a aplicação do Princípio da Continuidade?

1.21 Havendo probabilidade de cessação da vida da entidade, onde as causas devem ser informadas? Por quê?

2. Classifique as afirmativas em falsas (F) ou verdadeiras (V):

2.1 ( ) O Princípio da Continuidade fixa a duração indeterminada das empresas como parâmetro para fins de apuração dos resultados e de avaliação dos componentes patrimoniais, influenciando as informações a serem apresentadas nas demonstrações contábeis.

2.2 ( ) O Princípio da Continuidade fixa a duração indeterminada das empresas como parâmetro para fins de apuração dos resultados e de avaliação dos componentes patrimoniais – procedimentos que não influenciam as informações a serem apresentadas nas demonstrações contábeis.

2.3 ( ) O Princípio da Continuidade pressupõe que a entidade manter-se-á em operação por um futuro imprevisível.

2.4 ( ) O Princípio da Continuidade pressupõe que a entidade manter-se-á em operação por um futuro previsível.

2.5 ( ) No caso de haver intenção de descontinuidade das atividades operacionais, não haverá necessidade de proceder essa informação nas notas explicativas que acompanham as demonstrações contábeis.

2.6 ( ) Nos dicionários da língua portuguesa, encontramos que a palavra "subjacente" significa aquilo que está por baixo.

2.7 ( ) A Continuidade não influencia o valor econômico dos ativos.

2.8 ( ) A Continuidade influencia o valor econômico dos Ativos e, em muitos casos, o valor de vencimento dos Passivos, especialmente quando a extinção da entidade tem prazo determinado, previsto ou previsível.

2.9 ( ) O Princípio da Continuidade justifica a aplicação do Princípio do Custo como valor original para a avaliação dos elementos patrimoniais a serem apresentados no Balanço.

2.10 ( ) O Princípio da Continuidade justifica a aplicação do Princípio do Custo como valor original para apuração do resultado do período.

2.11 ( ) O Princípio da Continuidade justifica a aplicação do Princípio da Competência para mensuração dos elementos patrimoniais a serem apresentados no balanço.

2.12 ( ) O Princípio da Continuidade justifica a aplicação do Princípio da Competência para apuração do resultado do período.

2.13 ( ) É o regime contábil que define quais despesas e quais receitas devem integrar o resultado do período, influenciando assim na apuração desse resultado.

2.14 ( ) Na Continuidade, despesas e receitas são registradas pelo regime contábil de competência, justificando-se o diferimento de despesas e de receitas, quando beneficiarem mais de um exercício social.

2.15 ( ) Ficando constatada a completa cessação das atividades da entidade, não se justifica o pagamento de despesas que beneficiarão períodos futuros.

2.16 ( ) Na Continuidade, poderão surgir despesas ou receitas derivadas da própria continuidade, exatamente para que direitos e obrigações reflitam seus valores correntes.

2.17 ( ) No processo de continuidade, elementos do Ativo e do Passivo são fundamentados no Princípio do Registro pelo Valor Original, não sendo admitidos o reconhecimento de perdas, de atualização monetária (quando autorizada por lei), de depreciação, amortização e exaustão.

2.18 ( ) Cisão é a operação pela qual a companhia transfere parcelas do seu patrimônio para uma ou mais sociedades constituídas para esse fim ou já existentes, extinguindo-se a companhia cindida, se houver versão parcial de seu patrimônio, ou dividindo seu capital, se houver versão total.

2.19 ( ) O registro de entrada de todos os elementos patrimoniais será feito sempre pelo respectivo valor original.

2.20 ( ) O registro de entrada de todos os elementos patrimoniais será feito sempre pelo valor justo ou corrente.

2.21 ( ) O valor de entrada dos elementos patrimoniais será sempre o valor original, isto é, aquele constante do documento que comprova a ocorrência do fato, sendo vedado o registro por valor maior em decorrência de custos com corretagens, fretes, tributos não recuperáveis etc.

3. Escolha a alternativa correta:

3.1 O Princípio da Continuidade pressupõe que:
- **a)** a entidade não tem a intenção, nem tampouco a necessidade, de entrar em processo de liquidação;
- **b)** a entidade não tem a intenção, tampouco a necessidade, de reduzir materialmente a escala de suas operações;
- **c)** a empresa nunca entrará em processo de descontinuidade de nenhuma de suas atividades operacionais;
- **d)** as alternativas "a" e "b" estão corretas.

3.2 O IASB, considerando que a Continuidade é uma premissa subjacente e por isso deve influenciar a mensuração dos elementos patrimoniais, trata o encerramento de atividades como:
- **a)** fato inusitado;
- **b)** fato normal;
- **c)** fato impossível;
- **d)** todas estão corretas.

3.3 Como a Premissa da Continuidade considera que a empresa tem duração indeterminada, essa circunstância justifica a aplicação dos Princípios:
- **a)** do Registro pelo Valor Original e da Competência;
- **b)** do Registro pelo Valor Original e da Prudência;
- **c)** da Entidade e da Competência;
- **d)** N.D.A.

3.4 O que determina quais despesas e quais receitas deverão integrar o resultado de um período é:
- **a)** o contabilista da empresa;
- **b)** o governo;
- **c)** o regime contábil;
- **d)** N.D.A.

3.5 É correto afirmar que:
- **a)** na continuidade, justifica-se mensurar os elementos patrimoniais com base no custo corrente;
- **b)** na descontinuidade, justifica-se mensurar os elementos patrimoniais com base no valor original;
- **c)** na descontinuidade, justifica-se a mensuração dos elementos patrimoniais com base no valor corrente;
- **d)** todas estão corretas.

3.6 A descontinuidade das atividades de uma pessoa jurídica que não descaracteriza a aplicação do Princípio da Continuidade pode ocorrer no caso de:
- **a)** transformação em outro tipo de entidade;
- **b)** incorporação por outra entidade;
- **c)** fusão com outras entidades ou cisão total;
- **d)** todas estão corretas.

3.7 A operação pela qual a sociedade passa, independentemente de dissolução e liquidação, de um tipo para outro, denomina-se:
a) transformação;
b) incorporação;
c) fusão;
d) cisão.

3.8 A operação pela qual uma ou mais sociedades são absorvidas por outra que lhes sucede todos os direitos e obrigações denomina-se:
a) transformação;
b) incorporação;
c) fusão;
d) cisão.

3.9 A operação pela qual se unem duas ou mais sociedades para formar nova sociedade, que lhe sucederá em todos os direitos e obrigações, denomina-se:
a) transformação;
b) incorporação;
c) fusão;
d) cisão.

3.10 A operação pela qual a companhia transfere parcelas de seu patrimônio para uma ou mais sociedades constituídas para esse fim ou já existentes, extinguindo-se a companhia cindida, se houver versão de todo seu patrimônio, ou dividindo seu capital, se houver versão parcial, denomina-se:
a) transformação;
b) incorporação;
c) fusão;
d) cisão.

3.11 Para liquidar uma sociedade, a sequência correta dos procedimentos é:
a) extinção, dissolução e liquidação;
b) dissolução, liquidação e extinção;
c) dissolução, extinção e liquidação;
d) N.D.A.

5 Princípio da Oportunidade

> **Ideia principal:** presteza e retidão no registro e divulgação das informações contábeis.

5.1 Conceito

O Princípio da Oportunidade refere-se ao processo de mensuração e apresentação dos componentes patrimoniais para produzir informações íntegras e tempestivas. Conforme constava da revogada Resolução CFC n. 750, de 1993, a falta de integridade e tempestividade na produção e na divulgação da informação contábil pode ocasionar a perda de sua relevância; por isso, é necessário ponderar a relação entre a oportunidade e a confiabilidade da informação.

5.2 Correlação com a NBC TG Estrutura Conceitual

Veja o que dispõem a NBC TG Estrutura Conceitual em seus itens QC12 e QC29:

Representação fidedigna

QC12. Os relatórios contábil-financeiros representam um fenômeno econômico em palavras e números. Para ser útil, a informação contábil-financeira não tem só que representar um fenômeno relevante, mas tem também que representar com fidedignidade o fenômeno que se propõe representar. Para ser representação perfeitamente fidedigna, a realidade retratada precisa ter três atributos. Ela tem que ser completa, neutra e livre de erro. É claro, a perfeição é rara, se de fato alcançável. O objetivo é maximizar referidos atributos na extensão que seja possível.

Tempestividade

QC29. Tempestividade significa ter informação disponível para tomadores de decisão a tempo de poder influenciá-los em suas decisões. Em geral, a informação mais antiga é a que tem menos utilidade. Contudo, certa informação pode ter o seu atributo tempestividade prolongado após o encerramento do período contábil, em decorrência de alguns usuários, por exemplo, necessitarem identificar e avaliar tendências.

- A relevância, a fidedignidade e a tempestividade são características qualitativas da informação contábil, sendo a relevância e a fidedignidade classificadas como características qualitativas fundamentais e a tempestividade integrada ao grupo das características qualitativas de melhoria.[1]

5.3 Entendendo o Princípio da Oportunidade

Para entender com facilidade a essência desse Princípio, é preciso atentar ao fato de que evidencia a necessidade de se efetuar no momento oportuno tanto o registro dos fatos responsáveis pela variação do patrimônio como também a elaboração de Demonstrações Contábeis.

No texto da NBC TG transcrito na seção anterior, é possível observar a preocupação do IASB[2] pela Representação Fidedigna[3] e pela Tempestividade tanto do Registro Contábil como da elaboração e divulgação das Demonstrações Contábeis.

Não restam dúvidas de que a inobservância desses dois aspectos prejudicará a relevância, pois se um fato não for registrado no momento oportuno ou se as informações contábeis não forem preparadas e divulgadas com presteza, poderão deixar de ser úteis.

---

[1] No Capítulo 9 deste livro é possível encontrar tais características na íntegra, transcritas como figuram na NBC TG Estrutura Conceitual.

[2] O International Accounting Standards Board (IASB), com sede em Londres, na Inglaterra, é o órgão responsável pela emissão e divulgação das Normas Internacionais de Contabilidade ou International Financial Reporting Standards (IFRS). É importante lembrar que as Normas Brasileiras de Contabilidade (NBCs) do tipo NBC TG são convergentes com as normas editadas pelo IASB.

[3] Fidedignidade é a qualidade de fidedigno. Fidedigno significa digno de fé, merecedor de crédito.

A informação oportuna é aquela que, além de confiável, deve chegar às mãos de quem dela necessita para que as decisões sejam tomadas em tempo hábil. Já a informação confiável é completa, neutra e livre de erro.[4] Contudo, na pressa de querer registrar os fatos, podem ocorrer imperfeições que prejudicarão a qualidade e a veracidade das informações. Por isso, é importante ponderar a relação entre a oportunidade e a confiabilidade da informação.

O momento oportuno do registro dos fatos é aquele em que ocorrem e o momento oportuno da elaboração das Demonstrações Contábeis ou de outras informações elaboradas com fundamento nos registros contábeis é quando essas informações interessam e são úteis aos usuários. O momento oportuno para apuração dos resultados e elaboração das Demonstrações Contábeis, em geral, é o dia 31 de dezembro de cada ano.

As informações apresentadas nas Demonstrações Contábeis elaboradas nessa data interessam a um grande número de usuários:

- **Governo:** para acompanhar a evolução patrimonial da entidade bem como para cobrar tributos como a Contribuição Social sobre o Lucro Líquido e o Imposto de Renda sobre o Lucro Líquido.

- **Proprietário e sócios:** para acompanhar o desempenho da entidade da qual são donos e para decidir sobre o destino dos lucros (novos investimentos, retirada como dividendos etc.).

- **Trabalhadores:** para conhecer a parcela dos lucros que a eles será distribuída a título de participação nos resultados.

- **Administradores:** para acompanhar o desempenho do negócio, analisar os resultados mediante a comparação dos dados contidos nas demonstrações de vários exercícios para tomar decisões que influenciarão o futuro da entidade etc.

Vários usuários poderão precisar das informações contábeis contidas em relatórios elaborados em outras datas: para fins de gestão dos custos de fabricação e atribuição de preços de vendas aos produtos, os gestores poderão precisar das informações elaboradas no final de cada mês; para fins de pagamento de juros sobre o capital próprio, os administradores poderão necessitar de relatórios trimestrais; para fins de investir como participantes no capital de outras sociedades, os sócios investidores poderão necessitar de analisar relatórios contábeis com informações trimestrais ou semestrais etc.

Portanto, quando os relatórios contábeis são elaborados após as datas de interesse dos usuários e/ou elaborados com fundamento em dados irreais ou derivados de registros cheios de vícios pela inobservância dos princípios e das normas de contabilidade perderão a eficácia.

---

[4] Item 4.38 da NBC TG Estrutura Conceitual.

A propósito da confiabilidade dos registros contábeis, bem como das informações deles derivadas, é importante destacar que o item QC1 do Capítulo 3 da NBC TG Estrutura Conceitual estabelece que as características qualitativas da informação contábil-financeira útil identificam os tipos de informação que, muito provavelmente, são reputadas como as mais úteis para investidores, credores por empréstimos e outros credores, existentes e em potencial, para tomada de decisões acerca da entidade que reporta com base na informação contida em seus relatórios contábil-financeiros (informação contábil-financeira).

Nos itens QC3 e QC4, a mencionada NBC TG estabelece que as informações contábeis-financeiras contidas nas Demonstrações Contábeis devem ser elaboradas com observância das características qualitativas da informação contábil-financeira útil e que se a informação contábil-financeira é para ser útil, ela precisa ser relevante e representar com fidedignidade o que se propõe a representar.[5]

Para ampliar um pouco mais a discussão sobre a validade da aplicação do Princípio da Oportunidade, é importante rever parte da redação contida nos itens 2.3.1 a 2.3.3 da revogada Resolução CFC n. 774, de 1994. Veja:

2.3.1 – Aspectos conceituais

O Princípio da OPORTUNIDADE exige a apreensão, o registro e o relato de todas as variações sofridas pelo patrimônio de uma Entidade, no momento em que elas ocorrerem.

Cumprido tal preceito, chega-se ao acervo máximo de dados primários sobre o patrimônio, fonte de todos os relatos, demonstrações e análises posteriores, ou seja, o Princípio da Oportunidade é a base indispensável à fidedignidade das informações sobre o patrimônio da Entidade, relativas a um determinado período e com o emprego de quaisquer procedimentos técnicos. É o fundamento daquilo que muitos sistemas de normas denominam de "representação fiel" pela informação, ou seja, que esta espelhe com precisão e objetividade as transações e eventos a que concerne. Tal tributo é, igualmente, exigível em qualquer circunstância, a começar sempre nos registros contábeis, embora as normas tendam a enfatizá-lo nas Demonstrações Contábeis.

O Princípio da Oportunidade deve ser observado sempre que haja variação patrimonial, cujas origens principais são, de forma geral, as seguintes:

a) transações realizadas com outras Entidades, formalizadas mediante acordo de vontades, independentemente da forma ou da documentação de suporte, como compra ou venda de bens e serviços;

b) eventos de origem externa, de ocorrência alheia à vontade da administração, mas com efeitos sobre o Patrimônio, como modificações nas taxas de câmbio, quebras de clientes, efeitos de catástrofes naturais etc.;

---

[5] Veja mais detalhes sobre Relevância, Fidedignidade, Comparabilidade, Verificabilidade, Tempestividade e Compreensibilidade das informações contábeis no Capítulo 9 deste livro.

c) movimentos internos que modificam predominantemente a estrutura qualitativa do Patrimônio, como a transformação de materiais em produtos semifabricados ou destes em produtos prontos, mas também a estrutura quantitativo-qualitativa, como no sucateamento de bens inservíveis.

O Princípio da OPORTUNIDADE abarca dois aspectos distintos, mas complementares: a integridade e a tempestividade.

2.3.2 – A integridade das variações

A integridade diz respeito à necessidade de as variações serem reconhecidas na sua totalidade, isto é, sem qualquer falta ou excesso. Concerne, pois, a completeza da apreensão, que não admite a exclusão de quaisquer variações monetariamente quantificáveis. Como as variações incluem elementos quantitativos e qualitativos, bem como os aspectos físicos pertinentes, e ainda que a avaliação seja regida por princípios próprios, a integridade diz respeito fundamentalmente às variações em si. Tal fato não elimina a necessidade do reconhecimento destas, mesmo nos casos em que não há certeza definitiva da sua ocorrência, mas somente alto grau de possibilidade. Bons exemplos neste sentido fornecem as depreciações, pois a vida útil de um bem será sempre uma hipótese, mais ou menos fundada tecnicamente, porquanto dependente de diversos fatores de ocorrência aleatória. Naturalmente, pressupõe-se que, na hipótese do uso de estimativas, estas tenham fundamentação estatística e econômica suficientes.

2.3.3 – A tempestividade do registro

A tempestividade obriga a que as variações sejam registradas no momento em que ocorrerem, mesmo na hipótese de alguma incerteza, na forma relatada no item anterior. Sem o registro no momento da ocorrência, ficarão incompletos os registros sobre o patrimônio até aquele momento, e, em decorrência, insuficientes quaisquer demonstrações ou relatos, e falseadas as conclusões, diagnósticos e prognósticos.

 # ATIVIDADES TEÓRICAS

1. Responda:

    1.1   Qual é a ideia principal do Princípio da Oportunidade?

    1.2   Qual é o conceito de Princípio da Oportunidade?

    1.3   Conforme constava da revogada Resolução CFC n. 750, de 1993, o que pode provocar a falta de integridade e tempestividade na produção e na divulgação da informação contábil?

    1.4   Para ser representação perfeitamente fidedigna, a realidade retratada precisa ter três atributos. Quais são?

    1.5   Em que consiste o atributo tempestividade?

1.6 A norma contábil afirma que certa informação pode ter seu atributo tempestividade prolongado. Explique.

1.7 A norma contábil afirma: "Em geral, a informação mais antiga é a que tem menos utilidade". Explique.

1.8 O que significa informação fidedigna?

1.9 Quando a informação é tempestiva?

1.10 Por que é conveniente ponderar a relação entre a oportunidade e a confiabilidade da informação?

1.11 Cite quatro usuários das informações contábeis.

1.12 Por que o governo é usuário das informações contábeis?

1.13 Por que o proprietário e os sócios são usuários das informações contábeis?

1.14 Por que os trabalhadores se interessam pelas informações contidas nas demonstrações contábeis?

1.15 Por que as informações contábeis interessam aos administradores?

1.16 O que ocorre quando os relatórios contábeis são elaborados após as datas de interesse dos usuários e/ou elaborados com fundamento em dados irreais ou derivados de registros cheios de vícios pela inobservância dos princípios e das normas de contabilidade?

1.17 Por que o princípio da oportunidade, segundo constava da revogada Resolução CFC n. 750, de 1993, exige a apreensão, o registro e o relato de todas as variações sofridas pelo patrimônio de uma Entidade, no momento em que elas ocorrerem?

1.18 Em que consiste a integridade enquanto atributo que deve ser observado na aplicação do Princípio da Oportunidade?

2. Classifique as afirmativas em falsas (F) ou verdadeiras (V):

2.1 ( ) O Princípio da Oportunidade evidencia dois aspectos: integridade e tempestividade.

2.2 ( ) A NBC TG Estrutura Conceitual, no item QC12, estabelece que os relatórios contábil-financeiros representam um fenômeno econômico em palavras e números.

2.3 ( ) Para uma representação perfeitamente fidedigna, a realidade retratada precisa ser perfeita.

2.4 ( ) Representação fidedigna é aquela que responde aos anseios do profissional da contabilidade.

2.5 ( ) Informação oportuna é aquela que, além de confiável, deve chegar às mãos de quem dela necessita para que as decisões sejam tomadas em tempo hábil.

2.6 ( ) O momento oportuno do registro dos fatos é o momento em que eles ocorrem.

2.7 ( ) O momento oportuno da elaboração das Demonstrações Contábeis é o momento da ocorrência dos fatos que deram origem à escrituração.

2.8 ( ) A tempestividade obriga a que as variações sejam registradas no momento em que ocorrerem, mesmo na hipótese de alguma incerteza.

2.9 ( ) Sem o registro no momento da ocorrência, ficarão incompletos os registros sobre o patrimônio até aquele momento, e, em decorrência, insuficientes quaisquer demonstrações ou relatos, bem como serão falseadas as conclusões, diagnósticos e prognósticos.

3. Escolha a alternativa correta:

3.1 Para ser útil, a informação contábil-financeira não tem só que representar um fenômeno relevante, mas tem também que:
   a) representar com presteza o fenômeno a que se propõe representar;
   b) representar com naturalidade o fenômeno a que se propõe representar;
   c) representar com fidedignidade o fenômeno que se propõe representar;
   d) N.D.A.

3.2 Conforme estabelece a NBC TG Estrutura Conceitual, a perfeição nas informações apresentadas nas demonstrações contábeis é rara, se de fato alcançável. Contudo, o objetivo proposto pela norma é:
   a) não errar em hipótese alguma;
   b) maximizar referidos atributos na extensão possível;
   c) ignorar totalmente a procura da perfeição;
   d) N.D.A.

3.3 São características qualitativas fundamentais:
   a) Relevância e Fidedignidade;
   b) Relevância e Tempestividade;
   c) Fidedignidade e Tempestividade;
   d) todas estão corretas.

3.4 A Tempestividade é uma das características qualitativas da informação contábil do grupo:
   a) fundamental;
   b) de melhoria;
   c) básico;
   d) N.D.A.

3.5 O Princípio da Oportunidade requer que no momento oportuno seja:
   a) processado o registro dos fatos responsáveis pela variação do patrimônio;
   b) elaboradas as Demonstrações Contábeis;
   c) processados os pagamentos de todos os compromissos nas datas de seus vencimentos;
   d) as alternativas "a" e "b" estão corretas.

3.6 A informação é confiável quando é:
   a) completa;
   b) completa e neutra;
   c) completa, neutra e livre de erro;
   d) N.D.A.

3.7 O momento oportuno para apuração dos resultados e elaboração das Demonstrações Contábeis, em geral, é:
   a) o último dia de cada mês;
   b) o último dia do prazo de vencimento dos direitos e obrigações;
   c) o último dia do trimestre;
   d) N.D.A.

6 Princípio do Registro pelo Valor Original

> **Ideia principal:** utilizar valor de entrada para o registro inicial dos componentes patrimoniais e de resultado.

6.1 Conceito

O Princípio do Registro pelo Valor Original determina que os componentes do patrimônio devem ser inicialmente registrados pelos valores originais das transações, expressos em moeda nacional.

6.2 Correlação com a NBC TG Estrutura Conceitual

Veja a disciplina contida na NBC TG Estrutura Conceitual:

Mensuração dos elementos das demonstrações contábeis

4.54. Mensuração é o processo que consiste em determinar os montantes monetários por meio dos quais os elementos das demonstrações contábeis devem ser reconhecidos e apresentados no balanço patrimonial e na demonstração do resultado.

Esse processo envolve a seleção da base específica de mensuração.

4.55. Um número variado de bases de mensuração é empregado em diferentes graus e em variadas combinações nas demonstrações contábeis.

Essas bases incluem o que segue:

a) Custo histórico. Os ativos são registrados pelos montantes pagos em caixa ou equivalentes de caixa ou pelo valor justo dos recursos entregues para adquiri-los na data da aquisição. Os passivos são registrados pelos montantes dos recursos recebidos em troca da obrigação ou, em algumas circunstâncias (como imposto de renda), pelos montantes em caixa ou equivalentes de caixa que se espera serão necessários para liquidar o passivo no curso normal das operações.

b) Custo corrente. Os ativos são mantidos pelos montantes em caixa ou equivalentes de caixa que teriam de ser pagos se esses mesmos ativos ou ativos equivalentes fossem adquiridos na data do balanço. Os passivos são reconhecidos pelos montantes em caixa ou equivalentes de caixa, não descontados, que se espera seriam necessários para liquidar a obrigação na data do balanço.

c) Valor realizável (valor de realização ou de liquidação). Os ativos são mantidos pelos montantes em caixa ou equivalentes de caixa que poderiam ser obtidos pela sua venda em forma ordenada. Os passivos são mantidos pelos seus montantes de liquidação, isto é, pelos montantes em caixa ou equivalentes de caixa, não descontados, que se espera serão pagos para liquidar as correspondentes obrigações no curso normal das operações.

d) Valor presente. Os ativos são mantidos pelo valor presente, descontado, dos fluxos futuros de entradas líquidas de caixa que se espera seja gerado pelo item no curso normal das operações. Os passivos são mantidos pelo valor presente, descontado, dos fluxos futuros de saídas líquidas de caixa que se espera serão necessários para liquidar o passivo no curso normal das operações.

4.56. A base de mensuração mais comumente adotada pelas entidades na elaboração de suas demonstrações contábeis é o custo histórico.

Ele é normalmente combinado com outras bases de mensuração. Por exemplo, os estoques são geralmente mantidos pelo menor valor entre o custo e o valor líquido de realização, os títulos e valores mobiliários negociáveis podem em determinadas circunstâncias ser mantidos a valor de mercado e os passivos decorrentes de pensões são mantidos pelo seu valor presente.

Ademais, em algumas circunstâncias, determinadas entidades usam a base de custo corrente como resposta à incapacidade de o modelo contábil de custo histórico enfrentar os efeitos das mudanças de preços dos ativos não monetários.

Conforme é possível observar, a NBC TG Estrutura Conceitual fixa o valor original ou custo histórico como base para registrar todos os elementos patrimoniais no momento em que ingressam no patrimônio, além de reconhecer a necessidade de o valor original ser ajustado ao longo do tempo para que o patrimônio seja representado sempre com seus elementos, de acordo com a natureza de cada um, refletindo as modificações que ocorrem em seus valores de entrada. Assim, o valor histórico deve ser ajustado para refletir o custo corrente, o valor de realização e o valor presente, sempre que o custo histórico seja diferente.

Há que se considerar ainda um aspecto importante no registro dos elementos patrimoniais: o registro expresso em moeda nacional. Esse aspecto, tratado pela revogada Resolução CFC n. 750, de 1993, embora não contemplado pela NBC TG Estrutura Conceitual, pela relevância que exerce sobre os registros contábeis, será discutido a seguir.[1]

6.3 Registros expressos em moeda nacional

Parece óbvio afirmar que os registros contábeis das entidades estabelecidas em território brasileiro sejam efetuados em moeda nacional. Ocorre que, se essa regra não nortear o registro contábil, além da falta de uniformidade que prejudicará a Comparabilidade entre as Demonstrações Contábeis elaboradas pelas entidades brasileiras, empresas multinacionais de origem estrangeira que atuam no Brasil poderão exigir que seus contadores processem a contabilidade na moeda dos respectivos países de origem.

Para atender interesses das matrizes dessas unidades, o contador pode até efetuar os registros contábeis, apurar os resultados e elaborar as Demonstrações Contábeis em moeda do país de origem da referida entidade, mas paralelamente aos registros que oficialmente serão efetuados na moeda brasileira e com observância da legislação também brasileira.

É importante destacar que, conforme estabelecia a revogada Resolução CFC n. 774, de 1994, a expressão do valor dos componentes patrimoniais em moeda nacional decorre da necessidade de homogeneização quantitativa do registro do patrimônio e das suas mutações, a fim de obter a necessária Comparabilidade e possibilitarem agrupamentos de valores. Além disso, esse aspecto particular, no âmbito do Princípio do Registro pelo Valor Original, visa a afirmar a prevalência da moeda do país e, consequentemente, o registro somente nela.

Assim, quaisquer transações realizadas em moeda estrangeira devem ser transformadas em moeda nacional, adotando-se o câmbio do dia da respectiva transação.

---

[1] Nas Seções 6.4 e 6.5 deste livro, trataremos das bases de mensuração propostas pela NBC TG Estrutura Conceitual.

6.4 Custo histórico

Custo histórico ou valor original é o valor de entrada, isto é, o valor que consta do documento que comprova o ingresso do componente no patrimônio.

Conforme observado na Seção 6.2, a letra "a" do item 4.55 da NBC TG Estrutura Conceitual estabelece que os ativos são registrados pelos montantes pagos em caixa ou equivalentes de caixa ou pelo valor justo dos recursos entregues para adquiri-los na data da aquisição. Os passivos são registrados pelos montantes dos recursos recebidos em troca da obrigação ou, em algumas circunstâncias (como imposto de renda), pelos montantes em caixa ou equivalentes de caixa, os quais se espera serem necessários para liquidar o passivo no curso normal das operações.

É fácil entender que os mesmos documentos que comprovam o ingresso de elementos no Ativo, quando decorrerem de transações feitas para pagamento a curto ou a longo prazo, ao mesmo tempo que comprovam a origem dos respectivos elementos no Ativo, comprovam, também, a origem das respectivas Obrigações do Passivo.

A compra de mercadorias realizada a prazo gera aumento na conta Estoques de Mercadorias do Ativo e aumento na conta Fornecedores ou Duplicatas a Pagar do Passivo; a compra de móveis para uso, realizada a prazo, gera aumento na conta Móveis e Utensílios do Ativo e aumento na conta Fornecedores ou Duplicatas a Pagar do Passivo; o empréstimo captado junto a um estabelecimento bancário para financiar o capital de giro, por exemplo, gera aumento nas disponibilidades do Ativo e aumento na conta Bancos conta Empréstimo ou outra semelhante do Passivo Circulante ou do Passivo Não Circulante, conforme o prazo de vencimento seja acordado entre as partes. Portanto, o custo histórico ou valor original é aquele constante dos documentos que deram origem ao componente Ativo ou Passivo no patrimônio.

Os componentes do Ativo podem se originar de fontes externas ou internas. Os derivados de fontes externas ingressam no patrimônio por compra, doação, empréstimo etc. Nesses casos, o valor original (de entrada ou histórico) é aquele que consta do documento que comprova a ocorrência da transação representativa do ingresso do componente no patrimônio, como Nota Fiscal, Fatura, Escritura, Contrato etc. Os derivados de fontes internas decorrem de fabricação ou construção realizadas pela própria entidade. Nesses casos, o valor original (de entrada ou histórico) é o custo de fabricação ou de construção devidamente calculado e contabilizado pela entidade, observando-se o sistema de custeio por absorção.

6.5 Variações do custo histórico

Conforme observado anteriormente, a NBC TG Estrutura Conceitual, nos seus itens 4.55 e 4.56, reconhece que o valor histórico pode sofrer variações que podem ocorrer como resultado da aplicação de outras bases de mensuração como custo corrente, valor realizável (ou valor realizável líquido), valor presente e valor justo.

O desafio, então, está em saber em quais circunstâncias e para quais componentes do patrimônio deve-se aplicar cada uma dessas bases de mensuração. As respostas você encontra a seguir.

6.5.1 Custo corrente

Custo corrente é o mesmo que custo atual, ou seja, o custo da data do Balanço em que os componentes estiverem sendo apresentados. O item 4.56 da NBC TG Estrutura Conceitual estabelece que, em algumas circunstâncias, determinadas entidades usam a base de custo corrente como resposta à incapacidade de o modelo contábil de custo histórico enfrentar os efeitos das mudanças de preços dos Ativos não monetários.

6.5.2 Valor realizável

Valor realizável é o mesmo que valor de realização, valor realizável líquido ou valor líquido de realização. O item 4.56 da NBC TG Estrutura Conceitual estabelece que os estoques são geralmente mantidos pelo menor valor entre o custo e o valor líquido de realização.

O art. 183 da Lei n. 6.404, de 1976, apresenta os critérios de avaliação dos elementos do Ativo para efeito de elaboração do Balanço Patrimonial. Um deles é o do custo ou valor de mercado, quando este for inferior. Esse critério é utilizado para avaliar os estoques de mercadorias e produtos destinados à venda, produtos em elaboração, materiais de consumo e materiais a serem aplicados no processo de fabricação ou na prestação de serviços.

A avaliação de estoques também foi disciplinada pela NBC TG 16, fundamentada no CPC 16 convergente com as Normas Internacionais de Contabilidade IFRS. O item 9 dessa NBC TG estabelece que os estoques devem ser mensurados pelo valor de custo ou pelo valor realizável líquido, dos dois o menor.

Os propósitos da Lei e da norma contábil são convergentes: evitar que no Balanço figurem estoques com valores que não sejam recuperáveis, isto é, com valores que não sejam capazes de gerar fluxos de caixa futuros para a empresa, com a venda, uso ou consumo pelos valores neles apresentados. Assim, quando um Ativo estiver registrado no Balanço por valor excedente ao seu valor de recuperação, passa a ser caracterizado como sujeito ao reconhecimento de perdas.

Dessa forma, sempre que na data do levantamento do Balanço um ou mais itens do estoque apresentar valor de recuperação (valor de mercado, valor justo ou valor realizável líquido) inferior ao seu custo (valor histórico), a empresa deverá reconhecer essa perda. Contabilmente, a perda é reconhecida mediante débito em uma conta de Despesa e Crédito em conta Redutora do respectivo estoque. Desse modo, a perda fica reconhecida tanto no resultado (a despesa reduz o lucro) como também no Balanço (a conta Redutora permite que a conta representativa do estoque figure no Balanço pelo seu valor recuperável, isto é, pelo custo ou valor original, diminuído da perda devidamente provisionada).

É importante destacar que o valor a ser comparado com o custo dos estoques é denominado pela Lei n. 6.404, de 1976, "valor de mercado" ou "valor justo" e é denominado pela NBC TG 16 "valor realizável líquido". A partir daqui, adotaremos a denominação dada pela NBC TG 16, ou seja: valor realizável líquido.

O inciso II do art. 183 da Lei n. 6.404, de 1976, segrega os estoques em três categorias:

a. matérias-primas e bens em almoxarifado;
b. mercadorias e produtos acabados; e
c. produtos em fabricação.

Para aplicar a regra "custo ou valor realizável líquido, dos dois o menor", na época do levantamento do Balanço, o contabilista estará diante de dois valores: custo e valor realizável líquido.

Você já sabe que o custo de aquisição de mercadorias, matérias-primas e de outros bens mantidos em almoxarifado corresponde ao valor pago ao fornecedor, sendo influenciado pelos fatos que alteram os valores das compras. Você sabe também que no final de um período esses estoques poderão ser compostos por bens de um mesmo tipo, porém, adquiridos em datas diferentes, com custos também diferentes. Essa circunstância gera seis critérios que podem ser adotados pela empresa para atribuir custos aos seus estoques ao longo do Exercício Social: Preço Específico, PEPS, UEPS, Custo Médio Ponderado Móvel, Custo Médio Ponderado Fixo e Preço de Venda Diminuído da Margem de Lucro (Critério de Varejo).

Assim, no final do período, na data do levantamento do Balanço, o custo que deverá ser considerado na comparação com o valor realizável líquido é o custo atribuído aos estoques utilizando um desses seis critérios.

O custo das mercadorias é determinado da mesma forma que o custo das matérias-primas e dos outros materiais adquiridos de terceiros. O custo dos produtos acabados é composto pelo custo dos materiais, da mão de obra e dos gastos gerais de fabricação incorridos na fabricação dos produtos. O custo a ser atribuído aos produtos em elaboração poderá ser determinado conforme a fase do processo em que o produto se encontra. Quando o processo estiver no início, pode-se adotar o custo das matérias-primas aplicadas; contudo, nas fases mais avançadas, dever-se-á atribuir os custos já incorridos até a respectiva fase.

O valor realizável líquido das matérias-primas e dos bens em almoxarifado é o preço pelo qual possam ser repostos, mediante compra no mercado.[2] O valor de reposição é obtido mediante pesquisa no mercado (pode ser por meio de consulta efetuada junto aos fornecedores).

---

[2] Alínea "a" do § 1º do art. 183 da Lei n. 6.404, de 1976, e item 32 da NBC TG 16.

Exemplo prático

Suponhamos que um lote de matérias-primas adquirido por $ 3.000 tenha como valor de reposição (valor de mercado), no final de um período, $ 2.500. Nesse caso, para ajustar o custo de aquisição ao valor de reposição, considerando que o custo de aquisição devidamente contabilizado não pode ser modificado para não contrariar a própria essência do Princípio do Registro pelo Valor Original em estudo, será preciso, então, reconhecer essa perda mediante débito em conta de Despesa e Crédito em conta Redutora do Ativo. Veja:

Despesas com Perdas Estimadas
por Red. ao Val. Real. Líq. a Perdas
Estimadas por Red. ao Val. Real. Líq.
Pelo reconhecimento de perda,
conforme documentos etc... *500*

■ A conta debitada pertence ao grupo das Despesas Operacionais e seu saldo deve ser transferido para a conta Resultado do Exercício no momento da apuração do resultado líquido. Com o débito nessa conta, a empresa reconhece a perda de $ 500 no momento em que foi constatada.

■ A conta creditada é Patrimonial e figura no Balanço como Redutora da conta Estoque de Matérias-primas, permitindo, assim, que seu saldo reflita seu valor recuperável.

Segundo o item 6 da NBC TG 16, o valor realizável líquido das mercadorias é o preço de venda estimado no curso normal dos negócios, deduzido dos custos estimados para sua conclusão[3] e dos gastos estimados necessários para concretizar a venda.

De acordo com o estabelecido no item 30 da mencionada NBC TG 16, as estimativas consideradas para se chegar ao valor realizável líquido (preço de venda, custos para conclusão e gastos para concretizar a venda) devem ser baseadas nas evidências mais confiáveis disponíveis no momento em que são feitas.

Exemplo prático

Vamos assumir que, em 31.12.X5, um lote de determinada mercadoria integrante do estoque final esteja contabilizado pelo custo de $ 7.000, que seu preço de venda estimado seja igual a $ 11.000 e que os gastos estimados necessários para se concretizar a venda sejam de $ 2.500.

---

[3] A expressão "dos custos estimados para sua conclusão" aplica-se aos estoques de produtos em fabricação.

Considerando as informações apresentadas, veja como encontraremos o valor realizável líquido:

Preço de venda estimado .... $ 11.000
(–) Gastos estimados para se concretizar a venda .... ($ 2.500)
(=) Valor realizável líquido .... $ 8.500

Sendo o valor realizável líquido superior ao custo de aquisição, esse lote de mercadorias figurará no Balanço pelo custo de aquisição. Caso o valor realizável líquido seja inferior ao custo de aquisição, será preciso reconhecer contabilmente a perda para que o estoque figure no Balanço pelo valor recuperável. O lançamento contábil é semelhante ao exemplo apresentado para as matérias-primas.

6.5.3 Valor Presente

O Valor Presente pode ser aplicado tanto aos elementos do Ativo como do Passivo representativos de Direitos e de Obrigações decorrentes de operações de longo prazo ou de curto prazo; porém, nestes últimos, somente quando houver efeito relevante.[4]

Valor Presente significa valor atual. Assim, ajustar o saldo da conta a valor presente significa excluir dele os acréscimos decorrentes de expectativas de inflação. Nas vendas a prazo, por exemplo, visando a compensar o tempo de espera para receber do cliente os valores das vendas, o fornecedor geralmente adiciona ao preço da mercadoria uma importância equivalente à presunção de inflação que poderá ter juros e correção prefixados em sua composição.

Ajustar o saldo de uma conta a valor presente, portanto, consiste em expurgar do respectivo valor os juros embutidos pela expectativa de inflação para que o saldo da conta passe a representar o valor da data da operação, como se fosse realizada à vista. A quantificação do ajuste a valor presente deverá ser realizada em base exponencial *pro rata dia*, a partir da origem de cada transação, ainda que o fornecedor não tenha adicionado qualquer vantagem sobre o valor da venda.

Para fins de aplicação dessa regra, deve-se considerar as taxas de juros usuais no mercado, ainda que o fornecedor utilize, em benefício do cliente, taxas menores que as usuais, ou ainda que, conforme já dissemos, não utilize taxa alguma. É importante destacar que esse procedimento, não permitido no Brasil antes do advento das Leis ns. 11.638, de 2007, e 11.941, de 2009, encontra-se devidamente disciplinado nas Normas Brasileiras de Contabilidade NBCs TGS 12, 16 e 30.

---

[4] Inciso VIII do art. 183 e inciso III do art. 184 da Lei n. 6.404, de 1976.

Sempre que, no momento da transação, for possível conhecer o montante dos juros embutidos e as taxas aplicadas, deve-se contabilizar o valor dos acréscimos em conta Redutora do Direito ou da Obrigação respectiva.

Segundo o item 18 da NBC TG 16, nas compras a prazo, em geral o preço que o comprador pagará ao fornecedor é superior ao preço que pagaria se efetuasse a compra da mesma mercadoria à vista. Portanto, a diferença entre o preço de compra a prazo e o preço de compra à vista é o custo do financiamento e, por esse motivo, deve ser reconhecida como despesa de juros durante o período do financiamento.

Exemplo prático

Compra de mercadorias, a prazo, do fornecedor J. P. Ltda., conforme NF n. 40, no valor de $ 1.000.

Considerar:

- juros embutidos pelo fornecedor no valor de $ 100; e
- pagamento efetuado em cinco parcelas mensais iguais de $ 200.

Considerando, ainda, que a empresa adota a conta desdobrada com Inventário Periódico e que não houve incidência de tributos na operação, veja como o fato será contabilizado:

Diversos
a Fornecedores
a J. P. Ltda.
   Compra de mercadorias conf. NF n. 40, como segue:
Ajuste a Valor Presente (Despesas Financeiras a Vencer)
Juros embutidos na operação *100*
   Compra de Mercadorias
Valor líquido da operação *900*   *1.000*

Observe que a conta "Ajuste a Valor Presente", neste caso, representa despesa financeira antecipada (poderia ser denominada de "Despesas Financeiras a Vencer" ou a Apropriar), é Redutora da conta Fornecedores e figurará no Balanço Patrimonial como segue:

PASSIVO CIRCULANTE

Fornecedores 1.000

(–) Ajuste a Valor Presente .... (100)

Saldo 900

6.5.4 Valor Justo (Valor de Mercado)

A NBC TG 46 – Mensuração do Valor Justo, aprovada pela Resolução CFC n. 1.428, de 2013, estabelece que valor justo deve ser uma mensuração baseada em mercado e não uma mensuração específica da entidade.

Essa NBC TG, no item 9, define valor justo como o preço que seria recebido pela venda de um Ativo ou que seria pago pela transferência de um Passivo em uma transação não forçada entre participantes do mercado na data de mensuração.

O item 4.56 da NBC TG Estrutura Conceitual estabelece que títulos e valores mobiliários negociáveis podem, em determinadas circunstâncias, ser mantidos a valor de mercado.

Veja o disposto no inciso I do art. 183 da Lei n. 6.404, de 1976:

> **Critérios de Avaliação do Ativo**
>
> Art. 183. No balanço, os elementos do Ativo serão avaliados segundo os seguintes critérios:
>
> I – as aplicações em instrumentos financeiros, inclusive derivativos, e em direitos e títulos de crédito, classificados no Ativo Circulante ou no Realizável a longo prazo:
>
> a) pelo seu valor justo, quando se tratar de aplicações destinadas à negociação ou disponíveis para venda;

É importante salientar também que a Lei n. 6.404, de 1976, no § 1º do art. 183, para efeitos do disposto no respectivo artigo, esclarece o que seja "valor justo" das matérias-primas e dos bens em almoxarifado, dos bens ou direitos destinados à venda, dos investimentos e dos instrumentos financeiros.[5]

6.5.5 Atualização monetária

A revogada Resolução CFC n. 750, de 1993, estabelecia que os efeitos da alteração do poder aquisitivo da moeda nacional devem ser reconhecidos nos registros contábeis mediante o ajustamento da expressão formal dos valores dos componentes patrimoniais.

O Conselho Federal de Contabilidade (CFC), em 19 de dezembro de 2018, aprovou *ad referendum*[6] do Plenário a NBC TG 42 – Contabilidade em Economia Hiperinflacionária. Essa norma foi elaborada de acordo com a sua equivalente internacional IAS 29 do IASB.

---

[5] Ver exemplos na Seção 6.5.2.

[6] A expressão em latim *ad referendum* significa que a aprovação precisa ser referendada, isto é, depende de aprovação ou ratificação da autoridade ou poder competente.

O CFC estabelece que essa Norma deve ser aplicada às demonstrações contábeis, inclusive às demonstrações contábeis consolidadas, de qualquer entidade cuja moeda funcional seja a moeda de uma economia hiperinflacionária. Justifica no item 2 da NBC que, em economia hiperinflacionária, a demonstração do resultado e o balanço patrimonial em moeda local sem atualização monetária não são úteis. O dinheiro perde poder aquisitivo de tal forma que a comparação dos valores provenientes das transações e outros eventos que ocorreram em épocas diferentes, mesmo dentro do mesmo período contábil, é enganosa.

É importante destacar que a NBC TG 42 não estabelece uma taxa absoluta em que se considere o surgimento da hiperinflação. Considera, no entanto, que as demonstrações contábeis devem ser atualizadas monetariamente, mas que essa decisão depende de julgamento.

Estabelece a norma que a hiperinflação é indicada pelas características do ambiente econômico do país, que incluem, entre outras, as seguintes:

a. a população, em geral, prefere manter sua riqueza em ativos não monetários ou em uma moeda estrangeira relativamente estável. Os valores em moeda local detidos são imediatamente investidos para manter o poder aquisitivo;

b. a população, em geral, considera os valores monetários não em termos da moeda local, mas em termos de uma moeda estrangeira relativamente estável. Os preços podem ser cotados nessa moeda;

c. as compras e as vendas a crédito ocorrem a preços que compensam a perda esperada do poder aquisitivo durante o período do crédito, ainda que esse período seja curto;

d. as taxas de juros, salários e preços são atrelados a um índice de preços; e

e. a taxa de inflação acumulada no triênio se aproxima ou excede 100%.

Analisando as cinco características apresentadas que justificam a aplicação da avaliação monetária nas demonstrações contábeis, concluímos que o Brasil não se enquadra em nenhuma delas – pelo menos esse é o cenário que vivemos em 2019, data do fechamento desta obra.

É oportuno ressaltar que, conforme já informamos, a NBC TG 42 foi aprovada em 19 de dezembro de 2018 para vigorar a partir da data de sua publicação, aplicando-se aos exercícios iniciados em, ou após, 1º de janeiro de 2018.

Finalmente, é importante salientar que, no Brasil, desde 1º de janeiro de 1996, quando a Lei n. 9.249, de 26 de dezembro de 1995, em seu art. 4º, revogou o então em vigor regime de correção monetária das demonstrações financeiras, ficou vedada a utilização de qualquer sistema de correção monetária de Demonstrações Contábeis, inclusive para fins societários.

Contudo, face a disciplina contida na mencionada NBC TG 42, caso a economia brasileira volte a trilhar períodos de hiperinflação, enquadrando-se nas características do ambiente econômico previstas na norma, acreditamos que a legislação tributária brasileira se ajustará a essa nova necessidade.

Diante do exposto, enquanto o cenário econômico brasileiro não mudar, em nosso país continua vedada a utilização de qualquer sistema de correção monetária de Demonstrações Contábeis, inclusive para fins societários.

 ## ATIVIDADES TEÓRICAS

1. Responda:

1.1 Qual é a ideia principal do Princípio do Registro pelo Valor Original?

1.2 Qual é o conceito de Princípio do Registro pelo Valor Original?

1.3 Segundo a NBC TG Estrutura Conceitual, um número variado de bases de mensuração é empregado em diferentes graus e em variadas combinações nas demonstrações contábeis. Cite quatro delas.

1.4 Segundo o item 4.56 da NBC TG Estrutura Conceitual, qual é a base de mensuração mais comumente adotada pelas entidades na elaboração de suas demonstrações contábeis?

1.5 Segundo o item 4.56 da NBC TG Estrutura Conceitual, qual é a base de mensuração utilizada por determinadas empresas como resposta à incapacidade de enfrentamento por parte do modelo contábil de custo histórico quanto aos efeitos das mudanças de preços dos ativos não monetários?

1.6 Tendo em vista que, no Brasil, os registros contábeis oficiais devem ser efetuados em moeda nacional, como as entidades de outros países instaladas aqui devem proceder para atender a legislação do país de origem?

1.7 Tendo em vista que, no Brasil, os registros contábeis devem ser efetuados em moeda nacional, como proceder nos casos das transações realizadas em moeda estrangeira?

1.8 Uma das exigências do Princípio do Registro pelo Valor Original é a adoção do documento comprobatório para o registro do custo de entrada de um elemento no ativo. Sabemos que, na compra de mercadorias a prazo, o documento que comprova o ingresso do bem no ativo é a Nota Fiscal emitida pelo fornecedor das mercadorias. Nesse caso, que documento comprova a obrigação assumida?

1.9 Como os componentes do ativo ingressam na empresa e como são comprovados os valores originais?

1.10 Como os componentes do ativo de origem interna ingressam na empresa e como os custos originais são comprovados?

1.11 Como é caracterizado um ativo quando o custo original for superior ao seu valor de realização?

1.12 Contabilmente, como se processa o reconhecimento de perdas em estoques?

1.13 Sabemos que a perda em estoques é reconhecida contabilmente debitando-se uma conta de despesa e creditando-se uma conta redutora do estoque. Explique como esse procedimento resulta no reconhecimento da perda.

1.14 Tendo em vista que uma empresa pode adquirir lotes de uma mesma mercadoria em datas diferentes, pagando por eles também preços diferentes, como se procede para atribuir custos a esses lotes de mercadorias?

1.15 Nas empresas industriais, como é composto o custo dos produtos acabados e fabricados pela própria empresa?

1.16 Em uma empresa industrial, como se atribui custo aos produtos que estiverem na fase de elaboração?

1.17 Como se apura o valor realizável líquido das matérias-primas e dos bens em almoxarifado?

1.18 Como proceder contabilmente nos casos em que o custo de aquisição de determinada matéria-prima for superior ao seu valor realizável líquido, uma vez que tal bem não pode ter seu valor original modificado para não contrariar a própria essência do Princípio do Registro pelo Valor Original?

1.19 Segundo o item 6 da NBC TG 16, em que consiste o valor realizável líquido das mercadorias?

1.20 Sabemos que valor presente significa valor atual. Em que consiste o ajuste de uma conta a valor presente?

1.21 À luz do que determina o item 18 da NBC TG 16, explique por que o valor de uma venda a prazo precisa ser registrado a valor presente.

1.22 Segundo a NBC TG 46, o que se deve entender por valor justo?

2. Classifique a afirmativa em falsa (F) ou verdadeira (V).

2.1 ( ) Segundo a NBC TG Estrutura Conceitual, mensuração é o processo que consiste em determinar os montantes monetários por meio dos quais os elementos das demonstrações contábeis devem ser reconhecidos e apresentados no balanço patrimonial e na demonstração do resultado.

2.2 ( ) Segundo a NBC TG Estrutura Conceitual, mensuração é o processo que consiste em determinar as quantidades físicas por meio das quais os elementos da demonstração dos fluxos de caixa devem ser informados.

2.3 ( ) Segundo o item 4.56 da NBC TG Estrutura Conceitual, as empresas adotam, como base de mensuração, o custo histórico sem a interferência de outras bases na elaboração das demonstrações contábeis.

2.4 ( ) A NBC TG Estrutura Conceitual fixa o valor original ou custo histórico como base para registro de todos os elementos patrimoniais no momento em que ingressam no patrimônio.

2.5 ( ) A NBC TG Estrutura Conceitual não admite que o valor original seja ajustado ao longo do tempo.

2.6 ( ) É admitido o registro contábil pelo valor original em moeda do país de origem das empresas estrangeiras instaladas no Brasil.

2.7 ( ) No Brasil, só é admitido o registro contábil oficial em moeda não brasileira.

2.8 ( ) Conforme estabelecia a revogada Resolução CFC n. 774, de 1994, a expressão do valor dos componentes patrimoniais em moeda nacional decorre da necessidade de homogeneização quantitativa do registro do patrimônio e das suas mutações, a fim de obter a necessária Comparabilidade e possibilitar agrupamentos de valores.

2.9 ( ) Custo histórico ou valor original é o valor de entrada, isto é, o valor que consta do documento que comprova o ingresso do componente no patrimônio.

2.10 ( ) Custo corrente é o mesmo que custo atual, ou seja, o custo da data do Balanço em que os componentes são apresentados.

2.11 ( ) Segundo a NBC TG Estrutura Conceitual, os estoques são geralmente mantidos pelo maior valor entre o custo e o valor líquido de realização.

2.12 ( ) Os propósitos da Lei n. 6.404, de 1976, e da norma contábil são convergentes em relação à avaliação dos estoques para evitar que, no Balanço, figurem estoques com valores inferiores aos valores de realização.

2.13 ( ) "Valor de mercado" ou "valor justo" é o mesmo que "valor realizável líquido".

2.14 ( ) O custo de aquisição de mercadorias, matérias-primas e de outros bens mantidos em almoxarifado corresponde ao valor pago ao fornecedor.

2.15 ( ) O custo de aquisição de mercadorias, matérias-primas e de outros bens mantidos em almoxarifado não exercem influência nos fatos que alteram os valores das compras.

2.16 ( ) De acordo com o estabelecido no item 30 da NBC TG 16, as estimativas consideradas para se chegar ao valor realizável líquido (preço de venda, custos para conclusão e gastos para concretizar a venda) devem ser baseadas nas evidências mais confiáveis disponíveis no momento em que são feitas.

2.17 ( ) O valor presente aplica-se tanto aos elementos do Ativo como do Passivo representativos de Direitos e de Obrigações decorrentes de operações de curto prazo.

2.18 ( ) Nas vendas a prazo, por exemplo, visando a compensar o tempo de espera para receber do cliente os valores das vendas, o fornecedor normalmente adiciona ao preço da mercadoria uma importância equivalente à presunção de inflação que poderá ser composta por juros e correção prefixados.

2.19 ( ) O CFC, em 19 de dezembro de 2018, aprovou a NBC TG 42 – Contabilidade em Economia Hiperinflacionária.

2.20 ( ) Com a aprovação da NBC TG 42 – Contabilidade em Economia Hiperinflacionária, as empresas brasileiras ficaram obrigadas a proceder à atualização monetária das demonstrações contábeis, independentemente do cenário econômico do país.

3. Escolha a alternativa correta:

3.1 Os ativos são registrados pelos montantes pagos em caixa ou equivalentes de caixa ou pelo valor justo dos recursos entregues para adquiri-los na data da aquisição. Os passivos são registrados pelos montantes dos recursos recebidos em troca da obrigação ou, em algumas circunstâncias (como imposto de renda), pelos montantes em caixa ou equivalentes de caixa, que se espera serão necessários para liquidar o passivo no curso normal das operações.

Esse é o conceito de:

a) Custo histórico.

b) Custo corrente.

c) Valor realizável.

d) Valor presente.

3.2 Os ativos são mantidos pelos montantes em caixa ou equivalentes de caixa que teriam de ser pagos caso esses mesmos ativos ou ativos equivalentes fossem adquiridos na data do balanço. Os passivos são reconhecidos pelos montantes em caixa ou equivalentes de caixa, não descontados, que se espera seriam necessários para liquidar a obrigação na data do balanço.

Esse é o conceito de:

a) Custo histórico.

b) Custo corrente.

c) Valor realizável.

d) Valor presente.

3.3 Os ativos são mantidos pelos montantes em caixa ou equivalentes de caixa que poderiam ser obtidos pela sua venda em forma ordenada. Os passivos são mantidos pelos seus montantes de liquidação, isto é, pelos montantes em caixa ou equivalentes de caixa, não descontados, que se espera serão pagos para liquidar as correspondentes obrigações no curso normal das operações.

Esse é o conceito de:

a) Custo histórico.

b) Custo corrente.

c) Valor realizável.

d) Valor presente.

3.4 Os ativos são mantidos pelo valor presente, descontado, dos fluxos futuros de entradas líquidas de caixa, que se espera seja gerado pelo item no curso normal das operações. Os passivos são mantidos pelo valor presente, descontado, dos fluxos futuros de saídas líquidas de caixa que se espera serão necessários para liquidar o passivo no curso normal das operações.

Esse é o conceito de:

a) Custo histórico.

b) Custo corrente.

c) Valor realizável.

d) Valor presente.

3.5 Segundo o item 4.56 da NBC TG Estrutura Conceitual, para fins de elaboração do Balanço é correto afirmar que:

a) os estoques são geralmente mantidos pelo menor valor entre o custo e o valor líquido de realização;

b) os títulos e valores mobiliários negociáveis podem, em determinadas circunstâncias, ser mantidos a valor de mercado;

c) os passivos decorrentes de pensões são mantidos pelo seu valor presente;

d) todas estão corretas.

3.6 A NBC TG Estrutura Conceitual admite que o valor histórico seja ajustado para refletir:

a) o custo corrente;

b) o valor de realização;

c) o valor presente;

d) todas estão corretas.

3.7 Valor histórico é o mesmo que:

    a) Valor realizável.

    b) Valor de realização.

    c) Valor realizável líquido.

    d) N.D.A.

3.8 O art. 183 da Lei n. 6.404, de 1976, apresenta os critérios de avaliação dos elementos do Ativo para efeito de elaboração do Balanço Patrimonial. Um deles é o custo ou valor de mercado, quando este for inferior. Esse critério é utilizado para avaliar os estoques de:

    a) bens de uso classificados no Ativo Imobilizado;

    b) mercadorias e produtos destinados à venda, produtos em fabricação, materiais de consumo e materiais a serem aplicados no processo de fabricação ou na prestação de serviços;

    c) títulos e valores mobiliários classificados no Ativo Circulante ou no Ativo Realizável a longo prazo;

    d) todas estão corretas.

3.9 Para aplicar a regra "custo ou valor realizável líquido, dos dois o menor", na época do levantamento do Balanço, o contabilista estará diante de dois valores:

    a) custo e valor original;

    b) custo e custo de aquisição;

    c) custo e valor realizável bruto;

    d) custo e valor realizável líquido.

3.10 Ajustar o saldo de uma conta a valor presente:

    a) consiste em expurgar do respectivo valor os juros embutidos pela expectativa de inflação;

    b) trata-se de um procedimento efetuado para que o saldo da conta passe a representar o valor da data da operação, como se realizada à vista;

    c) as alternativas "a", "b" e "c" estão erradas;

    d) somente a alternativa "d" está errada.

7 Princípio da Competência

> **Ideia principal:** devem integrar o resultado de um período somente as despesas e as receitas cujos fatos geradores ocorreram durante o respectivo período, tenham ou não sido pagas e ou recebidas.

7.1 Conceito

O Princípio da Competência determina que o resultado de um período deve ser apurado confrontando-se as despesas incorridas e as receitas realizadas durante o respectivo período.

Esse é um dos mais importantes fundamentos da Contabilidade, uma vez que direciona a apuração dos resultados do período pela inclusão das receitas e das despesas que tiveram seus fatos geradores ocorridos durante o respectivo período, independentemente de as receitas terem sido recebidas e de as despesas terem sido pagas no respectivo período.

A revogada Resolução CFC n. 750, de 1993, estabelecia que o Princípio da Competência pressupõe a simultaneidade da confrontação de receitas e de despesas correlatas.

7.2 Correlação com a NBC TG Estrutura Conceitual

A NBC TG Estrutura Conceitual bem como as demais Normas Brasileiras de Contabilidade (NBCs) do tipo NBC TG, convergentes com as Normas Internacionais de Contabilidade International, ou Financial Reporting Standards (IFRS), sempre que se referem ao princípio da competência, o denominam regime de competência.

Veja o que estabelecem os itens OB17 a OB19 da NBC TG Estrutura Conceitual:

Performance financeira refletida pelo regime de competência (*accruals*)

OB17. O regime de competência retrata com propriedade os efeitos de transações e outros eventos e circunstâncias sobre os recursos econômicos e reivindicações da entidade que reporta a informação nos períodos em que ditos efeitos são produzidos, ainda que os recebimentos e pagamentos em caixa derivados ocorram em períodos distintos. Isso é importante em função de a informação sobre os recursos econômicos e reivindicações da entidade que reporta a informação, e sobre as mudanças nesses recursos econômicos e reivindicações ao longo de um período, fornecer melhor base de avaliação da performance passada e futura da entidade do que a informação puramente baseada em recebimentos e pagamentos em caixa ao longo desse mesmo período.

OB18. Informações sobre a performance financeira da entidade que reporta a informação durante um período que são reflexos de mudanças em seus recursos econômicos e reivindicações, e não da obtenção adicional de recursos diretamente de investidores e credores (ver item OB21), são úteis para avaliar a capacidade passada e futura da entidade na geração de fluxos de caixa líquidos. Essas informações servem de indicativos da extensão em que a entidade que reporta a informação tenha aumentado seus recursos econômicos disponíveis, e dessa forma sua capacidade de gerar fluxos de caixa líquidos por meio de suas operações e não pela obtenção de recursos adicionais diretamente de investidores e credores.

OB19. Informações sobre a performance financeira da entidade que reporta a informação durante um período também podem ser indicativos da extensão em que determinados eventos, tais como mudanças nos preços de mercado ou nas taxas de juros, tenham provocado aumento ou diminuição nos recursos econômicos e reivindicações da entidade, afetando por conseguinte a capacidade de a entidade gerar a entrada de fluxos de caixa líquidos.

Como foi possível observar, a NBC TG Estrutura Conceitual incentiva a adoção do regime de competência (ou princípio da competência), justificando que a sua adoção oferece melhor base de avaliação da performance passada e futura da entidade do que a adoção do regime de caixa.

7.3 Entendendo melhor o Princípio da Competência

Você já sabe que as empresas são entidades que visam ao lucro e que o resultado da movimentação de seu patrimônio em determinado período poderá corresponder a lucro ou a prejuízo, sendo tal resultado obtido no confronto entre as despesas e as receitas.

Você também já estudou que as despesas provocam diminuições nos fluxos de caixa e, consequentemente, reduzem o Patrimônio Líquido, enquanto as receitas, em contrapartida, provocam aumentos nos fluxos de caixa e consequentemente aumentam o Patrimônio Líquido.

Assim, quando as receitas de determinado período superam as despesas do mesmo período, o resultado é igual a lucro; quando as despesas superam as receitas, o resultado é igual a prejuízo. A despesa pertencente a determinado período é denominada despesa incorrida e a receita pertencente a determinado período é denominada receita realizada ou ganha.

No final de cada exercício, o profissional da contabilidade poderá deparar-se na escrituração contábil da empresa com despesas pagas e ainda não incorridas, com despesas pagas e já incorridas e com despesas incorridas e ainda não pagas. Da mesma forma, poderá deparar-se com receitas recebidas e ainda não realizadas, com receitas recebidas e já realizadas, bem como com receitas realizadas e ainda não recebidas.

O desafio, então, está em saber quais despesas e quais receitas deverão ser reconhecidas na apuração do resultado do período (exercício ou Exercício Social). É exatamente para solucionar essa questão que o Princípio da Competência entra em cena, determinando que as receitas e as despesas sejam incluídas na apuração do resultado do período em que ocorrerem, sempre de maneira simultânea quando se correlacionarem, independentemente de seu recebimento ou pagamento.

Assim, as despesas serão consideradas no exercício em que incorrerem, tenham ou não sido pagas; e as receitas serão consideradas no exercício em que forem realizadas (ganhas), tenham ou não sido recebidas. Em outras palavras, para o Princípio da Competência, o que determina a inclusão da despesa e da receita na apuração do Resultado do Exercício é a ocorrência do respectivo fato gerador. Então, o segredo está em saber o que é e quando ocorre o fato gerador da despesa e da receita, conforme veremos adiante.

Na Seção 7.1, dissemos que, de acordo com a revogada Resolução CFC n. 750, de 1993, o Princípio da Competência pressupõe a simultaneidade da confrontação de receitas e de despesas correlatas. Isso equivale a dizer que o resultado de um período é apurado confrontando-se as receitas realizadas (ganhas) durante esse período com as despesas incorridas durante o mesmo período, cujas despesas foram necessárias para a realização das receitas.

A correlação entre receitas realizadas e despesas incorridas pode ser evidenciada na apuração do resultado bruto com a venda de mercadorias e com a prestação de serviços. Nesses casos, havendo realização da receita com a venda de mercadorias e com a prestação de serviços, deve-se simultaneamente reconhecer os respectivos custos das mercadorias vendidas e dos serviços prestados bem como as demais despesas incorridas com tributos, descontos concedidos etc., necessárias para a realização das vendas e da prestação dos serviços.

7.3.1 Despesas

7.3.1.1 Conceito

A despesa, em geral, decorre do consumo de Bens e da utilização de serviços, ocorrendo quando há consumo, por exemplo, de energia elétrica, água, gás, material de higiene e limpeza, material de escritório etc.; e quando há utilização de serviços pela empresa em seu benefício, sejam eles prestados por seus próprios empregados ou por terceiros, como advogados, contadores, médicos etc.

É importante destacar que as despesas com os serviços prestados pelos empregados da empresa envolvem não só os valores a eles pagos (salários), como também os encargos deles decorrentes (Previdência Social, FGTS e outros).

As despesas podem decorrer ainda de outras fontes, como do surgimento de exigibilidades motivadas por infração (multas fiscais, multas de trânsito etc.), pela utilização de Ativos pertencentes a terceiros, como ocorre no atraso do pagamento de obrigações (juros, acréscimos, multas), pelo aluguel de Bens móveis ou imóveis, pela diminuição ou extinção do valor econômico de um Ativo (depreciação, amortização e exaustão) etc.

A NBC TG Estrutura Conceitual define despesas como decréscimos nos benefícios econômicos durante o período contábil, sob a forma da saída de recursos ou da redução de Ativos ou assunção de Passivos, que resultam em decréscimo do Patrimônio Líquido e não estão relacionados com distribuições aos detentores dos instrumentos patrimoniais.

Veja a disciplina contida nos itens 4.33 a 4.35 da mencionada NBC TG:

4.33. A definição de despesas abrange tanto as perdas quanto as despesas propriamente ditas que surgem no curso das atividades usuais da entidade. As despesas que surgem no curso das atividades usuais da entidade incluem, por exemplo, o custo das vendas, salários e depreciação. Geralmente, tomam a forma de desembolso ou redução de ativos como caixa e equivalentes de caixa, estoques e ativo imobilizado.

4.34. Perdas representam outros itens que se enquadram na definição de despesas e podem ou não surgir no curso das atividades usuais da entidade, representando decréscimos nos benefícios econômicos e, como tais, não diferem, em natureza, das demais despesas. Consequentemente, não são consideradas como elemento separado nesta Estrutura Conceitual.

4.35. Perdas incluem, por exemplo, as que resultam de sinistros como incêndio e inundações, assim como as que decorrem da venda de ativos não circulantes. A definição de despesas também inclui as perdas não realizadas. Por exemplo, as que surgem dos efeitos dos aumentos na taxa de câmbio de moeda estrangeira com relação aos empréstimos da entidade a pagar em tal moeda. Quando as perdas são reconhecidas na demonstração do resultado, elas são geralmente demonstradas separadamente, pois sua divulgação é útil para fins de tomada de decisões econômicas. As perdas são, em regra, reportadas líquidas das respectivas receitas.

7.3.1.2 Reconhecimento da despesa – ocorrência do fato gerador

A despesa é reconhecida no momento da ocorrência do fato gerador. Se você consultar qualquer dicionário da língua portuguesa, encontrará que "fato" significa acontecimento; "gerar" significa fazer acontecer e "gerador" é o que ou aquele que faz acontecer. Portanto, temos que o fato gerador da despesa é o acontecimento que dá origem à respectiva despesa – em geral, é o consumo de bens e a utilização de serviços. Como já disemos, a despesa cujo fato gerador já tenha ocorrido é denominada despesa incorrida.

7.3.1.3 Ajustes em contas de Despesas

Tendo em vista que no final do Exercício Social, visando à apuração do resultado, o contador poderá se deparar, conforme já dissemos, com contas representativas de despesas pagas e ainda não incorridas, de despesas incorridas e pagas e de despesas incorridas e ainda não pagas, será preciso proceder a ajustes nos saldos de algumas contas de Despesas para que integrem o resultado somente aquelas cujos fatos geradores tenham ocorrido no respectivo exercício.

7.3.1.3.1 Despesas incorridas e não pagas

Trata-se de despesas que, por força de disposições legais ou contratuais, são pagas no mês seguinte ao da ocorrência de seus fatos geradores.

a. Despesas com aluguéis

Suponhamos que o aluguel do prédio em que está instalada a nossa empresa, referente ao mês de dezembro, no valor de $ 5.000, deva ser pago no dia 10 de janeiro do ano seguinte, de acordo com o que estabelece o contrato de locação firmado entre a empresa e o proprietário do imóvel. Tendo em vista que o fato gerador dessa despesa ocorreu durante o mês de dezembro, no dia 31 de dezembro será feita a apropriação da referida despesa por meio do seguinte lançamento no livro Diário:

Aluguéis Passivos
a Aluguéis a Pagar
Pela apropriação do Aluguel deste mês,
a ser pago em 10 de janeiro p. f. 5.000

Assim, com o débito de $ 5.000 feito na conta Aluguéis Passivos, a despesa de aluguel ficou devidamente apropriada entre as despesas incorridas no mês de dezembro. Como o pagamento será efetuado somente no dia 10 do mês seguinte, foi creditada a conta Aluguéis a Pagar para registrar a respectiva Obrigação.

No dia 10 de janeiro do exercício seguinte, por ocasião do pagamento do aluguel de dezembro, o registro contábil será efetuado mediante débito na conta Aluguéis a Pagar e crédito na conta Caixa ou Bancos conta Movimento, não havendo, portanto, débito em conta de Despesa.

b. Despesas com salários e encargos

A exemplo do que ocorre com a contabilização dos Aluguéis, a empresa deve apropriar, no final de cada mês, as despesas com salários e encargos devidos em decorrência dos serviços prestados pelos seus empregados durante o referido mês.

As despesas incorridas com os salários, bem como com os encargos sociais deles decorrentes (Previdência Social, FGTS e outros), normalmente são pagos no mês seguinte ao mês trabalhado pelos empregados.

A contabilização das despesas com salários e encargos é feita com base na Folha de Pagamento. Por exemplo, a contabilização da Folha de Pagamento é feita em duas etapas:

1ª) No último dia do mês, após efetuar os cálculos e elaborar a Folha de Pagamento de Salários, a empresa efetuará a contabilização, apropriando as despesas incorridas naquele mês e, consequentemente, registrando as obrigações respectivas.

2ª) No mês seguinte, são efetuados os lançamentos da liquidação da Folha correspondentes ao pagamento do líquido aos empregados, bem como do recolhimento da contribuição de Previdência, do FGTS, do Imposto de Renda e outros, mediante o preenchimento dos formulários necessários.

Exemplo prático

Após esses esclarecimentos, acompanhe a contabilização da Folha de Pagamento de Salários da empresa Comercial Aristides Nogueira Ltda., referente ao mês de setembro, que apresenta os seguintes dados:

- Valor Bruto da Folha: .... $ 1.000
- Previdência Social retida dos empregados pela alíquota de 9%: .... $ 90
- Contribuição de Previdência (parte da empresa): 26,8% de $ 1.000 = ... $ 268
- FGTS: 8% de $ 1.000 = ... $ 80

1ª *etapa:* no último dia do mês de setembro

Apropriação das despesas com salários:

1) *Salários*
a Salários a Pagar
    Pela elaboração da Folha de Pagamento,
ref. ao mês de setembro. *1.000*

Registro da retenção da Previdência Social devida pelos empregados:

2) *Salários a Pagar*
a Contribuições de Previdência a Recolher
    9% retido dos empregados conf. Folha......................... *90*

Apropriação dos encargos sociais:

3.1) *Contribuições de Previdência*
a Contribuições de Previdência a Recolher
    26,8% sobre Folha do mês, ref.
parte patronal. *268*

3.2) *Contribuições para o FGTS*
a FGTS a Recolher
    8% sobre a Folha do mês. *80*

Com o lançamento (3.2), encerram-se os procedimentos necessários à apropriação da Folha de Pagamento em questão, dentro do mês de sua competência.

2ª *etapa:* no mês seguinte ao da apropriação

No mês seguinte, a empresa efetuará a liquidação da Folha de Pagamento, procedendo ao pagamento do líquido aos empregados e ao recolhimento das demais Obrigações.

Pagamento aos empregados, em dinheiro:

4) *Salários a Pagar*
a Caixa
    Pagamento do líquido aos empregados
conf. Folha. *910*

Recolhimento das demais Obrigações conforme Folha:

5) *Diversos*
   a Caixa
      Pagamentos como segue:
   Contribuições de Previdência a Recolher
   Recolhidos conf. guia. 358
   FGTS a Recolher
   Recolhido conf. guia. 80.438

Lembramos que a empresa tem outros encargos com a Folha de Pagamento, os quais também devem ser apropriados mensalmente, como é o caso das Férias e do Décimo Terceiro Salário. Esses dois encargos são apropriados mensalmente com base no valor bruto da Folha de Pagamento, acrescido dos encargos com a Previdência e com o FGTS, mediante débito em conta de Despesa e crédito em conta representativa de Obrigação.

7.3.1.3.2 Despesas pagas antecipadamente

Trata-se de despesas que já foram pagas, embora os fatos geradores ainda não tenham ocorrido. Uma vez que representam Bens ou Direitos para a empresa, enquanto tais fatos não acontecerem, esses gastos são ativados. Assim, no dia em que forem pagos, deverão ser contabilizados a débito das contas Patrimoniais do Ativo Circulante ou Não Circulante que espelharem, adequadamente, os respectivos Bens ou Direitos.

As despesas mais comuns, pagas antecipadamente, são: despesas com Seguros, com aluguéis e com materiais de consumo, conforme veremos a seguir.

a. Despesas com seguros

As empresas costumam contratar uma Seguradora para cobrir eventuais perdas causadas por furtos ou decorrentes de Bens danificados por incêndio, vendaval, colisão etc. Os Bens que estão mais sujeitos a riscos são os veículos e os estoques, embora muitas empresas também façam seguro de Bens de uso e de imóveis. Os contratos de seguro costumam ter validade de um ano, isto é, uma vez assinado, o patrimônio segurado fica coberto durante 365 dias. Quando se trata de ano bissexto, em que o mês de fevereiro é incluído no período da cobertura, o patrimônio fica segurado por 366 dias. A cobertura passa a vigorar da zero hora do dia posterior ao que o contrato foi assinado às 24 horas do dia em que for assinado, porém, do ano seguinte. Por exemplo: contrato assinado no dia 22 de setembro de X2 vigorará da zero hora do dia 23 de setembro de X2 às 24 horas do dia 22 de setembro de X3.

Exemplo prático

Suponhamos que, no dia 24 de junho de X1, nossa empresa tenha firmado contrato de seguro com a Companhia Seguradora Nacional, referente a um automóvel avaliado em $ 50.000, tendo pago, no ato, por meio do cheque n. 730.001, de nossa emissão, contra o banco Urupês S.A., a importância de $ 1.095 de despesas. O veículo ficará coberto contra o risco a partir da zero hora do dia 25 de junho de X1 às 24 horas do dia 24 de junho de X2.

Nessa operação estão envolvidos dois acontecimentos:

a. **Um fato administrativo:** o pagamento da despesa antecipada ocasionou a diminuição do Ativo, decorrente da saída de dinheiro da conta-corrente bancária. Ao mesmo tempo, acarretou aumento no Ativo, pois, como a despesa foi paga antecipadamente e seu fato gerador ainda não ocorreu, o valor da despesa paga representará Direito da empresa junto à companhia seguradora, a qual se comprometeu a garantir o seguro do respectivo Bem.

b. **Um ato administrativo:** a assinatura do contrato de seguro caracteriza um ato administrativo relevante, o qual deverá ser contabilizado por meio de contas de compensação.

Veja os procedimentos contábeis desse acontecimento, começando pelo fato:

1) *Prêmios de Seguro a Vencer*
   a Bancos conta Movimento
   a Banco Urupês S.A.
       Pagamento efetuado à Companhia
   Seguradora Nacional por meio do nosso
   Ch. 730.001, conf. recibo desta
   data, ref. apólice de Seguro de automóvel,
   a vigorar pelo período de um ano. 1.095

Para conhecer o valor da despesa de seguro incorrida em um período, mês ou ano, é necessário fazer o seguinte cálculo:

a. divida o valor da despesa do seguro por 365 dias ou por 366, quando se tratar de ano bissexto, em que o mês de fevereiro esteja incluído no período de cobertura;

b. em seguida, multiplique o valor diário do seguro pelo número de dias do período (mês ou ano), o que lhe permitirá conhecer o valor da despesa a ser apropriada naquele período.

Conforme já estudamos, as empresas que apuram resultados mensais deverão apropriar as despesas com seguros no final de cada mês; as que apuram os resultados uma só vez ao ano deverão apropriá-las somente no último dia do respectivo ano.

Veja agora os procedimentos de uma empresa que apura resultados mensais.

Exemplo prático

Utilizando os valores do exemplo anterior, temos o cálculo da despesa incorrida em junho de X1:

$$\$ 1.095/365 \text{ dias} = \$ 3 \text{ por dia}$$

Como o período de 25 a 30 de junho abrange seis dias (inclui-se o dia 25 na contagem), faremos:

$$7 \times \$ 3 = \$ 17.$$

CONTABILIZAÇÃO EM 30 DE JUNHO:

Prêmios de Seguro
a Prêmios de Seguro a Vencer
    Apropriação que se processa da
despesa incorrida de 25 a
30 do corrente, conf. cálculos. *18*

Vejamos agora a contabilização do ato administrativo por meio de contas de compensação:

Seguros Contratados
a Contratos de Seguros
    Contrato de seguro firmado com a
Companhia Seguradora Nacional, pelo
período de um ano, conf. apólice n. X 50.000

■ Esse registro não interfere nos valores patrimoniais, mas indica que a empresa tem em seu patrimônio uma cobertura no valor de $ 50.000 contra eventuais perdas, de acordo com o que estabelece o respectivo contrato.

■ As contas de compensação não figuram no Balanço Patrimonial. Basta citar detalhadamente os respectivos atos administrativos nas Notas Explicativas que acompanham as Demonstrações Contábeis da empresa.

b. Despesas com aluguéis

Os aluguéis constituem outro caso de despesa que pode ser paga antecipadamente.

Exemplo prático

Suponhamos que, no dia 20 de dezembro de X1, nossa empresa decidiu pagar ao proprietário do imóvel em que está instalada a importância de $ 5.000, correspondente ao aluguel do mês de janeiro de X2, cuja despesa deveria ser paga somente no dia 10 de fevereiro de X2.

Contabilização em 20 de dezembro de X1:

Aluguéis Passivos a Vencer
a Caixa
*   Pagamento efetuado ao Sr. Fulano,*
ref. ao aluguel de janeiro de X2 etc.. 5.000

Como o fato gerador do aluguel em questão somente ocorrerá no mês de janeiro de X2, e tendo em vista o Princípio da Competência, nesse exercício, debitamos a conta Aluguéis Passivos a Vencer, que é conta Patrimonial e pertence ao subgrupo despesas do Exercício Seguinte do Ativo Circulante.

No último dia do mês de janeiro de X2, para apropriar a despesa que foi paga antecipadamente nesse exercício, deverá ser efetuado o seguinte lançamento de ajuste:

Aluguéis Passivos
a Aluguéis Passivos a Vencer
*   Pela apropriação do Aluguel deste mês,*
pago antecipadamente no exercício anterior. 5.000

c. Despesas com materiais de consumo

Para contabilizar os materiais que a empresa adquire para consumo próprio, como os materiais de expediente e limpeza, há que se considerar duas situações:

1ª) A empresa compra em pequenas quantidades para consumo imediato. Nesse caso, seja qual for o sistema de apuração de resultado adotado pela empresa (Inventário Permanente mensal ou Inventário Periódico anual), o valor da compra poderá ser contabilizado a débito de uma conta de Despesa.

Exemplo prático

Compra à vista de 500 folhas de papel ofício e seis canetas esferográficas, conforme NF n. 741, da Papelaria Aliança, no valor de $ 20.

Contabilização:

Material de Expediente
a Caixa
*   NF n. 741, da Papelaria Aliança.. 20*

2ª) A empresa adquire esses materiais em grandes quantidades para consumo futuro. Nesse caso, como no momento da compra a despesa não é caracterizada, pois não há consumo, além de o material ser adquirido em grande quantidade e seu valor ser expressivo, o procedimento mais correto será contabilizar o valor da compra a débito de uma conta de estoque. Contudo, é importante observar o sistema de controle de estoques utilizado pela empresa: Inventário Permanente ou Periódico.

Exemplo prático

- Sistema de Inventário Permanente (apuração de resultados mensais)

Suponhamos que, no dia 1º de julho de X1, a empresa tenha adquirido materiais de expediente no valor de $ 10.000, conforme NF n. 1.005, da Distribuidora Nova Aliança Ltda.

CONTABILIZAÇÃO:

> *Estoque de Material de Expediente*
> *a Caixa*
> *   NF n. 1.005, da Distr. Aliança Ltda.................................10.000*

Suponhamos agora que, no dia 5 de julho, foram retirados do estoque materiais de expediente no valor de $ 30, conforme Requisição n. 1.

CONTABILIZAÇÃO:

> *Material de Expediente*
> *a Estoque de Material de Expediente*
> *   Conforme Requisição n. 1. ....   30*

- Sistema de Inventário Periódico (apuração de resultado anual)

Suponhamos que, no dia 10 de agosto de X1, a empresa tenha adquirido, à vista, materiais de expediente no valor de $ 50.000, conforme NF n. 1.001, da Papelaria São Paulo S.A.

CONTABILIZAÇÃO:

> *Estoque de Material de Expediente*
> *a Caixa*
> *   NF n. 1.001, da Papelaria*
> *São Paulo S.A. 50.000*

Como ocorreu uma compra em grande quantidade e por valor expressivo, os materiais foram contabilizados a débito da conta Estoque de Material de Expediente, que pertence ao Ativo Circulante.

Tendo em vista que essa empresa apura seus resultados no final do ano, não haverá necessidade de contabilizar a despesa nem de proceder à baixa nos estoques no momento em que são feitas as requisições de materiais para consumo. Nesse caso, a contabilização da despesa será efetuada uma só vez, no final do ano, no momento da apuração do Resultado do Exercício. Nessa ocasião, o consumo será apurado comparando-se o estoque físico com o estoque contábil.

Exemplo prático

Vamos assumir que, no dia 31 de dezembro de X1, tenha sido feita uma contagem física (Inventário) dos materiais de expediente, pela qual se constatou que havia, em estoque, $ 13.000 de materiais ainda não consumidos. Como o estoque contábil indicava saldo de $ 50.000 e o estoque físico saldo de $ 13.000, concluímos que a diferença de $ 37.000 corresponde ao consumo do período.

O ajuste será feito pelo seguinte lançamento:

Material de Expediente
a Estoque de Material de Expediente
 Ajuste que se processa, ref. ao
consumo do período. 57.000

7.3.2 Receitas

7.3.2.1 Conceito

A receita, em geral, decorre da venda de Bens e da prestação de serviços, mas podem derivar também de outras fontes como do uso de Ativos da empresa por terceiros (aluguéis de Bens móveis ou imóveis, juros recebidos de clientes inadimplentes), do desaparecimento ou redução de Passivos (descontos obtidos pela antecipação do pagamento de obrigações), por doações recebidas, por dividendos recebidos etc.

A NBC TG Estrutura Conceitual define receita como o aumento nos benefícios econômicos durante o período contábil, sob a forma de entrada de recursos ou de aumento de Ativos ou diminuição de Passivos, que resultam em aumento do Patrimônio Líquido, e que não estejam relacionados com a contribuição dos detentores dos instrumentos patrimoniais.

Veja as disciplinas contidas nos itens 4.29 a 4.32 da citada NBC TG:

4.29. A definição de receita abrange tanto receitas propriamente ditas quanto ganhos. A receita surge no curso das atividades usuais da entidade e é designada por uma variedade de nomes, tais como vendas, honorários, juros, dividendos, *royalties*, aluguéis.

4.30. Ganhos representam outros itens que se enquadram na definição de receita e podem ou não surgir no curso das atividades usuais da entidade, representando aumentos nos benefícios econômicos e, como tais, não diferem, em natureza, das receitas. Consequentemente, não são considerados como elemento separado nesta Estrutura Conceitual.

4.31. Ganhos incluem, por exemplo, aqueles que resultam da venda de ativos não circulantes. A definição de receita também inclui ganhos não realizados. Por exemplo, os que resultam da reavaliação de títulos e valores mobiliários negociáveis e os que resultam de aumentos no valor contábil de ativos de longo prazo. Quando esses ganhos são reconhecidos na demonstração do resultado, eles são usualmente apresentados separadamente, porque sua divulgação é útil para fins de tomada de decisões econômicas. Os ganhos são, em regra, reportados líquidos das respectivas despesas.

4.32. Vários tipos de ativos podem ser recebidos ou aumentados por meio da receita; exemplos incluem caixa, contas a receber, bens e serviços recebidos em troca de bens e serviços fornecidos. A receita também pode resultar da liquidação de passivos. Por exemplo, a entidade pode fornecer mercadorias e serviços ao credor por empréstimo em liquidação da obrigação de pagar o empréstimo.

É importante também destacar que o item 55 da NBC TG 30 – Receitas, aprovada pela Resolução CFC n. 1.412, de 2012, estabelece que a utilização, por parte de terceiros, de Ativos da entidade dá origem a receitas na forma de:

a. **juros:** encargos pela utilização de caixa e equivalentes de caixa ou de quantias devidas à entidade;
b. *royalties*: encargos pela utilização de Ativos de longo prazo da entidade, como patentes, marcas, direitos autorais e software de computadores; e
c. **dividendos:** distribuição de lucros a detentores de instrumentos patrimoniais na proporção de suas participações em uma classe particular do capital.

7.3.2.2 Reconhecimento da receita – ocorrência do fato gerador

A receita é reconhecida (realizada) no momento da ocorrência do fato gerador. O fato gerador da receita é o acontecimento que dá origem à respectiva receita, isto é, tal acontecimento justifica o reconhecimento da receita. Em geral, ocorre na venda de Bens ou na prestação de serviços.

A receita cujo fato gerador já ocorreu é denominada receita realizada (ganha). Segundo a NBC TG 30 – Receitas, a questão primordial na contabilização da receita é determinar quando reconhecê-la. Assim, orienta que a receita seja reconhecida quando for provável que benefícios econômicos futuros fluam para a entidade e possam ser confiavelmente mensurados.

Vejamos, a seguir, alguns exemplos do reconhecimento da receita (ocorrência do fato gerador).

7.3.2.2.1 Receitas com a venda de Bens

A NBC TG 30 – Receitas estabelece, no item 14, que a receita proveniente da venda de Bens deve ser reconhecida quando forem satisfeitas todas as seguintes condições:

a. a entidade tenha transferido para o comprador os riscos e benefícios mais significativos inerentes à propriedade dos Bens;

b. a entidade não mantenha envolvimento continuado na gestão dos Bens vendidos em grau normalmente associado à propriedade e tampouco efetivo controle sobre tais Bens;

c. o valor da receita possa ser mensurado com confiabilidade;

d. for provável que os benefícios econômicos associados à transação fluirão para a entidade; e

e. as despesas incorridas ou a serem incorridas, referentes à transação, possam ser mensuradas com confiabilidade.

Você já sabe que a principal receita das empresas comerciais é auferida com a venda de mercadorias. O fato gerador dessas receitas é a transmissão da propriedade das mercadorias ao cliente que ocorre exatamente no momento da venda. Essa transmissão é formalizada mediante a emissão de Nota Fiscal ou de Fatura.

A transmissão da propriedade das mercadorias tem como contrapartida o pagamento à vista efetuado pelo cliente ou o compromisso por ele assumido para pagamento futuro por meio do aceite de Duplicatas. Nas vendas a prazo, segundo as quais os valores são recebidos em prestações, a receita atribuível ao preço de venda líquido de juros deve ser reconhecida na data da venda. O preço de venda é o valor presente da contraprestação, descontando-se das parcelas a receber a taxa de juros imputada. Os juros devem ser reconhecidos como receita à medida que são gerados, utilizando-se o método da taxa efetiva de juros.[1]

7.3.2.2.2 Receita com prestação de serviços

A receita de serviços deve ser reconhecida de maneira proporcional aos serviços efetivamente prestados. Em relação ao fato gerador da receita de prestação de serviços, o item 20 da NBC TG 30 – Receitas estabelece que, quando a conclusão de uma transação que envolva a prestação de serviços puder ser estimada com confiabilidade, a receita

---

[1] Exemplo 8 do Apêndice à NBC TG 30.

associada à transação deve ser reconhecida tomando por base o estágio de execução (*stage of completion*) da transação ao término do período em que o resultado estiver sendo apurado.

O desfecho de uma transação pode ser estimado com confiabilidade quando todas as seguintes condições forem satisfeitas:

a. o valor da receita puder ser mensurado com confiabilidade;

b. for provável que os benefícios econômicos associados à transação fluirão para a entidade;

c. o estágio de execução (*stage of completion*) da transação, ao término do período de reporte, puder ser mensurado com confiabilidade; e

d. as despesas incorridas com a transação, assim como as despesas para concluí-la, puderem ser mensuradas com confiabilidade.

Estabelece, ainda, a citada NBC TG 30 que o reconhecimento da receita com referência ao estágio de execução de uma transação é usualmente denominado método da percentagem completada, por meio do qual a receita é reconhecida nos períodos contábeis em que os serviços são prestados.

No item 24, a NBC TG 30 estabelece que a entidade deve escolher um método que mensure com confiabilidade os serviços executados. Dependendo da natureza da transação, os métodos podem incluir:

a. levantamento ou medição do trabalho executado;

b. serviços executados até a data, indicados como percentual do total dos serviços a serem executados; ou

c. a proporção entre os custos incorridos até a data e os custos totais estimados da transação.

Somente os custos que efetivamente possam ser identificados com os serviços executados até a data devem ser incluídos nos custos incorridos até a data de mensuração. Da mesma forma, somente os custos que reflitam serviços executados ou a serem executados devem ser incluídos nos custos totais estimados da transação.

Para efeito de reconhecimento das receitas de prestação de serviços, os pagamentos parcelados e os adiantamentos recebidos de clientes não correspondem, necessariamente, aos serviços executados. Para fins práticos, quando os serviços prestados correspondem a um número indeterminado de etapas, durante período específico, a receita deve ser reconhecida pelo método linear durante tal período, a menos que haja evidências de que outro método represente melhor o estágio de execução da transação. Quando determinada etapa for muito mais significativa do que quaisquer outras, o reconhecimento da receita deve ser adiado até que essa etapa seja executada.[2]

---

[2] Item 25 da NBC TG 30.

A NBC TG 30 apresenta outras situações em que receitas devem ser reconhecidas. No Apêndice, há exemplos ilustrativos, e o item 29 estabelece que a receita proveniente da utilização, por terceiros, de Ativos da entidade que produzam juros, *royalties* e dividendos deve ser reconhecida nas bases estabelecidas no item 30, quando:

a. for provável que os benefícios econômicos associados com a transação fluirão para a entidade; e
b. o valor da receita puder ser mensurado com confiabilidade.

Portanto, no item 30, a mencionada NBC TG estabelece que a receita deve ser reconhecida nas seguintes bases:

a. os juros devem ser reconhecidos utilizando-se o método da taxa efetiva de juros tal como definido na NBC TG 38;
b. os *royalties* devem ser reconhecidos pelo regime de competência em conformidade com a essência do acordo; e
c. os dividendos devem ser reconhecidos quando for estabelecido o Direito do acionista de receber o respectivo valor.

Os *royalties* devem ser apropriados ao resultado de acordo com os termos do contrato e devem ser usualmente reconhecidos nessa base, a menos que, em atenção à essência econômica do acordo, seja mais adequado reconhecer a receita em outra base sistemática e racional.[3]

7.3.2.3 Ajustes em contas de Receitas

Tendo em vista que, no final do Exercício Social, visando à apuração do resultado, o contador poderá se deparar, conforme já dissemos, com contas representativas de receitas recebidas e ainda não realizadas, de receitas realizadas e recebidas e de receitas realizadas e ainda não recebidas, será preciso proceder a ajustes nos saldos de algumas contas de Receitas, para que somente aquelas cujos fatos geradores tenham ocorrido no respectivo exercício integrem o resultado.

7.3.2.3.1 Receitas realizadas (ganhas e não recebidas)

Para apropriação das receitas ganhas e ainda não recebidas, debita-se uma conta do Ativo que represente o referido Direito e credita-se uma conta que represente a respectiva receita ganha.

---

[3] Item 33 da NBC TG 30.

Exemplo prático

Nossa empresa alugou um imóvel para o Sr. Rafael, o qual, conforme consta do contrato de locação, paga o aluguel do mês sempre no dia 10 do mês seguinte. Assim, o aluguel de dezembro, no valor de $ 8.000, deverá ser recebido no dia 10 de janeiro do ano seguinte, sendo contabilizado no dia 31 de dezembro mediante o seguinte lançamento:

Aluguéis a Receber
a Aluguéis Ativos
    Pela apropriação do Aluguel ref. ao mês de
dezembro, a ser recebido em 10 de janeiro p. f. 8.000

7.3.2.3.2 Receitas recebidas antecipadamente (recebidas e não ganhas)

Para registrar as receitas recebidas e ainda não ganhas (cujos fatos geradores ainda não ocorreram), debita-se a conta Caixa ou Bancos conta Movimento e credita-se uma conta do passivo que represente a receita diferida.

Exemplo prático

Suponhamos que, no dia 20 de dezembro de X1, nossa empresa tenha recebido a importância de $ 4.000 referente ao aluguel do mês de janeiro de X2, cujo vencimento ocorrerá em 10 de fevereiro do mesmo ano. Nesse caso, no dia 20 de dezembro de X1, data do recebimento, efetuaremos, no Diário, o seguinte registro:

Caixa
a Aluguéis Ativos a Vencer
    Recebido, nesta data, do Sr. Fulano,
ref. a aluguel de janeiro de X2.. 4.000

No dia 31 de janeiro do ano seguinte, quando a referida receita estiver realizada, para integrá-la ao resultado do referido mês, será feita a apropriação por meio do seguinte lançamento:

Aluguéis Ativos a Vencer
a Aluguéis Ativos
    Pela apropriação da receita deste mês, recebida
antecipadamente no exercício anterior...................................... 4.000

7.4 Regimes Contábeis

7.4.1 Introdução

Você já sabe que, para conhecer o resultado de um período (Exercício Social), é preciso confrontar o total das despesas com o total das receitas correspondentes ao respectivo período (Exercício Social).

Você sabe, também, conforme já dissemos, que, em determinado exercício (período), podem ser efetuados pagamentos de despesas ocorridas no exercício anterior, no próprio exercício ou apenas no exercício seguinte, e que o mesmo poderá ocorrer com as receitas.

Assim, no final de um Exercício Social (período), no momento da apuração do Resultado do Exercício, dentre as contas existentes no livro Razão, poderão constar algumas contas de Despesas e/ou de Receitas que não integrarão o respectivo resultado, bem como outras de Direitos – representativas de despesas pagas antecipadamente – ou de Obrigações – representativas de receitas Recebidas antecipadamente (receitas Diferidas), que deverão integrar o respectivo resultado.

O regime contábil adotado pela empresa definirá quais despesas e receitas deverão ser consideradas na apuração do resultado de cada exercício (período). São dois os regimes contábeis que disciplinam a apuração do Resultado do Exercício: Regime de Caixa e Regime de Competência.

7.4.2 Conceitos

7.4.2.1 Regime de Caixa

Na apuração do Resultado do Exercício devem ser consideradas todas as despesas pagas e todas as receitas recebidas no respectivo exercício, independentemente da data da ocorrência dos fatos geradores. Em outras palavras, por esse regime somente entrarão na apuração do resultado de um período as despesas e as receitas que passaram pelo Caixa no referido período.

7.4.2.2 Regime de Competência

Como você sabe, uma vez que esse tema já foi tratado neste capítulo, o Regime de Competência consiste no seguinte: na apuração do Resultado do Exercício, devem ser consideradas as despesas incorridas e as receitas realizadas no respectivo exercício, tenham ou não sido pagas ou recebidas. Desse regime, decorre o Princípio da Competência. De acordo com o Regime de Competência, não importa se as despesas ou receitas (incorridas ou realizadas) passaram pelo Caixa – o que vale são as datas das ocorrências dos respectivos fatos geradores.

7.4.3 Comparação entre Regime de Caixa e Regime de Competência

Para facilitar o seu entendimento, apresentaremos inicialmente um exemplo prático envolvendo apenas cinco fatos, acompanhe:

Exemplo prático

Suponhamos os seguintes fatos ocorridos em uma empresa que atua no ramo de prestação de serviços, durante o Exercício de X2:

1. Recebido em X2, $ 5.000 referente a receitas de serviços prestados em X1.
2. Recebido em X2, $ 20.000 referente a receitas de serviços prestados em X2.
3. Pagamento em X2, em dinheiro, de despesas referentes ao exercício de X1, no valor de $ 1.000.
4. Pagamento em X2, de $ 8.000, referente a despesas de X2.
5. Despesas de X2 a serem pagas em X3, no valor de $ 1.500.

Considerando apenas esses fatos, veja que o Resultado do Exercício varia de acordo com o regime contábil adotado.

a. Regime de Competência

RESULTADO DO EXERCÍCIO

DESPESAS		RECEITAS	
④	8.000	②	20.000
⑤	1.500		
Soma	9.500	Soma	20.000
Saldo	10.500		

Tendo em vista que o saldo foi credor, corresponde a lucro de $ 10.500.

b. Regime de Caixa

RESULTADO DO EXERCÍCIO

DESPESAS		RECEITAS	
③	21.000	①	5.000
④	8.000	②	20.000
Soma	29.000	Soma	25.000
Saldo	4.000		

Sendo o saldo devedor, corresponde a prejuízo.

Compare os dois Razonetes e perceba que o regime contábil influencia o resultado. No caso "a", adotando-se o Regime de Competência, apuramos um lucro de $ 10.500; no caso "b", com os mesmos dados, porém, adotando o Regime de Caixa, apuramos um prejuízo de $ 4.000.

Veja mais detalhes no Exemplo prático a seguir.

Exemplo prático

Suponhamos que, no exercício de X5, tenham ocorrido os seguintes eventos na movimentação do patrimônio de determinada empresa que atua no ramo comercial e de prestação de serviços:

1. Pagamentos, em dinheiro, no valor de $ 10.000, de despesas de salários e encargos referentes a dezembro de X4.
2. Pagamentos efetuados durante o exercício de X5, em cheques, no valor de $ 110.000, referentes a salários e encargos incorridos de janeiro a novembro de X5.
3. Salários e Encargos de dezembro de X5, pagos em janeiro de X6, no valor de $ 15.000.
4. Em X5, foram recebidas Duplicatas referentes a vendas efetuadas a prazo em X4, no montante de $ 200.000. Considere que não houve incidência de tributos e que o custo dessas mercadorias vendidas correspondeu a $ 120.000.
5. Recebida, em janeiro de X5, a importância de $ 3.000, referente a receitas de Aluguéis de dezembro de X4.
6. Recebida, durante o exercício de X5, a importância de $ 33.000, em dinheiro, referente a receitas de Aluguéis correspondentes aos meses de janeiro a novembro de X5.
7. Receita de aluguel de dezembro de X5, que será recebida em janeiro de X6, no valor de $ 3.000.
8. Em outubro de X5 foi recebida a importância de $ 20.000, em dinheiro, referente à venda de um Bem de uso da empresa, pelo preço de custo.
9. Pagamentos efetuados, em dinheiro, durante o exercício de X5, referentes a impostos e contribuições correspondentes aos meses de janeiro a novembro de X5, no valor de $ 40.000.
10. Impostos e contribuições referentes a dezembro de x5, que serão recolhidos em janeiro de X6, no valor de $ 5.000.
11. Serviços prestados durante o exercício de X5, recebidos em dinheiro, no valor de $ 200.000. O custo desses serviços prestados correspondeu a $ 50.000.
12. Serviços prestados em X5, a prazo, para recebimento no exercício de X6, no valor de $ 100.000. O custo desses serviços prestados correspondeu a $ 30.000.
13. Seguro contra incêndio firmado com a Cia. Seguradora Brasil, em 30 de junho de X5, pelo período de um ano, a vigorar a partir de 1º de julho. Valor do prêmio pago em 30 de junho de X5, por meio do cheque n. 005, do Banco Urupês: $ 6.000. Valor segurado: $ 500.000.
14. Compra, à vista, em dezembro de X5, de diversos móveis e utensílios no valor de $ 18.000.

15. Vendas de mercadorias, à vista, entregues durante o exercício de X5, no valor de $ 400.000. Considere que não houve incidência de tributos e que o custo das mercadorias vendidas foi igual a $ 240.000.

16. Em 31 de dezembro de X5 havia saldo na conta Duplicatas a Receber, referente a vendas faturadas a prazo, no montante de $ 300.000. Considere que não houve incidência de tributos e que o custo dessas mercadorias foi igual a $ 150.000. Considere, ainda, que todas as mercadorias foram entregues aos clientes durante o exercício de X5.

Vamos, agora, apurar o Resultado do Exercício dessa empresa pelos dois regimes, para que, com mais fatos do que os apresentados no Exemplo Prático anterior, você possa compará-los e tirar suas conclusões.

Para fins de apuração do Resultado do Exercício pelos Regimes de Caixa ou de Competência, as receitas recebidas e as despesas pagas em estabelecimentos bancários (débitos ou créditos na conta Bancos conta Movimento) por meio de cheques, boletos bancários, Duplicatas ou outros instrumentos devem ser consideradas como entradas ou saídas do Caixa.

a. Regime de Caixa

Em 31 de dezembro de X5

RESULTADO DO EXERCÍCIO

DESPESAS			RECEITAS		
(1)	Salários e enc.	10.000	(4)	Vendas	200.000
(2)	Salários e enc.	110.000	(5)	Aluguéis	3.000
(4)	Custo Vend.	120.000	(6)	Aluguéis	33.000
(8)	Custo do bem	20.000	(8)	Venda Bem	20.000
(9)	Impostos/Con.	40.000	(11)	Serviços	200.000
(11)	Custos	50.000	(15)	Vendas	400.000
(13)	Seguros	6.000			
(15)	Custos	240.000			
Soma		596.000	Soma		856.000
Saldo		260.000			

b. Regime de Competência

Em 31 de dezembro de X5

RESULTADO DO EXERCÍCIO

DESPESAS			RECEITAS		
(2)	Salários e enc.	110.000	(6)	Aluguéis	33.000
(3)	Salários e enc.	15.000	(7)	Aluguéis	3.000
(8)	Custo do bem	20.000	(8)	Venda Bem	20.000
(9)	Impostos/Contr.	40.000	(11)	Serviços	200.000
(10)	Impostos/Contr.	5.000	(12)	Serviços	100.000
(11)	Custos	50.000	(15)	Vendas	400.000
(12)	Custos	30.000	(16)	Vendas	300.000
(13)	Seguros	3.000			
(15)	Custos	240.000			
(16)	Custos	150.000			
Soma		663.000	Soma		1.056.000
Saldo		393.000			

Analisando os dois resultados apurados, você poderá notar, conforme já comentamos, como o regime contábil influencia no Resultado do Exercício. No exemplo em foco, o resultado apurado pelo Regime de Competência apresentou lucro maior que o apurado pelo Regime de Caixa.

No Brasil, as entidades com fins lucrativos devem apurar seus resultados pelo Regime de Competência, enquanto a adoção do Regime de Caixa é mais comum nas entidades sem fins lucrativos.

ATIVIDADES TEÓRICAS

1. Responda:

1.1 Qual é a ideia principal do Princípio da Competência?

1.2 Qual é o conceito de Princípio da Competência?

1.3 Por que a NBC TG Estrutura Conceitual incentiva a adoção do regime de competência e não o de caixa?

1.4 Como as entidades econômicas ficam sabendo se seu principal objetivo, o lucro, foi alcançado em determinado período?

1.5 Por que as despesas reduzem o Patrimônio Líquido?

1.6 Por que as receitas aumentam o Patrimônio líquido?

1.7 Quais despesas devem integrar o resultado de um exercício?

1.8 Quais receitas devem integrar o resultado de um exercício?

1.9 O que determina o Princípio da Competência?

1.10 O que são despesas incorridas e não pagas?

1.11 O que são despesas pagas antecipadamente?

1.12 Em que circunstância o pagamento de uma despesa gera débito em conta patrimonial?

1.13 Em que circunstância o recebimento de uma receita gera crédito em conta patrimonial?

1.14 Cite três exemplos de despesas normalmente pagas antecipadamente.

1.15 Cite dois exemplos de receitas comumente recebidas antecipadamente.

1.16 Na assinatura do contrato de seguro contra roubo e incêndio, para pagamento futuro, ocorre um ato e um fato administrativo. Quais são eles?

1.17 Suponhamos que determinada empresa tenha efetuado no dia 1º de abril o pagamento de uma despesa de seguro contra roubo para vigorar por um ano. Como será feito o cálculo no final de cada mês para apropriar o valor da despesa incorrida?

1.18 Descreva as etapas de contabilização de uma folha de pagamentos cujo pagamento de salários e encargos é feita no mês seguinte ao da ocorrência do fato gerador da despesa.

1.19 Suponhamos que duas empresas adotem sistemas diferentes para o registro de material de consumo. A empresa A adota o sistema de inventário permanente e a empresa B, o de inventário periódico. Como essas empresas adquirem esses materiais sempre em grandes quantidades, no momento das compras, debitam uma conta de estoque. Explique como cada uma dessas empresas contabiliza a despesa com tais materiais.

1.20 Segundo a NBC TG 30 – Receitas, em que ocasião uma receita deve ser reconhecida?

1.21 Quando ocorre o fato gerador da receita com a venda de mercadorias?

1.22 Nas vendas de mercadorias a prazo, como se apura o valor da receita com a venda?

1.23 Qual a diferença entre o regime de caixa e o de competência?

2. Classifique as afirmativas em falsas (F) ou verdadeiras (V):

2.1 ( ) O Princípio da Competência é um dos mais importantes princípios de contabilidade, porque fixa quais despesas e quais receitas devem ser confrontadas para a apuração do resultado de um período.

2.2 ( ) O Princípio da Competência decorre do regime de competência.

2.3 ( ) Nos meios contábeis, tanto faz dizer que devemos aplicar na apuração do resultado de um período o Princípio da Competência ou o regime de competência, pois ambas as formas têm o mesmo significado.

2.4 ( ) A NBC TG Estrutura Conceitual incentiva a adoção do regime de caixa, justificando que oferece melhor base de avaliação da performance passada e futura da entidade do que o regime de competência.

2.5 ( ) É correto afirmar que, quando as receitas de determinado período superam as despesas do mesmo período, o resultado é igual a lucro, e, quando as despesas superam as receitas, o resultado é igual a prejuízo.

2.6 ( ) A correlação entre receitas realizadas e despesas incorridas pode ser evidenciada na apuração do resultado bruto com a venda de mercadorias e com a prestação de serviços.

2.7 ( ) Em geral, o fato gerador da despesa é o consumo de bens e a utilização de serviços.

2.8 ( ) Débito na conta Aluguéis a Pagar e crédito na conta Caixa indica pagamento de despesa de aluguel do período anterior.

2.9 ( ) Débito na conta Caixa e crédito na conta Aluguéis Ativos indica apropriação de receita para recebimento futuro.

2.10 ( ) Débito na conta Estoque de Material de Consumo e crédito na conta Caixa indica ativação de despesa.

2.11 ( ) Débito na conta Despesa de Material de Consumo e crédito na conta Estoque de Material de Consumo indica ativação de despesa.

2.12 ( ) Débito na conta Prêmios de Seguro e crédito na conta Prémios de Seguro a Vencer indica apropriação de despesa incorrida.

2.13 ( ) Débito na conta Despesa com Material de Consumo e créito na conta Caixa indica aquisição de material de consumo para uso imediato.

2.14 ( ) A receita, em geral, decorre da venda de bens e da prestação de serviços.

2.15 ( ) A receita de serviços deve ser reconhecida de maneira proporcional aos serviços efetivamente prestados.

2.16 ( ) As receitas realizadas e não recebidas durante o período da ocorrência de seu fato gerador devem ser contabilizadas debitando-se uma conta de receita e creditando-se uma conta de direito.

2.17 ( ) A receita recebida antecipadamente deve ser contabilizada debitando-se em uma conta do ativo e creditando-se uma conta do passivo.

2.18 ( ) O regime contábil adotado pela empresa definirá quais despesas e receitas deverão ser consideradas na apuração do resultado de cada exercício (período).

2.19 ( ) A empresa que aplica o regime de caixa apura lucro maior que aquela que aplica o regime de competência, porque no caixa é que se registra o fluxo do dinheiro.

2.20 ( ) No Brasil, as entidades com fins lucrativos devem apurar seus resultados pelo Regime de Competência, enquanto a adoção do Regime de Caixa é mais comum nas entidades sem fins lucrativos.

3. Escolha a alternativa correta:

3.1 A revogada Resolução CFC n. 750, de 1993, estabelecia que o Princípio da Competência pressupõe a simultaneidade da confrontação de receitas e de despesas correlatas. Essa tese significa que o resultado de um período deve ser apurado:

a) subtraindo do total das receitas o total das despesas registradas durante o referido período;

b) subtraindo do total das receitas, cujos fatos geradores ocorreram durante o período, o total das despesas necessárias para que tais receitas ocorressem;

c) subtraindo do total das receitas o total das despesas que se correlacionarem com o fluxo de caixa do período;

d) todas estão corretas.

3.2 A NBC TG Estrutura Conceitual, no item OB17, em outras palavras, estabelece que o resultado de um período deve ser apurado:

a) confrontando-se o total das despesas realizadas com o total das despesas incorridas durante o mesmo período, independentemente de terem sido recebidas ou pagas;

b) confrontando-se o total das receitas com o total das despesas, cujos fatos geradores ocorreram durante tal período, independentemente de recebimentos e pagamentos;

c) confrontando-se o total das depesas pagas com as receitas recebidas no respectivo período;

d) a alternativa "c" está errada.

3.3 Para o Princípio da Competência, é relevante:

a) a data da ocorrência do fato gerador da despesa e da receita;

b) a data do pagamento da despesa e do recebimento da receita;

c) a aplicação do regime de caixa;

d) N.D.A

3.4 Despesa incorrida é:

a) aquela cujo fato gerador ainda não ocorreu;

b) aquela cujo fato gerador já ocorreu;

c) aquela paga antes da ocorrência do fato gerador;

d) aquela cujo fato gerador ocorreu durante o exercício da apuração do resultado.

3.5 Receita Realizada é:

a) aquela cujo fato gerador ainda não ocorreu;

b) aquela cujo fato gerador já ocorreu;

c) aquela paga antes da ocorrência do fato gerador;

d) aquela cujo fato gerador ocorreu durante o exercício da apuração do resultado.

3.6 Para o Princípio da Competência, o que determina a inclusão da despesa e da receita na apuração do Resultado é:

a) O pagamento e o recebimento em dinheiro.

b) A apropriação quando pagas ou recebidas antecipadamente.

c) A ocorrência do respectivo fato gerador.

d) Todas estão corretas.

3.7 É fato gerador da despesa:

a) o consumo de bens;

b) a utilização de serviços;

c) a compra de bens de uso;

d) somente a "c" está errada.

3.8 É fato gerador da receita:
   a) venda de bens;
   b) compra de bens;
   c) pagamento de juros;
   d) recebimento de juros.

3.9 Débito na conta Aluguéis Passivos e crédito na conta Aluguéis a Pagar indica:
   a) pagamento de aluguel;
   b) registro de despesa de aluguéis;
   c) apropriação de despesa incorrida para ser paga no mês seguinte;
   d) N.D.A.

3.10 Débito na conta Salários e crédito na conta Salários a Pagar indica:
   a) apropriação de despesas incorridas;
   b) apropriação de despesas pagas;
   c) apropriação de salários pagos;
   d) N.D.A.

3.11 Os regimes contábeis conhecidos são:
   a) Caixa e oportunidade;
   b) Competência e tempestividade;
   c) Caixa e competência;
   d) N.D.A.

8 Princípio da Prudência

Ideia principal: cautela na avaliação dos componentes do patrimônio para evitar que o Patrimônio Líquido seja superestimado.

8.1 Conceito

O Princípio da Prudência determina a adoção do menor valor para os componentes do Ativo e do maior para os do Passivo, sempre que se apresentem alternativas igualmente válidas para a quantificação das mutações patrimoniais que alterem o patrimônio líquido.

A revogada Resolução CFC n. 750, de 1993, estabelecia que o Princípio da Prudência pressupunha o emprego de certo grau de precaução no exercício dos julgamentos necessários às estimativas em certas condições de incerteza para que ativos e receitas não fossem superestimados, bem como para que passivos e despesas não fossem subestimados, atribuindo maior confiabilidade ao processo de mensuração e apresentação dos componentes patrimoniais.

8.2 Correlação com a NBC TG Estrutura Conceitual

A NBC TG Estrutura Conceitual, em sua primeira edição aprovada pela Resolução CFC n. 1.121, de 2008, tratava do princípio da prudência considerando-o como uma das características qualitativas das informações contábeis. Veja o que estabelecia o item 37 da referida NBC TG:

Prudência

37. Os preparadores de demonstrações contábeis se deparam com incertezas que inevitavelmente envolvem certos eventos e circunstâncias, tais como a possibilidade de recebimento de contas a receber de liquidação duvidosa, a vida útil provável das máquinas e equipamentos e o número de reclamações cobertas por garantias que possam ocorrer.

Tais incertezas são reconhecidas pela divulgação da sua natureza e extensão e pelo exercício de prudência na preparação das demonstrações contábeis.

Prudência consiste no emprego de um certo grau de precaução no exercício dos julgamentos necessários às estimativas em certas condições de incerteza, no sentido de que ativos ou receitas não sejam superestimados e que passivos ou despesas não sejam subestimados.

Entretanto, o exercício da prudência não permite, por exemplo, a criação de reservas ocultas ou provisões excessivas, a subavaliação deliberada de ativos ou receitas, a superavaliação deliberada de passivos ou despesas, pois as demonstrações contábeis deixariam de ser neutras e, portanto, não seriam confiáveis.

Em 2011, o Conselho Federal de Contabilidade (CFC), por meio da Resolução n. 1.374, deu nova redação à NBC TG ESTRUTURA CONCEITUAL – Estrutura Conceitual para Elaboração e Divulgação de Relatório Contábil-Financeiro, tendo em vista a edição do Pronunciamento Conceitual Básico (R1) pelo Comitê de Pronunciamentos Contábeis (CPC) que tem por base o The Conceptual Framework for Financial Reporting (IASB – BV 2011 Blue Book).

No prefácio dessa nova edição da NBC TG – Estrutura Conceitual, o CFC informa que a característica prudência (conservadorismo) foi retirada da condição de aspecto da representação fidedigna por ser inconsistente com a neutralidade, bem como que as subavaliações de ativos e as superavaliações de passivos, segundo os *BOARDS*[1] mencionam nas Bases para Conclusões, com consequentes registros de desempenhos posteriores inflados, são incompatíveis com a informação que pretende ser neutra.

Contudo, decidimos manter este capítulo para possibilitar a discussão do assunto nos meios acadêmicos e entre os profissionais que atuam na área contábil, uma vez que nos parece válida sua manutenção na literatura contábil, tendo em vista que o propósito do princípio está presente tanto na Lei n. 6.404, de 1976, como também em várias

---

[1] Órgão que tem por função aconselhar decisões estratégicas da entidade.

normas contábeis que determinam o reconhecimento de perdas em elementos do ativo para que tais elementos não figurem no balanço com valores acima daqueles que possam gerar fluxos de caixa futuros e resultem em patrimônio líquido superestimado, disforme da realidade.

8.3 Correlação com a NBC TG 01 – Redução ao Valor Recuperável de Ativos

A principal evidência da validade do princípio da prudência consta dos objetivos da NBC TG 01 – Redução ao Valor Recuperável de Ativos, veja:

Objetivo

1. O objetivo desta Norma é estabelecer procedimentos que a entidade deve aplicar para assegurar que seus ativos estejam registrados contabilmente por valor que não exceda seus valores de recuperação.

Um ativo está registrado contabilmente por valor que excede seu valor de recuperação se o seu valor contábil exceder o montante a ser recuperado pelo uso ou pela venda do ativo. Se esse for o caso, o ativo é caracterizado como sujeito ao reconhecimento de perdas, e a Norma requer que a entidade reconheça um ajuste para perdas por desvalorização.

A Norma também especifica quando a entidade deve reverter um ajuste para perdas por desvalorização e estabelece as divulgações requeridas.

Assim, para evitar que, no Balanço Patrimonial levantado no final do exercício social, constem elementos ativos informados por valores superiores aos valores capazes de gerar fluxos de caixa futuros, encontramos, em várias normas contábeis, procedimentos que precisam ser adotados para reconhecer perdas em estoques, em contas a receber, em investimentos, em desvalorizações de bens em função do uso etc. Nas seções seguintes trataremos dos principais procedimentos envolvendo a aplicação do Princípio da Prudência.

8.4 Entendendo o Princípio da Prudência

O Princípio da Prudência deriva da antiga convenção contábil do conservadorismo que incentiva, por medida de precaução, a atribuição do menor valor aos elementos do Ativo e do maior aos elementos do Passivo, sempre que houver alternativas igualmente válidas para a mensuração dos componentes patrimoniais. Contudo, é importante esclarecer que esse princípio se aplica no momento da mensuração dos componentes patrimoniais para fins de apresentação nas Demonstrações Contábeis e não no momento em que esses componentes ingressam no patrimônio.

A propósito, você estudou no Capítulo 6 que todo componente do patrimônio deve ser inicialmente registrado por seu valor original, atendendo à determinação do Princípio do Registro pelo Valor Original, além de que o valor original ou valor histórico deve ser ajustado ao longo do tempo pela aplicação de uma das seguintes bases de mensuração: custo corrente, valor realizável, valor presente e valor justo. Entretanto, essas bases de mensuração devem ser efetuadas com a observância do Princípio da Prudência.

Assim, por medida de precaução, os componentes patrimoniais poderão figurar no Balanço por valores inferiores ao valor original e nunca por valores superiores, salvo em relação à atualização monetária, quando for permitida por lei.[2]

Em decorrência da aplicação desse princípio, no final de um Exercício Social são reconhecidas perdas em elementos do Ativo sempre que o valor de mercado (valor recuperável) for inferior ao custo histórico do respectivo elemento. Esse procedimento, conforme já comentamos, encontra respaldo tanto nas Normas Brasileiras de Contabilidade (NBCs) Técnicas do tipo NBC TG, convergentes com as Normas Internacionais de Contabilidade, ou International Financial Reporting Standards (IFRS), como também no art. 183 da Lei n. 6.404, de 1976, que fixa, para a avaliação de determinados elementos do Ativo, a regra "custo ou mercado (ou valor justo), dos dois o menor".

Conforme vimos na Seção 8.3, a NBC TG 01 estabelece que toda entidade deve assegurar que seus Ativos estejam registrados contabilmente por valores que não excedam seus valores de recuperação. Assim, quando um Ativo estiver registrado no Balanço por valor excedente ao seu valor de recuperação, será caracterizado como sujeito ao reconhecimento de perdas.

A essência do Princípio da Prudência está no fato de que as informações apresentadas nas Demonstrações Contábeis, em especial no Balanço Patrimonial, não resultem em Patrimônio Líquido superestimado. Você sabe que o Patrimônio Líquido é a diferença entre o Ativo (Bens e Direitos) e o Passivo exigível (Obrigações). Assim, quanto maior for o Ativo em relação ao Passivo exigível, maior será o Patrimônio Líquido.

Dessa forma, é fácil entender que estando o Ativo superestimado e o Passivo subestimado, o resultado evidenciará um Patrimônio Líquido acima do real, e isso não é prudente.

■ A expressão "Ativo superestimado" significa que os componentes integrantes do Ativo estão sendo apresentados no Balanço por valores superiores àqueles capazes de gerar fluxos de caixa pela venda, uso ou consumo. Em outras palavras, quando o Ativo está superestimado significa que seus componentes estão avaliados por valores acima dos valores recuperáveis.

■ A expressão "Passivo subavaliado" significa que os componentes representativos das obrigações estão sendo mensurados por valores inferiores aos recursos financeiros (fluxos de caixa) que sairão do patrimônio para liquidá-los.

---

[2] A atualização monetária foi tratada na Subseção 6.5.5 do Capítulo 6 deste livro.

Portanto, Ativo avaliado acima da realidade e Passivo exigível abaixo da realidade resultarão em Patrimônio Líquido acima do real. É exatamente essa situação inverídica que o Princípio da Prudência combate, pois decisões tomadas com fundamento em informações distorcidas da realidade poderão ser desastrosas para o futuro da organização.

Os usuários internos e externos das Demonstrações Contábeis, ao analisar situações irreais, poderão tomar decisões que não os levarão a alcançar os objetivos almejados. Portanto, conforme já comentamos, a escolha do menor valor para os componentes do Ativo e do maior para os do Passivo deverá ser efetuada no final de cada Exercício Social, por ocasião da apuração dos resultados visando à elaboração das Demonstrações Contábeis.

Contudo, conforme estabelece o princípio em estudo, essa escolha somente poderá ser efetuada quando houver incertezas em relação à recuperabilidade dos componentes do Ativo e em relação aos valores a serem desembolsados para o cumprimento de Obrigações.

8.4.1 Aplicação do Princípio da Prudência

8.4.1.1 Perdas Estimadas em Créditos de Liquidação Duvidosa

Segundo o item 58 da NBC TG 38, a entidade deve avaliar, na data de cada balanço patrimonial, se existe ou não qualquer evidência objetiva de que um ativo financeiro ou um grupo de ativos financeiros esteja sujeito a perda do respectivo valor recuperável.

Como é possível observar, para as Normas Internacionais de Contabilidade IFRS, consubstanciadas nas NBCs do tipo NBC TG, a empresa somente poderá reconhecer perda em ativo financeiro quando existir evidência objetiva de que tal ativo financeiro está sujeito a essa perda. Assim, as perdas esperadas como resultado de acontecimentos futuros, independentemente do grau de probabilidade, não são reconhecidas.

No item 59, a mencionada NBC TG 38 apresenta exemplos de eventos que evidenciam a existência objetiva de perda no valor recuperável da conta Duplicatas a Receber ou Clientes, e que justificam o reconhecimento da perda e a necessidade de provisionamento, como significativa dificuldade financeira do cliente, quebra de contrato – tal como o descumprimento ou atraso nos pagamentos de juros ou de capital –, falência etc.

É importante destacar que, antes da adoção das Normas Internacionais de Contabilidade IFRS, era prática comum no Brasil o reconhecimento, no final de cada exercício social, de perdas com créditos de liquidação duvidosa com base em um valor estimado – tal valor era estimado em cada empresa, por meio de estudos fundamentados, principalmente nas perdas incorridas nos últimos exercícios.

Esses estudos resultavam sempre em um percentual que era então aplicado sobre o saldo da conta Duplicatas a Receber ou Clientes existente no final do exercício social. O montante encontrado era reconhecido como perda no exercício em que ocorriam as receitas com vendas e, ao mesmo tempo, provisionado em conta redutora da conta Duplicatas a Receber ou Clientes.

Conforme vimos, as normas internacionais mudaram radicalmente esse procedimento, uma vez que reconhecem somente perdas quando houver evidência objetiva de que o montante do crédito não mais será recebido, no todo ou em parte.

Exemplo prático

Suponhamos que, no final do exercício de X2, o saldo da conta Duplicatas a Receber de uma empresa comercial seja igual a $ 100.000 e que estudos realizados por responsáveis pelos setores de vendas, crédito e cobrança da empresa, com fundamento nas regras contidas na NBC TG 38, tenham indicado que o montante das perdas a serem reconhecidas sejam de $ 1.500.

Veja, então, como essa perda será contabilizada.

Lançamento no livro Diário:

Despesas com Perdas Estimadas em Créditos de Liquidação Duvidosa
a Perdas Estimadas em Créditos de Liquidação Duvidosa
   Pelo reconhecimento da perda etc. 1.500

- A conta debitada é Despesa Operacional, do grupo das Despesas com Vendas. O saldo dessa conta será transferido para a conta Resultado do Exercício para fim de apuração do resultado.

- A conta creditada é Patrimonial. Assim, no Balanço Patrimonial figurará no Ativo Circulante como Redutora da conta Duplicatas a Receber ou Clientes, permitindo que o saldo dessa conta reflita o montante que a empresa realmente tem a receber de seus clientes.

- Esse procedimento reduz o valor do Patrimônio Líquido evitando que seja apresentado no Balanço por montante superestimado.

8.4.1.2 Perdas Estimadas por Redução ao Valor Realizável Líquido

Veja o que estabelecem os itens 28 a 34 da NBC TG 16 – Estoques:

Valor realizável líquido

28. O custo dos estoques pode não ser recuperável se esses estoques estiverem danificados, se se tornarem total ou parcialmente obsoletos ou se os seus preços de venda tiverem diminuído. O custo dos estoques pode também não ser recuperável se os custos estimados de acabamento ou os custos estimados a serem incorridos para realizar a venda tiverem aumentado. A prática de reduzir o valor de custo dos estoques (*write down*) para o valor realizável líquido é consistente com o ponto de vista de que os ativos não devem ser escriturados por quantias superiores àquelas que se espera que sejam realizadas com a sua venda ou uso.

29. Os estoques devem ser geralmente reduzidos para o seu valor realizável líquido item a item. Em algumas circunstâncias, porém, pode ser apropriado agrupar unidades semelhantes ou relacionadas. Pode ser o caso dos itens de estoque relacionados com a mesma linha de produtos que tenham finalidades ou usos finais semelhantes, que sejam produzidos e comercializados na mesma área geográfica e não possam ser avaliados separadamente de outros itens dessa linha de produtos. Não é apropriado reduzir o valor do estoque com base em uma classificação de estoque, como, por exemplo, bens acabados, ou em todo estoque de determinado setor ou segmento operacional. Os prestadores de serviços normalmente acumulam custos relacionados a cada serviço para o qual será cobrado um preço de venda específico. Portanto, cada um desses serviços deve ser tratado como um item em separado.

30. As estimativas do valor realizável líquido devem ser baseadas nas evidências mais confiáveis disponíveis no momento em que são feitas as estimativas do valor dos estoques que se espera realizar. Essas estimativas devem levar em consideração variações nos preços e nos custos diretamente relacionados com eventos que ocorram após o fim do período, à medida que tais eventos confirmem as condições existentes no fim do período.

31. As estimativas do valor realizável líquido também devem levar em consideração a finalidade para a qual o estoque é mantido. Por exemplo, o valor realizável líquido da quantidade de estoque mantido para atender contratos de venda ou de prestação de serviços deve ser baseado no preço do contrato. Se os contratos de venda dizem respeito a quantidades inferiores às quantidades de estoque possuídas, o valor realizável líquido do excesso deve basear-se em preços gerais de venda. Podem surgir provisões resultantes de contratos firmes de venda superiores às quantidades de estoques existentes ou de contratos firmes de compra em andamento se as aquisições adicionais a serem feitas para atender a esses contratos de venda forem previstas com base em valores estimados que levem à situação de prejuízo no atendimento desses contratos de venda. Tais provisões devem ser tratadas de acordo com a NBC TG 25 – Provisões, Passivos Contingentes e Ativos Contingentes.

32. Os materiais e os outros bens de consumo mantidos para uso na produção de estoques ou na prestação de serviços não serão reduzidos abaixo do custo se for previsível que os produtos acabados em que eles devem ser incorporados ou os serviços em que serão utilizados sejam vendidos pelo custo ou acima do custo. Porém, quando a diminuição no preço dos produtos acabados ou no preço dos serviços prestados indicar que o custo de elaboração desses produtos ou serviços excederá seu valor realizável líquido, os materiais e os outros bens de consumo devem ser reduzidos ao valor realizável líquido. Em tais circunstâncias, o custo de reposição dos materiais pode ser a melhor medida disponível do seu valor realizável líquido.

33. Em cada período subsequente deve ser feita uma nova avaliação do valor realizável líquido. Quando as circunstâncias que anteriormente provocaram a redução dos estoques abaixo do custo deixarem de existir ou quando houver uma clara evidência de um aumento no valor realizável líquido devido à alteração nas circunstâncias econômicas, a quantia da redução deve ser revertida (a reversão é limitada à quantia da

redução original) de modo a que o novo montante registrado do estoque seja o menor valor entre o custo e o valor realizável líquido revisto. Isso ocorre, por exemplo, com um item de estoque registrado pelo valor realizável líquido quando o seu preço de venda tiver sido reduzido e, enquanto ainda mantido em período posterior, tiver o seu preço de venda aumentado.

Reconhecimento como despesa no resultado

34. Quando os estoques são vendidos, o custo escriturado desses itens deve ser reconhecido como despesa do período em que a respectiva receita é reconhecida. A quantia de qualquer redução dos estoques para o valor realizável líquido e todas as perdas de estoques devem ser reconhecidas como despesa do período em que a redução ou a perda ocorrerem. A quantia de toda reversão de redução de estoques, proveniente de aumento no valor realizável líquido, deve ser registrada como redução do item em que for reconhecida a despesa ou a perda, no período em que a reversão ocorrer.

Exemplo prático

Suponhamos que um lote de matérias-primas adquirido por $ 50.000 tenha como valor de reposição (valor de mercado ou valor realizável líquido),[3] no final de um período, $ 42.000.

Nesse caso, para ajustar o custo de aquisição ao valor de reposição, considerando que o custo de aquisição devidamente contabilizado não pode ser modificado (Princípio do Registro pelo Valor Original), será preciso, então, reconhecer essa perda mediante débito em conta de Despesa e crédito em conta Redutora do Ativo.

Veja como ficará o lançamento no livro Diário:

Despesas com Perdas Estimadas por Red. ao Val. Real. Líq.
a Perdas Estimadas por Redução ao Val. Real. Líq.
　　Pelo reconhecimento de perda, conf.
documentos etc. 8.000

- A conta debitada é conta do grupo das Despesas Operacionais e o seu saldo será transferido para a conta Resultado do Exercício por ocasião da apuração do resultado líquido. Com o débito nessa conta, a empresa estará reconhecendo a perda de $ 8.000 no momento em que ela foi constatada.

- A conta creditada é conta Patrimonial e figurará no Balanço como Redutora da conta Estoque de Matérias-primas, permitindo, assim, que o saldo dessa conta reflita o seu valor recuperável.

---

[3] Veja mais detalhes acerca do valor realizável líquido na Subseção 6.5.2 do Capítulo 6 deste livro.

8.4.1.3 Perdas Prováveis na Realização de Investimentos

Veja a disciplina contida na Lei n. 6.404, de 1976:

Art. 183. No balanço, os elementos do ativo serão avaliados segundo os seguintes critérios:

[...]

III – os investimentos em participação no capital social de outras sociedades, ressalvado o disposto nos arts. 248 a 250, pelo custo de aquisição, deduzido de provisão para perdas prováveis na realização do seu valor, quando essa perda estiver comprovada como permanente, e que não será modificado em razão do recebimento, sem custo para a companhia, de ações ou quotas bonificadas;

[...]

Exemplo prático

Suponhamos que a empresa A participe do capital da empresa B com um investimento de $ 50.000, correspondente a 5% do capital de B. Suponhamos, também, que a empresa B, tendo em vista a perda de mercado pelo lançamento de novos produtos por concorrentes, tem apresentado prejuízo nos últimos Balanços, não havendo perspectivas de recuperação, pelo menos no próximo exercício. Nesse caso, a empresa A deverá reconhecer uma perda contabilizando-a a débito de conta de Despesa e a crédito de conta Redutora do investimento. O montante da perda deverá ser proporcional à redução do Patrimônio Líquido de B no último exercício. Supondo ser essa redução de 20%, o valor da perda será: 20% de 50.000 = 10.000.

O lançamento no livro Diário ficará como segue:

Despesas com Perdas Prováveis na Realização de Investimentos
a Perdas Prováveis na Realização de Investimentos
*   Pelo reconhecimento de perdas prováveis, a razão*
de 20% sobre o investimento, tendo em vista situação
permanente de redução do patrimônio líquido da investidora,
conf. documentação arquivada etc...10.000

- A conta Despesas com Perdas Prováveis na Realização de Investimentos, sendo debitada, possibilita o reconhecimento da perda no Resultado do Exercício atual.

- A conta creditada, Perdas Prováveis na Realização de Investimentos, é conta Patrimonial e aparecerá no Balanço Patrimonial como Redutora da conta que registra o respectivo investimento, possibilitando que este figure no Balanço por seu valor de realização.

8.4.1.4 Provisão para Garantias de Produtos

A NBC TG 25 – PROVISÕES, PASSIVOS CONTINGENTES E ATIVOS CONTIN-GENTES, incentiva o reconhecimento de perdas com a consequente criação de provisão.

Veja o que estabelece o item 14 dessa NBC:

14. Uma provisão deve ser reconhecida quando:

a) a entidade tem uma obrigação presente (legal ou não formalizada) como resultado de evento passado;

b) seja provável que será necessária uma saída de recursos que incorporam benefícios econômicos para liquidar a obrigação; e

c) possa ser feita uma estimativa confiável do valor da obrigação.

Se essas condições não forem satisfeitas, nenhuma provisão deve ser reconhecida.

Exemplo prático

Suponhamos que uma indústria montadora de veículos, acostumada a fornecer garantias aos seus clientes no momento das vendas de seus produtos, compromete-se a reparar ou a substituir peças com defeitos que surgirem dentro de três anos a partir da data da venda. Em decorrência de experiências passadas, conclui que é provável (ou seja, mais provável que sim do que não) haver reclamações dentro da garantia.

Assim, para atender a esses prováveis gastos com as garantias, em 31 de dezembro de X1, essa empresa constituirá uma provisão para garantia de produtos no valor de $ 500.000, como segue:

Despesas com Provisão para Garantias de Produtos
a Provisão para Garantias de Produtos
*   Provisão que se constitui, tendo*
em vista garantias oferecidas por
vendas realizadas durante o exercício etc. 500.000

■ A conta debitada, representativa de despesa operacional, terá seu saldo transferido para a conta Resultado do Exercício por ocasião da apuração do resultado.

■ A conta creditada figurará no Passivo Não Circulante do Balanço, uma vez que representa provisão efetuada pelo período de três anos.

■ Essa provisão é constituída com fundamento no Princípio da Prudência, uma vez que a despesa é reconhecida no período em que ocorreram as vendas, reduzindo o Patrimônio Líquido ao mesmo tempo que a respectiva Obrigação fica devidamente reconhecida no Passivo.

■ No momento do cálculo do montante a ser provisionado, existindo incertezas (normalmente existem), deve-se optar sempre pelo maior valor estimado.

Finalmente, é importante evidenciar, conforme constava do item 2.7.1 da revogada Resolução CFC n. 774, de 1994, que, no reconhecimento de exigibilidades, o Princípio da Prudência envolve sempre o elemento incerteza em algum grau, pois, havendo certeza, cabe, simplesmente, o reconhecimento delas, segundo o Princípio da Oportunidade.

8.4.2 Limites da aplicação do Princípio da Prudência

É importante destacar que o parágrafo único do art. 10 da revogada Resolução CFC n. 750, de 1993, ressaltava a necessidade de cautela no exercício dos julgamentos necessários às estimativas em certas condições de incerteza, de modo a garantir maior confiabilidade ao processo de mensuração e apresentação dos componentes patrimoniais.

Conforme estudamos, o princípio quer evitar que o Patrimônio Líquido apresentado no Balanço seja influenciado por ativos e receitas superestimados e por Passivos e despesas subestimados.

Veja, agora, o texto contido no item 2.7.2 da extinta Resolução CFC n. 774, de 1994:

> A aplicação do Princípio da Prudência não deve levar a excessos, a situações classificáveis como manipulações do resultado, com a consequente criação de reservas ocultas. Pelo contrário, deve constituir garantia de inexistência de valores artificiais, de interesse de determinadas pessoas, especialmente administradores e controladores, aspecto muito importante nas Entidades integrantes do mercado de capitais.

 ATIVIDADES TEÓRICAS

1. Responda:
   1.1 Qual é a ideia principal do Princípio da Prudência?
   1.2 Qual é o conceito de Princípio da Prudência?
   1.3 A revogada Resolução CFC n. 750, de 1993, estabelecia que o Princípio da Prudência pressupõe o emprego de certo grau de precaução no exercício dos julgamentos necessários às estimativas em certas condições de incerteza. Por quê?
   1.4 Por que o exercício da prudência não permite a criação de reservas ocultas ou provisões excessivas, a subavaliação deliberada de ativos ou receitas e a superavaliação deliberada de passivos ou despesas?
   1.5 Em 2011, a nova edição da NBC TG Estrutura Conceitual retirou a característica prudência (conservadorismo) da condição de aspecto da representação fidedigna por ser inconsistente com a neutralidade. Por qual motivo o assunto foi mantido neste livro?
   1.6 A NBC TG 01 é uma das normas que determina a aplicação do conservadorismo. O que estabelece o item 1 dessa norma?
   1.7 Conforme estabelece a NBC TG 01, quando um ativo está registrado contabilmente por valor que excede seu valor de recuperação?

1.8 Quando o valor contábil de um ativo exceder o montante a ser recuperado pelo uso ou pela venda, ao que estará sujeito esse ativo?

1.9 Cite quatro exemplos de elementos do ativo sujeitos ao reconhecimento de perdas.

1.10 Qual é a condição necessária para que no final de um Exercício Social sejam reconhecidas perdas em elementos do Ativo?

1.11 O que significa a expressão "Ativo superestimado"?

1.12 O que significa a expressão "Passivo subavaliado?

2. Classifique as afirmativas em falsas (F) ou verdadeiras (V):

2.1 ( ) A aplicação do Princípio da Prudência resulta em maior confiabilidade ao processo de mensuração e apresentação dos componentes patrimoniais.

2.2 ( ) A NBC TG Estrutura Conceitual, em sua primeira edição aprovada pela Resolução CFC n. 1.121, de 2008, tratava do princípio da prudência considerando-o como uma das características qualitativas das informações contábeis.

2.3 ( ) Quando um ativo estiver sujeito ao reconhecimento de perdas, a empresa deverá comunicar esse fato à Receita Federal.

2.4 ( ) O Princípio da Prudência deriva da antiga convenção contábil do conservadorismo que incentiva, por medida de precaução, a atribuição do menor valor aos elementos do Ativo e do maior aos elementos do Passivo, sempre que houver alternativas igualmente válidas para a mensuração dos componentes patrimoniais.

2.5 ( ) Todo componente do patrimônio deve ser inicialmente registrado pelo seu valor original, em atendimento ao que determina o Princípio da Prudência.

2.6 ( ) Por medida de precaução, os componentes ativos poderão figurar no Balanço por valores inferiores ao valor original e nunca por valores superiores, salvo se houver permissão legal para aplicação da atualização monetária.

2.7 ( ) Ativo subestimado e passivo superestimado resulta em patrimônio líquido superestimado.

2.8 ( ) A prática de reduzir o valor de custo dos estoques (*write down*) para o valor realizável líquido é consistente com o ponto de vista de que os ativos não devem ser escriturados por quantias superiores àquelas que se espera que sejam realizadas com a sua venda ou uso.

2.9 ( ) Os estoques devem ser geralmente reduzidos para o seu valor realizável líquido item a item, sendo vedada a apropriação agrupada de unidades semelhantes ou relacionadas.

2.10 ( ) Segundo a NBC TG 16, as estimativas do valor realizável líquido devem ser baseadas nas evidências mais confiáveis disponíveis no momento em que são feitas as estimativas do valor dos estoques que se espera realizar.

2.11 ( ) Segundo a NBC TG 16, quando os estoques são vendidos, o custo escriturado desses itens deve ser reconhecido como despesa do período em que a respectiva receita é reconhecida.

2.12 ( ) A conta Perdas Estimadas em Créditos de Liquidação Duvidosa é conta patrimonial redutora do ativo.

2.13 ( ) Segundo o inciso III do art. 186 da Lei n. 6.404, de 1976, os investimentos em bens de uso devem ser atualizados ao valor provável de realização pela aplicação do teste de recuperabilidade.

2.14 ( ) Conforme estabelecia a revogada Resolução CFC n. 750, de 1993, há necessidade de cautela no exercício dos julgamentos necessários às estimativas em certas condições de incerteza, para garantir maior confiabilidade ao processo de mensuração e apresentação dos componentes patrimoniais.

3. Escolha a alternativa correta:

3.1 O exercício da prudência deve ser incentivado para que as demonstrações contábeis sejam:
a) neutras;
b) confiáveis;
c) as alternativas "a" e "b" estão erradas;
d) as alternativas "a" e "b" estão corretas.

3.2 Para evitar que no Balanço Patrimonial levantado no final do exercício social constem elementos ativos informados por valores superiores aos valores capazes de gerar fluxos de caixa futuros, o procedimento a ser adotado para ajustar os saldos das contas envolvidas será:
a) Nenhum procedimento será tomado.
b) Reverter as perdas como receitas.
c) Reconhecer perdas.
d) N.D.A.

3.3 O reconhecimento de perdas normalmente ocorre:
a) quando o bem ou direito ingressa no patrimônio;
b) quando o bem é vendido;
c) no momento da apuração dos resultados e elaboração das demonstrações contábeis;
d) todas estão corretas.

3.4 O valor original dos componentes patrimoniais deve ser ajustado ao longo do tempo. As bases de mensuração adequadas são:
a) custo corrente e valor realizável;
b) custo corrente, valor realizável e valor presente;
c) custo corrente, valor realizável, valor presente e valor justo;
d) custo corrente, valor realizável, valor presente, valor justo e valor contábil.

3.5 A essência do Princípio da Prudência está no fato de que as informações apresentadas nas Demonstrações Contábeis, em especial no Balanço Patrimonial, não resultem em Patrimônio Líquido:
a) subestimado;
b) inferior ao real;
c) superestimado;
d) N.D.A.

3.6 Conforme as Normas Internacionais de Contabilidade IFRS, a empresa poderá reconhecer perda em ativo financeiro quando:
a) o proprietário da empresa desejar;
b) existir evidência objetiva de que esse ativo financeiro está sujeito a perda;
c) houver hiperinflação;
d) todas estão corretas.

3.7 Justifica o reconhecimento de perdas em Duplicatas a Receber:

a) significativa dificuldade financeira do cliente;

b) quebra de contrato, tal como o descumprimento ou atraso nos pagamentos de juros ou de capital;

c) falência;

d) todas estão corretas.

3.8 Débito na conta Despesas com Perdas Estimadas em Créditos de Liquidação Duvidosa e crédito na conta Perdas Estimadas em Créditos de Liquidação Duvidosa registra:

a) reversão de perdas;

b) reconhecimento de receitas;

c) reconhecimento de perdas em estoques;

d) N.D.A.

3.9 Débito na conta Despesas com Perdas Estimadas por Redução ao Valor Realizável Líquido e crédito na conta Perdas Estimadas por Redução ao Valor Realizável Líquido caracteriza:

a) reconhecimento de perdas em estoques;

b) reconhecimento de perdas em direitos da empresa;

c) reconhecimento de perdas em bens de uso;

d) todas estão corretas.

3.10 A NBC TG 25 incentiva o reconhecimento de perdas com a consequente criação de provisões para perdas, como é o caso da Provisão para Garantias de Produtos. Segundo essa norma, a provisão só pode ser reconhecida quando:

a) a entidade tem uma obrigação presente (legal ou não formalizada) como resultado de evento passado;

b) é provável que haja uma saída de recursos que incorporam benefícios econômicos para liquidar a obrigação;

c) possa ser feita uma estimativa confiável do valor da obrigação;

d) as condições contidas nas letras "a" e "c" forem satisfeitas.

9 Características qualitativas da informação contábil-financeira útil

9.1 Conceito

As características qualitativas da informação contábil-financeira útil, da mesma forma que os Princípios de Contabilidade, são padrões que devem ser adotados por todos os contabilistas para que haja uniformização nos registros contábeis, bem como nas informações apresentadas nas Demonstrações Contábeis elaboradas pelas entidades em geral. É importante destacar que as características qualitativas são os atributos que tornam as demonstrações contábeis úteis para os usuários.

Esse assunto é tratado no Capítulo 3 da NBC TG Estrutura Conceitual – Estrutura Conceitual para Elaboração e Divulgação de Relatório Contábil – Financeiro, aprovada pela Resolução CFC n. 1.374, de 2011, apresentada, na íntegra, nos Anexos do presente livro.

Dada a importância que o conhecimento e a aplicação desses conceitos exercem no desempenho da profissão contábil, especialmente para que as informações apresentadas nas demonstrações contábeis sejam úteis, decidimos segregá-los da NBC TG Estrutura Conceitual e apresentá-los neste capítulo.

Para facilitar ainda mais os estudos e a localização dos conceitos tratados no citado Capítulo 3 da NBC TG, transcrevemos com algumas adaptações os assuntos devidamente codificados como os constantes dos demais capítulos deste livro, sem, no entanto, abandonar as codificações originais da NBC de onde foram extraídos.

As características qualitativas da informação contábil-financeira útil estão divididas em dois grupos:

a. características qualitativas fundamentais: dividem-se em relevância e fidedignidade.

b. características qualitativas de melhoria: dividem-se em comparabilidade, verificabilidade, tempestividade e compreensibilidade.

Veja na sequência as informações contidas nos itens QC1 a QC3 da introdução da NBC TG Estrutura Conceitual.[1]

QC1. As características qualitativas da informação contábil-financeira útil, discutidas neste capítulo, identificam os tipos de informação que muito provavelmente são reputadas como as mais úteis para investidores, credores por empréstimos e outros credores, existentes e em potencial, para tomada de decisões acerca da entidade que reporta com base na informação contida nos seus relatórios contábil-financeiros (informação contábil-financeira).

QC2. Os relatórios contábil-financeiros fornecem informação sobre os recursos econômicos da entidade que reporta a informação, sobre reivindicações contra a entidade que reporta a informação e os efeitos de transações e outros eventos e condições que modificam esses recursos e reivindicações. (Essa informação é referenciada na Estrutura Conceitual como sendo uma informação sobre o fenômeno econômico). Alguns relatórios contábil-financeiros também incluem material explicativo sobre as expectativas da administração e sobre as estratégias para a entidade que reporta a informação, bem como outros tipos de informação sobre o futuro (*forward--looking information*).

QC3. As características qualitativas da informação contábil-financeira útil (1) devem ser aplicadas à informação contábil-financeira fornecida pelas demonstrações contábeis, assim como à informação contábil-financeira fornecida por outros meios. O custo de gerar a informação, que é uma restrição sempre presente na entidade no processo de fornecer informação contábil-financeira útil, deve ser observado similarmente. No entanto, as considerações a serem tecidas quando da aplicação das características qualitativas e da restrição do custo podem ser diferentes para diferentes tipos de informação. Por exemplo, aplicá-las à informação sobre o futuro (*forward-looking information*) pode ser diferente de aplicá-las à informação sobre recursos econômicos e reivindicações existentes e sobre mudanças nesses recursos e reivindicações.

---

[1] Informa a NBC TG em estudo que, ao longo de toda a Estrutura Conceitual, os termos características qualitativas e restrição irão se referir a características qualitativas da informação contábil-financeira útil e à restrição da informação contábil-financeira útil.

9.2 Características qualitativas da informação contábil-financeira útil

Como vimos, as características qualitativas são os atributos que tornam as demonstrações contábeis úteis para os usuários.

QC4. Se a informação contábil-financeira é para ser útil, ela precisa ser relevante e representar com fidedignidade o que se propõe a representar. A utilidade da informação contábil-financeira é melhorada se ela for comparável, verificável, tempestiva e compreensível.

9.3 Características qualitativas fundamentais

QC5. As características qualitativas fundamentais são relevância e representação fidedigna.

9.3.1 Relevância

QC6. Informação contábil-financeira relevante é aquela capaz de fazer diferença nas decisões que possam ser tomadas pelos usuários. A informação pode ser capaz de fazer diferença em uma decisão mesmo no caso de alguns usuários decidirem não a levar em consideração, ou já tiver tomado ciência de sua existência por outras fontes.

QC7. A informação contábil-financeira é capaz de fazer diferença nas decisões se tiver valor preditivo, valor confirmatório ou ambos.

QC8. A informação contábil-financeira tem valor preditivo se puder ser utilizada como dado de entrada em processos empregados pelos usuários para predizer futuros resultados. A informação contábil-financeira não precisa ser uma predição ou uma projeção para que possua valor preditivo. A informação contábil-financeira com valor preditivo é empregada pelos usuários ao fazerem suas próprias predições.

QC9. A informação contábil-financeira tem valor confirmatório se retro-alimentar – servir de *feedback* – avaliações prévias (confirmá-las ou alterá-las).

QC10. O valor preditivo e o valor confirmatório da informação contábil-financeira estão inter-relacionados. A informação que tem valor preditivo muitas vezes também tem valor confirmatório. Por exemplo, a informação sobre receita para o ano corrente, a qual pode ser utilizada como base para predizer receitas para anos futuros, também pode ser comparada com predições de receita para o ano corrente que foram feitas nos anos anteriores. Os resultados dessas comparações podem auxiliar os usuários a corrigirem e a melhorarem os processos que foram utilizados para fazer tais predições.

9.3.2 Materialidade

QC11. A informação é material se a sua omissão ou sua divulgação distorcida (*misstating*) puder influenciar decisões que os usuários tomam com base na informação contábil-financeira acerca de entidade específica que reporta a informação. Em outras palavras, a materialidade é um aspecto de relevância específico da entidade baseado na natureza ou na magnitude, ou em ambos, dos itens para os quais a informação está relacionada no contexto do relatório contábil-financeiro de uma entidade em particular. Consequentemente, não se pode especificar um limite quantitativo uniforme para materialidade ou predeterminar o que seria julgado material para uma situação particular.

9.3.3 Representação fidedigna

QC12. Os relatórios contábil-financeiros representam um fenômeno econômico em palavras e números. Para ser útil, a informação contábil-financeira não tem só que representar um fenômeno relevante, mas tem também que representar com fidedignidade o fenômeno que se propõe representar. Para ser representação perfeitamente fidedigna, a realidade retratada precisa ter três atributos. Ela tem que ser completa, neutra e livre de erro. É claro, a perfeição é rara, se de fato alcançável. O objetivo é maximizar referidos atributos na extensão que seja possível.

QC13. O retrato da realidade econômica completo deve incluir toda a informação necessária para que o usuário compreenda o fenômeno sendo retratado, incluindo todas as descrições e explicações necessárias. Por exemplo, um retrato completo de um grupo de ativos incluiria, no mínimo, a descrição da natureza dos ativos que compõem o grupo, o retrato numérico de todos os ativos que compõem o grupo, e a descrição acerca do que o retrato numérico representa (por exemplo, custo histórico original, custo histórico ajustado ou valor justo). Para alguns itens, um retrato completo pode considerar ainda explicações de fatos significativos sobre a qualidade e a natureza desses itens, fatos e circunstâncias que podem afetar a qualidade e a natureza deles, e os processos utilizados para determinar os números retratados.

QC14. Um retrato neutro da realidade econômica é desprovido de viés na seleção ou na apresentação da informação contábil-financeira. Um retrato neutro não deve ser distorcido com contornos que possa receber dando a ele maior ou menor peso, ênfase maior ou menor, ou qualquer outro tipo de manipulação que aumente a probabilidade de a informação contábil-financeira ser recebida pelos seus usuários de modo favorável ou desfavorável. Informação neutra não significa informação sem propósito ou sem influência no comportamento dos usuários. A bem da verdade, informação contábil-financeira relevante, por definição, é aquela capaz de fazer diferença nas decisões tomadas pelos usuários.

QC15. Representação fidedigna não significa exatidão em todos os aspectos. Um retrato da realidade econômica livre de erros significa que não há erros ou omissões no fenômeno retratado, e que o processo utilizado, para produzir a informação reportada, foi selecionado e foi aplicado livre de erros. Nesse sentido, um retrato da realidade econômica livre de erros não significa algo perfeitamente exato em todos os aspectos. Por exemplo, a estimativa de preço ou valor não observável não pode ser qualificada como sendo algo exato ou inexato. Entretanto, a representação dessa estimativa pode ser considerada fidedigna se o montante for descrito claramente e precisamente como sendo uma estimativa, se a natureza e as limitações do processo forem devidamente reveladas, e nenhum erro tiver sido cometido na seleção e aplicação do processo apropriado para desenvolvimento da estimativa.

QC16. Representação fidedigna, por si só, não resulta necessariamente em informação útil. Por exemplo, a entidade que reporta a informação pode receber um item do imobilizado por meio de subvenção governamental. Obviamente, a entidade ao reportar que adquiriu um ativo sem custo retrataria com fidedignidade o custo desse ativo, porém essa informação provavelmente não seria muito útil. Outro exemplo mais sutil seria a estimativa do montante por meio do qual o valor contábil do ativo seria ajustado para refletir a perda por desvalorização no seu valor (*impairment loss*). Essa estimativa pode ser uma representação fidedigna se a entidade que reporta a informação tiver aplicado com propriedade o processo apropriado, tiver descrito com propriedade a estimativa e tiver revelado quaisquer incertezas que afetam significativamente a estimativa. Entretanto, se o nível de incerteza de referida estimativa for suficientemente alto, a estimativa não será particularmente útil. Em outras palavras, a relevância do ativo que está sendo representado com fidedignidade será questionável. Se não existir outra alternativa para retratar a realidade econômica que seja mais fidedigna, a estimativa nesse caso deve ser considerada a melhor informação disponível.

9.3.4 Aplicação das características qualitativas fundamentais

QC17. A informação precisa concomitantemente ser relevante e representar com fidedignidade a realidade reportada para ser útil. Nem a representação fidedigna de fenômeno irrelevante, tampouco a representação não fidedigna de fenômeno relevante, auxiliam os usuários a tomarem boas decisões.

QC18. O processo mais eficiente e mais efetivo para aplicação das características qualitativas fundamentais usualmente seria o que segue (sujeito aos efeitos das características de melhoria e à restrição do custo, que não são considerados neste exemplo). Primeiro, identificar o fenômeno econômico que tenha o potencial de ser útil para os usuários da informação contábil-financeira reportada pela entidade. Segundo, identificar o tipo de informação sobre o fenômeno que seria mais relevante se estivesse disponível e que poderia ser representado com fidedignidade. Terceiro, determinar se a informação está disponível e pode ser representada com fidedignidade. Dessa forma, o processo de satisfazer as características qualitativas fundamentais chega ao seu fim. Caso contrário, o processo deve ser repetido a partir do próximo tipo de informação mais relevante.

9.4 Características qualitativas de melhoria

QC19. Comparabilidade, verificabilidade, tempestividade e compreensibilidade são características qualitativas que melhoram a utilidade da informação que é relevante e que é representada com fidedignidade. As características qualitativas de melhoria podem também auxiliar a determinar qual de duas alternativas que sejam consideradas equivalentes em termos de relevância e fidedignidade de representação deve ser usada para retratar um fenômeno.

9.4.1 Comparabilidade

QC20. As decisões de usuários implicam escolhas entre alternativas, como, por exemplo, vender ou manter um investimento, ou investir em uma entidade ou noutra. Consequentemente, a informação acerca da entidade que reporta informação será mais útil caso possa ser comparada com informação similar sobre outras entidades e com informação similar sobre a mesma entidade para outro período ou para outra data.

QC21. Comparabilidade é a característica qualitativa que permite que os usuários identifiquem e compreendam similaridades dos itens e diferenças entre eles. Diferentemente de outras características qualitativas, a comparabilidade não está relacionada com um único item. A comparação requer no mínimo dois itens.

QC22. Consistência, embora esteja relacionada com a comparabilidade, não significa o mesmo. Consistência refere-se ao uso dos mesmos métodos para os mesmos itens, tanto de um período para outro considerando a mesma entidade que reporta a informação, quanto para um único período entre entidades. Comparabilidade é o objetivo; a consistência auxilia a alcançar esse objetivo.

- ■ Consistência ou uniformidade – para possibilitar a comparabilidade dos dados informados nas demonstrações contábeis de períodos diferentes, as mudanças de critérios na escrituração são permitidas apenas em casos especiais e devem ser evitadas. Um exemplo de quebra de consistência nos registros contábeis ocorreu com o advento da Lei n. 11.638, de 2007, que ajustou os procedimentos contábeis praticados no Brasil aos padrões internacionais de contabilidade. Naquela oportunidade, a quebra da consistência nos registros contábeis de todas as entidades brasileiras foi necessária. Em casos esporádicos, havendo mudanças de critérios contábeis, eles devem ser informados em notas explicativas para que o fato seja considerado nas análises efetuadas pelos usuários das informações contábeis.

QC23. Comparabilidade não significa uniformidade. Para que a informação seja comparável, coisas iguais precisam parecer iguais e coisas diferentes precisam parecer diferentes. A comparabilidade da informação contábil-financeira não é aprimorada ao se fazer com que coisas diferentes pareçam iguais ou ainda ao se fazer coisas iguais parecerem diferentes.

QC24. Algum grau de comparabilidade é possivelmente obtido por meio da satisfação das características qualitativas fundamentais. A representação fidedigna de fenômeno econômico relevante deve possuir naturalmente algum grau de comparabilidade com a representação fidedigna de fenômeno econômico relevante similar de outra entidade que reporta a informação.

QC25. Muito embora um fenômeno econômico singular possa ser representado com fidedignidade de múltiplas formas, a discricionariedade na escolha de métodos contábeis alternativos para o mesmo fenômeno econômico diminui a comparabilidade.

9.4.2 Verificabilidade

QC26. A verificabilidade ajuda a assegurar aos usuários que a informação representa fidedignamente o fenômeno econômico que se propõe representar. A verificabilidade significa que diferentes observadores, cônscios e independentes, podem chegar a um consenso, embora não cheguem necessariamente a um completo acordo, quanto ao retrato de uma realidade econômica em particular ser uma representação fidedigna. Informação quantificável não necessita ser um único ponto estimado para ser verificável. Uma faixa de possíveis montantes com suas probabilidades respectivas pode também ser verificável.

QC27. A verificação pode ser direta ou indireta. Verificação direta significa verificar um montante ou outra representação por meio de observação direta, como, por exemplo, por meio da contagem de caixa. Verificação indireta significa checar os dados de entrada do modelo, fórmula ou outra técnica e recalcular os resultados obtidos por meio da aplicação da mesma metodologia. Um exemplo é a verificação do valor contábil dos estoques por meio da checagem dos dados de entrada (quantidades e custos) e por meio do recálculo do saldo final dos estoques utilizando a mesma premissa adotada no fluxo do custo (por exemplo, utilizando o método PEPS).

QC28. Pode não ser possível verificar algumas explicações e alguma informação contábil-financeira sobre o futuro (*forward-looking information*) até que o período futuro seja totalmente alcançado. Para ajudar os usuários a decidir se desejam usar dita informação, é normalmente necessário divulgar as premissas subjacentes, os métodos de obtenção da informação e outros fatores e circunstâncias que suportam a informação.

9.4.3 Tempestividade

QC29. Tempestividade significa ter informação disponível para tomadores de decisão a tempo de poder influenciá-los em suas decisões. Em geral, a informação mais antiga é a que tem menos utilidade. Contudo, certa informação pode ter o seu atributo tempestividade prolongado após o encerramento do período contábil, em decorrência de alguns usuários, por exemplo, necessitarem identificar e avaliar tendências.

9.4.4 Compreensibilidade

QC30. Classificar, caracterizar e apresentar a informação com clareza e concisão torna-a compreensível.

QC31. Certos fenômenos são inerentemente complexos e não podem ser facilmente compreendidos. A exclusão de informações sobre esses fenômenos dos relatórios contábil-financeiros pode tornar a informação constante em referidos relatórios mais facilmente compreendida. Contudo, referidos relatórios seriam considerados incompletos e potencialmente distorcidos (*misleading*).

QC32. Relatórios contábil-financeiros são elaborados para usuários que têm conhecimento razoável de negócios e de atividades econômicas e que revisem e analisem a informação diligentemente. Por vezes, mesmo os usuários bem informados e diligentes podem sentir a necessidade de procurar ajuda de consultor para compreensão da informação sobre um fenômeno econômico complexo.

9.4.5 Aplicação das características qualitativas de melhoria

QC33. Características qualitativas de melhoria devem ser maximizadas na extensão possível. Entretanto, as características qualitativas de melhoria, quer sejam individualmente ou em grupo, não podem tornar a informação útil se dita informação for irrelevante ou não for representação fidedigna.

QC34. A aplicação das características qualitativas de melhoria é um processo iterativo que não segue uma ordem preestabelecida. Algumas vezes, uma característica qualitativa de melhoria pode ter que ser diminuída para maximização de outra característica qualitativa. Por exemplo, a redução temporária na comparabilidade como resultado da aplicação prospectiva de uma nova norma contábil-financeira pode ser vantajosa para o aprimoramento da relevância ou da representação fidedigna no longo prazo. Divulgações apropriadas podem parcialmente compensar a não comparabilidade.

9.5 Restrição de custo na elaboração e divulgação da informação contábil-financeira útil

QC35. O custo de gerar a informação é uma restrição sempre presente na entidade no processo de elaboração e divulgação de relatório contábil-financeiro. O processo de elaboração e divulgação de relatório contábil-financeiro impõe custos, sendo importante que ditos custos sejam justificados pelos benefícios gerados pela divulgação da informação. Existem variados tipos de custos e benefícios a considerar.

QC36. Fornecedores de informação contábil-financeira envidam grande parte de seus esforços na coleta, no processamento, na verificação e na disseminação de informação contábil-financeira, mas os usuários em última instância pagam por esses custos na forma de retornos reduzidos. Usuários de informação contábil-financeira também incorrem em custos de análise e interpretação de informação fornecida. Se a informação demandada não é fornecida, os usuários incorrem em custos adicionais de obtenção da informação por meio de outras fontes ou por meio de sua estimativa.

QC37. A elaboração e divulgação de relatório contábil-financeiro que seja relevante e que represente com fidedignidade o que se propõe representar auxilia os usuários a tomarem decisões com grau de confiança maior. Isso resulta em funcionamento mais eficiente dos mercados de capitais e em custo menor de capital para a economia como um todo. O investidor individual, o credor por empréstimo ou outro credor também se beneficiam desse processo por meio de decisões assentadas na melhor informação. Entretanto, não é possível para relatórios contábil-financeiros de propósito geral fornecer toda e qualquer informação que todo usuário repute ser relevante.

QC38. Na aplicação da restrição do custo, avalia-se se os benefícios proporcionados pela elaboração e divulgação de informação em particular são provavelmente justificados pelos custos incorridos para fornecimento e uso dessa informação. Quando da aplicação da restrição do custo no desenvolvimento do padrão proposto de elaboração e divulgação, o órgão normatizador deve procurar se informar junto aos fornecedores da informação, usuários, auditores independentes, acadêmicos e outros agentes sobre a natureza e quantidade esperada de benefícios e custos desse padrão. Em grande parte dos casos, as avaliações são baseadas na combinação de informação quantitativa e qualitativa.

QC39. Em função da subjetividade inerente ao processo, as avaliações de diferentes indivíduos acerca dos custos e benefícios da elaboração e divulgação de itens particulares de informação contábil-financeira devem variar. Dessa forma, o órgão normatizador deve procurar tomar por base os custos e benefícios com relação à elaboração e à divulgação de modo geral, e não somente em relação a entidades individuais que reportam a informação. Isso não quer dizer que as avaliações de custos e benefícios sempre são justificadas pelas mesmas exigências de divulgação para todas as entidades. Diferenças podem ser apropriadas em decorrência dos tamanhos variados das entidades, das diferentes formas de captação de capital (publicamente ou privadamente), das diferentes necessidades de usuários ou de outros fatores.

ATIVIDADES TEÓRICAS

1. Responda:

1.1   O que são características qualitativas da informação contábil-financeira útil?

1.2   Quantos e quais sãos os grupos em que se dividem as características qualitativas da informação contábil-financeira útil?

1.3   Como se dividem as características qualitativas fundamentais?

1.4   Como se dividem as características qualitativas de melhoria?

1.5   De acordo com a NBC TG Estrutura Conceitual, quais são os usuários das informações contábeis beneficiados pela aplicação das características qualitativas da informação contábil-financeira útil?

1.6   O que é uma relação contábil-financeira relevante?

1.7   O que é necessário para que uma informação contábil-financeira tenha valor creditivo?

1.8   Segundo a NBC TG Estrutura Conceitual, o que é preciso para que uma informação seja considerada material?

1.9   A NBC TG Estrutura Conceitual requer que as informações contábeis-financeiras sejam perfeitas para que sejam úteis. Essa afirmação está correta? Explique.

1.10   O que significa um retrato da realidade econômica livre de erros?

1.11   O que significa a característica da comparabilidade?

1.12   Cite cinco características qualitativas da informação contábil-útil.

1.13   Qual é a diferença entre consistência e comparabilidade?

1.14   Por que é correto afirmar que a Lei n. 12.638, de 2007, prejudicou a comparabilidade das demonstrações contábeis das entidades em geral?

1.15   O que significa "verificabilidade"?

1.16   O que significa "verificação direta"?

1.17   Do que se trata a característica qualitativa da tempestividade?

2. Classifique as afirmativas em falsas (F) ou verdadeiras (V):

2.1   ( ) As características qualitativas são os atributos que tornam as demonstrações contábeis úteis para os usuários.

2.2   ( ) Segundo a NBC TG Estrutura Conceitual, o custo de gerar a informação é uma restrição sempre presente na entidade no processo de fornecer informação contábil-financeira útil.

2.3   ( ) A informação contábil-financeira precisa ser uma predição ou uma projeção para que possua valor preditivo.

2.4   ( ) O valor preditivo e o valor confirmatório da informação contábil-financeira não estão inter-relacionados.

2.5   ( ) A informação que tem valor preditivo muitas vezes também tem valor confirmatório.

2.6   ( ) A materialidade é um aspecto de relevância específico da entidade, baseado na natureza ou na magnitude, ou em ambos, dos itens para os quais a informação está relacionada no contexto do relatório contábil-financeiro de uma entidade em particular.

2.7 ( ) A materialidade pode ser determinada adotando-se um padrão quantitativo usado uniformemente em qualquer situação, ainda que não envolva valores.

2.8 ( ) Para ser útil, a informação contábil-financeira tem que representar um fenômeno relevante.

2.9 ( ) Para ser útil, a informação contábil-financeira não tem só que representar um fenômeno relevante, mas tem também que representar com fidedignidade o fenômeno que se propõe representar.

2.10 ( ) Informação neutra não significa informação sem propósito ou sem influência no comportamento dos usuários.

2.11 ( ) Informação contábil-financeira relevante, por definição, é aquela capaz de fazer a diferença nas decisões tomadas pelos usuários.

2.12 ( ) Representação fidedigna significa exatidão em todos os aspectos.

2.13 ( ) Representação fidedigna não significa exatidão em todos os aspectos.

2.14 ( ) Um retrato da realidade econômica livre de erros significa algo perfeitamente exato em todos os aspectos.

2.15 ( ) A NBC TG afirma que nem a representação fidedigna de fenômeno irrelevante, tampouco a representação não fidedigna de fenômeno relevante, auxiliam os usuários a tomarem boas decisões.

2.16 ( ) A comparabilidade está relacionada com, no mínimo, dois itens.

2.17 ( ) A consistência prejudica a comparabilidade dos dados informados nas demonstrações contábeis, motivo pelo qual nunca pode ser quebrada.

2.18 ( ) Comparabilidade não significa uniformidade. Para que a informação seja comparável, coisas iguais precisam parecer iguais e coisas diferentes precisam parecer diferentes.

2.19 ( ) A comparabilidade da informação contábil-financeira é aprimorada ao fazer com que coisas diferentes pareçam iguais ou ainda ao fazer coisas iguais parecerem diferentes.

2.20 ( ) A verificabilidade ajuda a assegurar aos usuários que a informação representa fidedignamente o fenômeno econômico a que se propõe representar.

2.21 ( ) Com relação à característica qualitativa da tempestividade, é correto afirmar que, em geral, a informação mais antiga é a que tem mais utilidade.

2.22 ( ) A norma contábil estabelece que relatórios contábil-financeiros são elaborados para usuários que têm conhecimento razoável de negócios e de atividades econômicas e que revisem e analisem a informação diligentemente. Por esse motivo, não se admite que esses usuários contratem consultoria para melhor entender tais relatórios.

2.23 ( ) Segundo a norma contábil, características qualitativas de melhoria devem ser maximizadas na extensão possível. Entretanto, as características qualitativas de melhoria, quer sejam individualmente ou em grupo, não podem tornar a informação útil, se irrelevante ou não fidedigna.

3. Escolha a alternativa correta:

3.1 Os relatórios contábil-financeiros fornecem informação sobre:

    a) os recursos econômicos da entidade que reporta a informação;

    b) reivindicações contra a entidade que reporta a informação;

    c) efeitos de transações e outros eventos e condições que modificam esses recursos e reivindicações;

    d) todas estão corretas.

3.2 Se a informação contábil-financeira deve ser útil, ela precisa ser:
a) relevante e objetiva;
b) relevante e deve representar com fidedignidade o que se propõe a representar;
c) recorrente e deve representar com facilidade o que se propõe a representar;
d) todas estão corretas.

3.3 A utilidade da informação contábil-financeira é melhorada se for:
a) comparável e verificável;
b) verificável e compreensível;
c) tempestiva e compreensível;
d) comparável, verificável, tempestiva e compreensível.

3.4 A informação contábil-financeira é capaz de fazer diferença nas decisões se tiver:
a) valor preditivo;
b) valor confirmatório;
c) valor creditivo e valor confirmatório ao mesmo tempo;
d) todas estão corretas.

3.5 A informação contábil-financeira tem valor confirmatório se:
a) retroalimentar avaliações posteriores (permitindo confirmá-las ou alterá-las);
b) retroalimentar avaliações prévias, independentemente da possibilidade de confirmá-las ou alterá-las;
c) retroalimentar avaliações prévias (permitindo confirmá-las ou alterá-las);
d) N.D.A.

3.6 Segundo a NBC TG Estrutura Conceitual, a materialidade é um aspecto de:
a) Relevância.
b) Tempestividade.
c) Compreensibilidade.
d) N.D.A.

3.7 É correto afirmar que os relatórios contábil-financeiros representam:
a) um fenômeno econômico em palavras e números;
b) um fenômeno econômico;
c) um fenômeno econômico em números;
d) N.D.A.

3.8 Para ser uma representação perfeitamente fidedigna, a realidade retratada precisa dos seguintes atributos:
a) completa e neutra;
b) neutra e livre de erro;
c) completa, corrente e justa;
d) completa, neutra e livre de erro.

3.9 Comparabilidade, verificabilidade, tempestividade e compreensibilidade são características qualitativas que melhoram a utilidade:
a) de qualquer informação contábil;
b) das informações econômicas apresentadas na DRE (DRP);
c) da informação que é relevante;
d) da informação que é relevante e que é representada com fidedignidade.

3.10 A verificação pode ser:

a) direta;

b) periódica;

c) indireta;

d) as alternativas "a" e "c" estão corretas.

3.11 Classificar, caracterizar e apresentar a informação com clareza e concisão torna-a:

a) comparável;

b) tempestiva;

c) compreensível;

d) N.D.A.

3.12 O processo de elaboração e divulgação de relatório contábil-financeiro impõe custos justificados:

a) pelos benefícios gerados pela divulgação da informação;

b) pelos resultados financeiros gerados pela divulgação da informação;

c) pelos benefícios gerados pela descontinuidade da informação;

d) todas estão corretas.

Anexo I

RESOLUÇÃO CFC n. 1.374, de 2011

Dá nova redação à NBC TG ESTRUTURA CONCEITUAL – Estrutura Conceitual para Elaboração e Divulgação de Relatório Contábil-Financeiro.

O **CONSELHO FEDERAL DE CONTABILIDADE**, no exercício de suas atribuições legais e regimentais e com fundamento no disposto na alínea "f" do art. 6º do Decreto-Lei n. 9.295, de 1946, alterado pela Lei n. 12.249, de 2010,

RESOLVE:

Art. 1º Dar nova redação à NBC TG ESTRUTURA CONCEITUAL – Estrutura Conceitual para Elaboração e Divulgação de Relatório Contábil-Financeiro, tendo em vista a edição do Pronunciamento Conceitual Básico (R1) pelo Comitê de Pronunciamentos Contábeis (CPC) que tem por base The Conceptual Framework for Financial Reporting (IASB – BV 2011 Blue Book).

Art. 2º Revogar a Resolução CFC n. 1.121, de 2008, publicada no D.O.U., Seção I, de 1/4/2008.

Art. 3º Esta Resolução entra em vigor na data de sua publicação, aplicando-se aos exercícios iniciados a partir de 1º de janeiro de 2011.

Brasília, 8 de dezembro de 2011.

Contador **Juarez Domingues Carneiro**
Presidente

Ata CFC n. 959

NORMAS BRASILEIRAS DE CONTABILIDADE
NBC TG ESTRUTURA CONCEITUAL – ESTRUTURA CONCEITUAL PARA ELABORAÇÃO E DIVULGAÇÃO DE RELATÓRIO CONTÁBIL-FINANCEIRO

Índice   Item
Prefácio
Introdução
Finalidade e *status*
Alcance

CAPÍTULOS

Prefácio

O International Accounting Standards Board (IASB) está em pleno processo de atualização de sua Estrutura Conceitual. O projeto dessa Estrutura Conceitual está sendo conduzido em fases.

À medida que um capítulo é finalizado, itens da Estrutura Conceitual para Elaboração e Apresentação das Demonstrações Contábeis, que foi emitida em 1989, vão sendo substituídos. Quando o projeto da Estrutura Conceitual for finalizado, o IASB terá um único documento, completo e abrangente, denominado *Estrutura Conceitual para Elaboração e Divulgação de Relatório Contábil-Financeiro* (*The Conceptual Framework for Financial Reporting*).

Esta versão da Estrutura Conceitual inclui dois capítulos que o IASB aprovou como resultado da primeira fase do projeto da Estrutura, o Capítulo 1 – *Objetivo da elaboração e divulgação de relatório contábil-financeiro de propósito geral* e o Capítulo 3 – *Características qualitativas da informação contábil-financeira útil*. O Capítulo 2 tratará do conceito relativo à entidade que divulga a informação. O Capítulo 4 contém o texto remanescente da antiga Estrutura Conceitual. A tabela de equivalência, ao término desta publicação, evidencia a correspondência entre os conteúdos do documento *Estrutura Conceitual para Elaboração e Apresentação das Demonstrações Contábeis* e a atual *Estrutura Conceitual para Elaboração e Divulgação de Relatório Contábil-Financeiro*.

O CFC adenda a este Prefácio as seguintes observações:

As modificações introduzidas nesta Estrutura Conceitual por meio dos Capítulos 1 e 3 foram elaboradas conjuntamente pelo IASB e pelo FASB (*US Financial Accounting Standards Board*).

No Capítulo 1, o CFC chama a atenção para os seguintes tópicos que estão salientados nas Bases para Conclusões emitidas pelos IASB e FASB para justificarem as modificações e emitirem esta nova versão da Estrutura Conceitual:

a) posicionamento mais claro de que as informações contidas nos relatórios contábil-
   -financeiros se destinam primariamente aos seguintes usuários externos: investidores, financiadores e outros credores, sem hierarquia de prioridade;

b) não foram aceitas as sugestões enviadas durante a audiência pública, feita por aqueles órgãos, no sentido de que caberia, na Estrutura Conceitual, com o objetivo da denominada "manutenção da estabilidade econômica", a possibilidade de postergação de informações sobre certas alterações nos ativos ou nos passivos. Pelo contrário, ficou firmada a posição de que prover prontamente informação fidedigna e relevante pode melhorar a confiança do usuário e assim contribuir para a promoção da estabilidade econômica.

No Capítulo 3, as principais mudanças também salientadas nas Bases para Conclusões foram as seguintes:

Divisão das características qualitativas da informação contábil-financeira em:

a) características qualitativas fundamentais (*fundamental qualitative characteristics – relevância* e *representação fidedigna*), as mais críticas; e

b) características qualitativas de melhoria (*enhancing qualitative characteristics – comparabilidade, verificabilidade, tempestividade e compreensibilidade*), menos críticas, mas ainda assim altamente desejáveis.

A característica qualitativa *confiabilidade* foi redenominada de *representação fidedigna*; as justificativas constam das Bases para Conclusões.

A característica *essência sobre a forma* foi formalmente retirada da condição de componente separado da *representação fidedigna*, por ser considerado isso uma redundância. A representação pela forma legal que difira da substância econômica não pode resultar em *representação fidedigna*, conforme citam as Bases para Conclusões. Assim, *essência sobre a forma* continua, na realidade, bandeira insubstituível nas normas do IASB.

A característica *prudência (conservadorismo)* foi também retirada da condição de aspecto da representação fidedigna por ser inconsistente com a *neutralidade*. Subavaliações de ativos e superavaliações de passivos, segundo os *Boards* mencionam nas Bases para Conclusões, com consequentes registros de desempenhos posteriores inflados, são incompatíveis com a informação que pretende ser neutra.

Introdução

As demonstrações contábeis são elaboradas e apresentadas para usuários externos em geral, tendo em vista suas finalidades distintas e necessidades diversas. Governos, órgãos reguladores ou autoridades tributárias, por exemplo, podem determinar especificamente exigências para atender a seus próprios interesses. Essas exigências, no entanto, não devem afetar as demonstrações contábeis elaboradas segundo esta Estrutura Conceitual.

Demonstrações contábeis elaboradas dentro do que prescreve esta Estrutura Conceitual objetivam fornecer informações que sejam úteis na tomada de decisões econômicas e avaliações por parte dos usuários em geral, não tendo o propósito de atender finalidade ou necessidade específica de determinados grupos de usuários.

Demonstrações contábeis elaboradas com tal finalidade satisfazem as necessidades comuns da maioria dos seus usuários, uma vez que quase todos eles utilizam essas demonstrações contábeis para a tomada de decisões econômicas, tais como:

a) decidir quando comprar, manter ou vender instrumentos patrimoniais;

b) avaliar a administração da entidade quanto à responsabilidade que lhe tenha sido conferida e quanto à qualidade de seu desempenho e de sua prestação de contas;

c) avaliar a capacidade de a entidade pagar seus empregados e proporcionar-lhes outros benefícios;

d) avaliar a segurança quanto à recuperação dos recursos financeiros emprestados à entidade;

e) determinar políticas tributárias;

f) determinar a distribuição de lucros e dividendos;

g) elaborar e usar estatísticas da renda nacional; ou

h) regulamentar as atividades das entidades.

As demonstrações contábeis são mais comumente elaboradas segundo modelo baseado no custo histórico recuperável e no conceito da manutenção do capital financeiro nominal. Outros modelos e conceitos podem ser considerados mais apropriados para atingir o objetivo de proporcionar informações que sejam úteis para tomada de decisões econômicas, embora não haja presentemente consenso nesse sentido.

Esta Estrutura Conceitual foi desenvolvida de forma a ser aplicável a uma gama de modelos contábeis e conceitos de capital e sua manutenção.

Finalidade e *status*

Esta Estrutura Conceitual estabelece os conceitos que fundamentam a elaboração e a apresentação de demonstrações contábeis destinadas a usuários externos. A finalidade desta Estrutura Conceitual é:

a) dar suporte ao desenvolvimento de novas normas, interpretações e comunicados técnicos e à revisão dos já existentes, quando necessário;

b) dar suporte à promoção da harmonização das regulações, das normas contábeis e dos procedimentos relacionados à apresentação das demonstrações contábeis, provendo uma base para a redução do número de tratamentos contábeis alternativos permitidos pelas normas, interpretações e comunicados técnicos;

c) dar suporte aos órgãos reguladores nacionais;

d) auxiliar os responsáveis pela elaboração das demonstrações contábeis na aplicação das normas, interpretações e comunicados técnicos e no tratamento de assuntos que ainda não tenham sido objeto desses documentos;

e) auxiliar os auditores independentes a formar sua opinião sobre a conformidade das demonstrações contábeis com as normas, interpretações e comunicados técnicos;

f) auxiliar os usuários das demonstrações contábeis na interpretação de informações nelas contidas, elaboradas em conformidade com as normas, interpretações e comunicados técnicos; e

g) proporcionar aos interessados informações sobre o enfoque adotado na formulação das normas, das interpretações e dos comunicados técnicos.

Esta Estrutura Conceitual não é uma norma propriamente dita e, portanto, não define normas ou procedimentos para qualquer questão particular sobre aspectos de mensuração ou divulgação. Nada nesta Estrutura Conceitual substitui qualquer norma, interpretação ou comunicado técnico.

Pode haver um número limitado de casos em que seja observado um conflito entre esta Estrutura Conceitual e uma norma, uma interpretação ou um comunicado técnico. Nesses casos, as exigências da norma, da interpretação ou do comunicado técnico específicos devem prevalecer sobre esta Estrutura Conceitual. Entretanto, à medida que futuras normas, interpretações e comunicados técnicos sejam desenvolvidos ou revisados tendo como norte esta Estrutura Conceitual, o número de casos de conflito entre esta Estrutura Conceitual e eles tende a diminuir.

Esta Estrutura Conceitual será revisada de tempos em tempos com base na experiência decorrente de sua utilização.

Alcance

Esta Estrutura Conceitual aborda:

a) o objetivo da elaboração e divulgação de relatório contábil-financeiro;

b) as características qualitativas da informação contábil-financeira útil;

c) a definição, o reconhecimento e a mensuração dos elementos a partir dos quais as demonstrações contábeis são elaboradas; e

d) os conceitos de capital e de manutenção de capital.

CAPÍTULO 1: OBJETIVO DO RELATÓRIO CONTÁBIL-FINANCEIRO DE PROPÓSITO GERAL

Introdução

OB1. O objetivo da elaboração e divulgação de relatório contábil-financeiro de propósito geral constitui o pilar da Estrutura Conceitual. Outros aspectos da Estrutura Conceitual – como o conceito de entidade que reporta a informação, as características qualitativas da informação contábil-financeira útil e suas restrições, os elementos das demonstrações contábeis, o reconhecimento, a mensuração, a apresentação e a evidenciação – fluem logicamente desse objetivo.

Objetivo, utilidade e limitações do relatório contábil-financeiro de propósito geral

OB2. O objetivo do relatório contábil-financeiro de propósito geral (*) é fornecer informações contábil-financeiras acerca da entidade que reporta essa informação (*reporting entity*) que sejam úteis a investidores existentes e em potencial, a credores por empréstimos e a outros credores, quando da tomada de decisão ligada ao fornecimento de recursos para a entidade. Essas decisões envolvem comprar, vender ou manter participações em instrumentos patrimoniais e em instrumentos de dívida, e a oferecer ou disponibilizar empréstimos ou outras formas de crédito.

> (*) Ao longo de toda a Estrutura Conceitual, os termos *relatório contábil-financeiro* e elaboração e divulgação de relatório contábil-financeiro referem-se a *informações contábil-financeiras com propósito geral*, a menos que haja indicação específica em contrário.

OB3. Decisões a serem tomadas por investidores existentes e em potencial relacionadas a comprar, vender ou manter instrumentos patrimoniais e instrumentos de dívida dependem do retorno esperado dos investimentos feitos nos referidos instrumentos, por exemplo: dividendos, pagamentos de principal e de juros ou acréscimos nos preços de mercado. Similarmente, decisões a serem tomadas por credores por empréstimos e por outros credores, existentes ou em potencial, relacionadas a oferecer ou disponibilizar empréstimos ou outras formas de crédito, dependem dos pagamentos de principal e de juros ou de outros retornos que eles esperam. As expectativas de investidores, credores por empréstimos e outros credores em termos de retorno dependem da avaliação destes quanto ao montante, tempestividade e incertezas (as perspectivas) associados aos fluxos de caixa futuros de entrada para a entidade. Consequentemente, investidores existentes e em potencial, credores por empréstimo e outros credores necessitam de informação para auxiliá-los na avaliação das perspectivas em termos de entrada de fluxos de caixa futuros para a entidade.

OB4. Para avaliar as perspectivas da entidade em termos de entrada de fluxos de caixa futuros, investidores existentes e em potencial, credores por empréstimo e outros credores necessitam de informação acerca de recursos da entidade, reivindicações contra a entidade, e o quão eficiente e efetivamente a administração da entidade e seu conselho de administração (*) têm cumprido com suas responsabilidades no uso dos recursos da entidade. Exemplos de referidas responsabilidades incluem a proteção de recursos da entidade de efeitos desfavoráveis advindos de fatos econômicos, como, por exemplo, mudanças de preço e de tecnologia, e a garantia de que a entidade tem cumprido as leis, com a regulação e com as disposições contratuais vigentes. Informações sobre a aprovação do cumprimento de suas responsabilidades são também úteis para decisões a serem tomadas por investidores existentes, credores por empréstimo e outros que tenham o direito de votar ou de outro modo exerçam influência nos atos praticados pela administração.

(*) Ao longo de toda a Estrutura Conceitual, o termo administração refere-se tanto à diretoria executiva quanto ao conselho de administração ou órgãos similares, a menos que haja indicação específica em contrário.

OB5. Muitos investidores, credores por empréstimo e outros credores, existentes e em potencial, não podem requerer que as entidades que reportam a informação prestem a eles diretamente as informações de que necessitam, devendo desse modo confiar nos relatórios contábil-financeiros de propósito geral, para grande parte da informação contábil-financeira que buscam. Consequentemente, eles são os usuários primários para quem relatórios contábil-financeiros de propósito geral são direcionados.

OB6. Entretanto, relatórios contábil-financeiros de propósito geral não atendem e não podem atender a todas as informações de que investidores, credores por empréstimo e outros credores, existentes e em potencial, necessitam. Esses usuários precisam considerar informação pertinente de outras fontes, como, por exemplo, condições econômicas gerais e expectativas, eventos políticos e clima político, e perspectivas e panorama para a indústria e para a entidade.

OB7. Relatórios contábil-financeiros de propósito geral não são elaborados para se chegar ao valor da entidade que reporta a informação; a rigor, fornecem informação para auxiliar investidores, credores por empréstimo e outros credores, existentes e em potencial, a estimarem o valor da entidade que reporta a informação.

OB8. Usuários primários individuais têm diferentes, e possivelmente conflitantes, desejos e necessidades de informação. Este Conselho Federal de Contabilidade, ao levar à frente o processo de produção de suas normas, irá procurar proporcionar um conjunto de informações que atenda às necessidades do número máximo de usuários primários. Contudo, a concentração em necessidades comuns de informação não impede que a entidade que reporta a informação preste informações adicionais que sejam mais úteis a um subconjunto particular de usuários primários.

OB9. A administração da entidade que reporta a informação está também interessada em informação contábil-financeira sobre a entidade. Contudo, a administração não precisa apoiar-se em relatórios contábil-financeiros de propósito geral uma vez que é capaz de obter a informação contábil-financeira de que precisa internamente.

OB10. Outras partes interessadas, como, por exemplo, órgãos reguladores e membros do público que não sejam investidores, credores por empréstimo e outros credores, podem do mesmo modo achar úteis relatórios contábil-financeiros de propósito geral. Contudo, esses relatórios não são direcionados primariamente a esses outros grupos.

OB11. Em larga extensão, os relatórios contábil-financeiros são baseados em estimativas, julgamentos e modelos e não em descrições ou retratos exatos. A Estrutura Conceitual estabelece os conceitos que devem amparar tais estimativas, julgamentos e modelos. Os conceitos representam o objetivo que este CFC e os elaboradores dos relatórios contábil-financeiros devem se empenhar em alcançar. Assim como a maioria dos objetivos, a visão contida na Estrutura Conceitual do que sejam a elaboração e a divulgação do relatório contábil-financeiro ideal é improvável de ser atingida em sua totalidade, pelo menos no curto prazo, visto que se requer tempo para a compreensão, aceitação e implementação de novas formas de analisar transações e outros eventos. Não obstante, o estabelecimento de objetivo a ser alcançado com empenho é essencial para que o processo de elaboração e divulgação de relatório contábil-financeiro venha a evoluir e tenha sua utilidade aprimorada.

Informação acerca dos recursos econômicos da entidade que reporta a informação, reivindicações e mudanças nos recursos e reivindicações

OB12. Relatórios contábil-financeiros de propósito geral fornecem informação acerca da posição patrimonial e financeira da entidade que reporta a informação, a qual representa informação sobre os recursos econômicos da entidade e reivindicações contra a entidade que reporta a informação. Relatórios contábil--financeiros também fornecem informação sobre os efeitos de transações e outros eventos que alteram os recursos econômicos da entidade que reporta a informação e reivindicações contra ela. Ambos os tipos de informação fornecem dados de entrada úteis para decisões ligadas ao fornecimento de recursos para a entidade.

Recursos econômicos e reivindicações

OB13. Informação sobre a natureza e os montantes de recursos econômicos e reivindicações da entidade que reporta a informação pode auxiliar usuários a identificarem a fraqueza e o vigor financeiro da entidade que reporta a informação. Essa informação pode auxiliar os usuários a avaliar a liquidez e a solvência da entidade que reporta a informação, suas necessidades em termos de financiamento adicional e o quão provavelmente bem-sucedido será seu intento em angariar esse financiamento. Informações sobre as prioridades e as exigências de pagamento de reivindicações vigentes ajudam os usuários a predizer de que forma fluxos de caixa futuros serão distribuídos entre aqueles com reivindicações contra a entidade que reporta a informação.

OB14. Diferentes tipos de recursos econômicos afetam diferentemente a avaliação dos usuários acerca das perspectivas da entidade que reporta a informação em termos de fluxos de caixa futuros. Alguns fluxos de caixa futuros resultam diretamente de recursos econômicos existentes, como, por exemplo, contas a receber. Outros fluxos de caixa resultam do uso variado de recursos combinados com vistas à produção e venda de produtos e serviços aos clientes. Muito embora fluxos de caixa não possam ser identificados com recursos econômicos individuais (ou reivindicações), usuários dos relatórios contábil-financeiros precisam saber a natureza e o montante dos recursos disponíveis para uso nas operações da entidade que reporta a informação.

Mudanças nos recursos econômicos e reivindicações

OB15. Mudanças nos recursos econômicos e reivindicações da entidade que reporta a informação resultam da performance financeira da entidade (ver itens OB17 a OB20) e de outros eventos ou transações, como, por exemplo, a emissão de títulos de dívida ou de títulos patrimoniais (ver item OB21). Para poder avaliar adequadamente as perspectivas de fluxos de caixa futuros da entidade que reporta a informação, os usuários precisam estar aptos a distinguir a natureza dessas mudanças.

OB16. Informações sobre a performance financeira da entidade que reporta a informação auxiliam os usuários a compreender o retorno que a entidade tenha produzido sobre os seus recursos econômicos. Informações sobre o retorno que a entidade tenha produzido servem como indicativo de quão diligente a administração tem sido no desempenho de suas responsabilidades para tornar eficiente e eficaz o uso dos recursos da entidade que reporta a informação. Informações sobre a variabilidade e sobre os componentes desse retorno também são importantes, especialmente para avaliação das incertezas associadas a fluxos de caixa futuros. Informações sobre a performance financeira passada da entidade que reporta a informação e sobre o quão diligente a administração tem sido no desempenho de suas responsabilidades são do mesmo modo úteis para predição de retornos futuros da entidade sobre os seus recursos econômicos.

Performance financeira refletida pelo regime de competência (*accruals*)

OB17. O regime de competência retrata com propriedade os efeitos de transações e outros eventos e circunstâncias sobre os recursos econômicos e reivindicações da entidade que reporta a informação nos períodos em que ditos efeitos são produzidos, ainda que os recebimentos e pagamentos em caixa derivados ocorram em períodos distintos. Isso é importante em função de a informação sobre os recursos econômicos e reivindicações da entidade que reporta a informação, e sobre as mudanças nesses recursos econômicos e reivindicações ao longo de um período, fornecer melhor base de avaliação da performance passada e futura da entidade do que a informação puramente baseada em recebimentos e pagamentos em caixa ao longo desse mesmo período.

OB18. Informações sobre a performance financeira da entidade que reporta a informação durante um período que são reflexos de mudanças em seus recursos econômicos e reivindicações, e não da obtenção adicional de recursos diretamente de investidores e credores (ver item OB21), são úteis para avaliar a capacidade passada e futura da entidade na geração de fluxos de caixa líquidos. Essas informações servem de indicativos da extensão em que a entidade que reporta a informação tenha aumentado seus recursos econômicos disponíveis, e dessa forma sua capacidade de gerar fluxos de caixa líquidos por meio de suas operações e não pela obtenção de recursos adicionais diretamente de investidores e credores.

OB19. Informações sobre a performance financeira da entidade que reporta a informação durante um período também podem ser indicativos da extensão em que determinados eventos, tais como mudanças nos preços de mercado ou nas taxas de juros, tenham provocado aumento ou diminuição nos recursos econômicos e reivindicações da entidade, afetando por conseguinte a capacidade de a entidade gerar a entrada de fluxos de caixa líquidos.

Performance financeira refletida pelos fluxos de caixa passados

OB20. Informações sobre os fluxos de caixa da entidade que reporta a informação durante um período também ajudam os usuários a avaliar a capacidade de a entidade gerar fluxos de caixa futuros líquidos. Elas indicam como a entidade que reporta a informação obtém e despende caixa, incluindo informações sobre seus empréstimos e resgate de títulos de dívida, dividendos em caixa e outras distribuições em caixa para seus investidores, e outros fatores que podem afetar a liquidez e a solvência da entidade. Informações sobre os fluxos de caixa auxiliam os usuários a compreender as operações da entidade que reporta a informação, a avaliar suas atividades de financiamento e investimento, a avaliar sua liquidez e solvência e a interpretar outras informações acerca de sua performance financeira.

Mudanças nos recursos econômicos e reivindicações que não são resultantes da performance financeira

OB21. Os recursos econômicos e reivindicações da entidade que reporta a informação podem ainda mudar por outras razões que não sejam resultantes de sua performance financeira, como é o caso da emissão adicional de suas ações. Informações sobre esse tipo de mudança são necessárias para dar aos usuários uma completa compreensão do porquê das mudanças nos recursos econômicos e reivindicações da entidade que reporta a informação e as implicações dessas mudanças em sua futura performance financeira.

CAPÍTULO 2: A ENTIDADE QUE REPORTA A INFORMAÇÃO

[a ser acrescentado futuramente]

CAPÍTULO 3: CARACTERÍSTICAS QUALITATIVAS DA INFORMAÇÃO CONTÁBIL-FINANCEIRA ÚTIL

Introdução

QC1.   As características qualitativas da informação contábil-financeira útil, discutidas neste capítulo, identificam os tipos de informação que muito provavelmente são reputadas como as mais úteis para investidores, credores por empréstimos e outros credores, existentes e em potencial, para tomada de decisões acerca da entidade que reporta com base na informação contida nos seus relatórios contábil-financeiros (informação contábil-financeira).

QC2.   Os relatórios contábil-financeiros fornecem informação sobre os recursos econômicos da entidade que reporta a informação, sobre reivindicações contra a entidade que reporta a informação e os efeitos de transações e outros eventos e condições que modificam esses recursos e reivindicações. (Essa informação é referenciada na Estrutura Conceitual como sendo uma informação sobre o fenômeno econômico). Alguns relatórios contábil-financeiros também incluem material explicativo sobre as expectativas da administração e sobre as estratégias para a entidade que reporta a informação, bem como outros tipos de informação sobre o futuro (*forward-looking information*).

QC3.   As características qualitativas da informação contábil-financeira útil (*) devem ser aplicadas à informação contábil-financeira fornecida pelas demonstrações contábeis, assim como à informação contábil-financeira fornecida por outros meios. O custo de gerar a informação, que é uma restrição sempre presente na entidade no processo de fornecer informação contábil-financeira útil, deve ser observado similarmente. No entanto, as considerações a serem tecidas quando da aplicação das características qualitativas e da restrição do custo podem ser diferentes para diferentes tipos de informação. Por exemplo, aplicá-las à informação sobre o futuro (*forward-looking information*) pode ser diferente de aplicá-las à informação sobre recursos econômicos e reivindicações existentes e sobre mudanças nesses recursos e reivindicações.

   (*)   Ao longo de toda esta Estrutura Conceitual, os termos características qualitativas e restrição irão se referir a características qualitativas da informação contábil-financeira útil e à restrição da informação contábil-financeira útil.

Características qualitativas da informação contábil-financeira útil

QC4.   Se a informação contábil-financeira é para ser útil, ela precisa ser relevante e representar com fidedignidade o que se propõe a representar. A utilidade da informação contábil-financeira é melhorada se ela for comparável, verificável, tempestiva e compreensível.

Características qualitativas fundamentais

QC5.   As características qualitativas fundamentais são relevância e representação fidedigna.

Relevância

QC6.   Informação contábil-financeira relevante é aquela capaz de fazer diferença nas decisões que possam ser tomadas pelos usuários. A informação pode ser capaz de fazer diferença em uma decisão mesmo no caso de alguns usuários decidirem não a levar em consideração, ou já tiver tomado ciência de sua existência por outras fontes.

QC7.   A informação contábil-financeira é capaz de fazer diferença nas decisões se tiver valor preditivo, valor confirmatório ou ambos.

QC8. A informação contábil-financeira tem valor preditivo se puder ser utilizada como dado de entrada em processos empregados pelos usuários para predizer futuros resultados. A informação contábil-financeira não precisa ser uma predição ou uma projeção para que possua valor preditivo. A informação contábil-financeira com valor preditivo é empregada pelos usuários ao fazerem suas próprias predições.

QC9. A informação contábil-financeira tem valor confirmatório se retro-alimentar – servir de *feedback* – avaliações prévias (confirmá-las ou alterá-las).

QC10. O valor preditivo e o valor confirmatório da informação contábil-financeira estão inter-relacionados. A informação que tem valor preditivo muitas vezes também tem valor confirmatório. Por exemplo, a informação sobre receita para o ano corrente, a qual pode ser utilizada como base para predizer receitas para anos futuros, também pode ser comparada com predições de receita para o ano corrente que foram feitas nos anos anteriores. Os resultados dessas comparações podem auxiliar os usuários a corrigirem e a melhorarem os processos que foram utilizados para fazer tais predições.

Materialidade

QC11. A informação é material se a sua omissão ou sua divulgação distorcida (*misstating*) puder influenciar decisões que os usuários tomam com base na informação contábil-financeira acerca de entidade específica que reporta a informação. Em outras palavras, a materialidade é um aspecto de relevância específico da entidade baseado na natureza ou na magnitude, ou em ambos, dos itens para os quais a informação está relacionada no contexto do relatório contábil-financeiro de uma entidade em particular. Consequentemente, não se pode especificar um limite quantitativo uniforme para materialidade ou predeterminar o que seria julgado material para uma situação particular.

Representação fidedigna

QC12. Os relatórios contábil-financeiros representam um fenômeno econômico em palavras e números. Para ser útil, a informação contábil-financeira não tem só que representar um fenômeno relevante, mas tem também que representar com fidedignidade o fenômeno que se propõe representar. Para ser representação perfeitamente fidedigna, a realidade retratada precisa ter três atributos. Ela tem que ser *completa, neutra* e *livre de erro*. É claro, a perfeição é rara, se de fato alcançável. O objetivo é maximizar referidos atributos na extensão que seja possível.

QC13. O retrato da realidade econômica completo deve incluir toda a informação necessária para que o usuário compreenda o fenômeno sendo retratado, incluindo todas as descrições e explicações necessárias. Por exemplo, um retrato completo de um grupo de ativos incluiria, no mínimo, a descrição da natureza dos ativos que compõem o grupo, o retrato numérico de todos os ativos que compõem o grupo, e a descrição acerca do que o retrato numérico representa (por exemplo, custo histórico original, custo histórico ajustado ou valor justo). Para alguns itens, um retrato completo pode considerar ainda explicações de fatos significativos sobre a qualidade e a natureza desses itens, fatos e circunstâncias que podem afetar a qualidade e a natureza deles, e os processos utilizados para determinar os números retratados.

QC14. Um retrato neutro da realidade econômica é desprovido de viés na seleção ou na apresentação da informação contábil-financeira. Um retrato neutro não deve ser distorcido com contornos que possa receber dando a ele maior ou menor peso, ênfase maior ou menor, ou qualquer outro tipo de manipulação que aumente a probabilidade de a informação contábil-financeira ser recebida pelos seus usuários de modo favorável ou desfavorável. Informação neutra não significa informação sem propósito ou sem influência no comportamento dos usuários. A bem da verdade, informação contábil-financeira relevante, por definição, é aquela capaz de fazer diferença nas decisões tomadas pelos usuários.

QC15. Representação fidedigna não significa exatidão em todos os aspectos. Um retrato da realidade econômica livre de erros significa que não há erros ou omissões no fenômeno retratado, e que o processo utilizado, para produzir a informação reportada, foi selecionado e foi aplicado livre de erros. Nesse sentido, um retrato da realidade econômica livre de erros não significa algo perfeitamente exato em todos os aspectos. Por exemplo, a estimativa de preço ou valor não observável não pode ser qualificada como sendo algo exato ou inexato. Entretanto, a representação dessa estimativa pode ser considerada fidedigna se o montante for descrito claramente e precisamente como sendo uma estimativa, se a natureza e as limitações do processo forem devidamente reveladas, e nenhum erro tiver sido cometido na seleção e aplicação do processo apropriado para desenvolvimento da estimativa.

QC16. Representação fidedigna, por si só, não resulta necessariamente em informação útil. Por exemplo, a entidade que reporta a informação pode receber um item do imobilizado por meio de subvenção governamental. Obviamente, a entidade ao reportar que adquiriu um ativo sem custo retrataria com fidedignidade o custo desse ativo, porém essa informação provavelmente não seria muito útil. Outro exemplo mais sutil seria a estimativa do montante por meio do qual o valor contábil do ativo seria ajustado para refletir a perda por desvalorização no seu valor (*impairment loss*). Essa estimativa pode ser uma representação fidedigna se a entidade que reporta a informação tiver aplicado com propriedade o processo apropriado, tiver descrito com propriedade a estimativa e tiver revelado quaisquer incertezas que afetam significativamente a estimativa. Entretanto, se o nível de incerteza de referida estimativa for suficientemente alto, a estimativa não será particularmente útil. Em outras palavras, a relevância do ativo que está sendo representado com fidedignidade será questionável. Se não existir outra alternativa para retratar a realidade econômica que seja mais fidedigna, a estimativa nesse caso deve ser considerada a melhor informação disponível.

Aplicação das características qualitativas fundamentais

QC17. A informação precisa concomitantemente ser relevante e representar com fidedignidade a realidade reportada para ser útil. Nem a representação fidedigna de fenômeno irrelevante, tampouco a representação não fidedigna de fenômeno relevante auxiliam os usuários a tomarem boas decisões.

QC18. O processo mais eficiente e mais efetivo para aplicação das características qualitativas fundamentais usualmente seria o que segue (sujeito aos efeitos das características de melhoria e à restrição do custo, que não são considerados neste exemplo). Primeiro, identificar o fenômeno econômico que tenha o potencial de ser útil para os usuários da informação contábil-financeira reportada pela entidade. Segundo, identificar o tipo de informação sobre o fenômeno que seria mais relevante se estivesse disponível e que poderia ser representado com fidedignidade. Terceiro, determinar se a informação está disponível e pode ser representada com fidedignidade. Dessa forma, o processo de satisfazer as características qualitativas fundamentais chega ao seu fim. Caso contrário, o processo deve ser repetido a partir do próximo tipo de informação mais relevante.

Características qualitativas de melhoria

QC19. Comparabilidade, verificabilidade, tempestividade e compreensibilidade são características qualitativas que melhoram a utilidade da informação que é relevante e que é representada com fidedignidade. As características qualitativas de melhoria podem também auxiliar a determinar qual de duas alternativas que sejam consideradas equivalentes em termos de relevância e fidedignidade de representação deve ser usada para retratar um fenômeno.

Comparabilidade

QC20. As decisões de usuários implicam escolhas entre alternativas, como, por exemplo, vender ou manter um investimento, ou investir em uma entidade ou noutra. Consequentemente, a informação acerca da entidade que reporta informação será mais útil caso possa ser comparada com informação similar sobre outras entidades e com informação similar sobre a mesma entidade para outro período ou para outra data.

QC21. Comparabilidade é a característica qualitativa que permite que os usuários identifiquem e compreendam similaridades dos itens e diferenças entre eles. Diferentemente de outras características qualitativas, a comparabilidade não está relacionada com um único item. A comparação requer no mínimo dois itens.

QC22. Consistência, embora esteja relacionada com a comparabilidade, não significa o mesmo. Consistência refere-se ao uso dos mesmos métodos para os mesmos itens, tanto de um período para outro considerando a mesma entidade que reporta a informação, quanto para um único período entre entidades. Comparabilidade é o objetivo; a consistência auxilia a alcançar esse objetivo.

QC23. Comparabilidade não significa uniformidade. Para que a informação seja comparável, coisas iguais precisam parecer iguais e coisas diferentes precisam parecer diferentes. A comparabilidade da informação contábil-financeira não é aprimorada ao se fazer com que coisas diferentes pareçam iguais ou ainda ao se fazer coisas iguais parecerem diferentes.

QC24. Algum grau de comparabilidade é possivelmente obtido por meio da satisfação das características qualitativas fundamentais. A representação fidedigna de fenômeno econômico relevante deve possuir naturalmente algum grau de comparabilidade com a representação fidedigna de fenômeno econômico relevante similar de outra entidade que reporta a informação.

QC25. Muito embora um fenômeno econômico singular possa ser representado com fidedignidade de múltiplas formas, a discricionariedade na escolha de métodos contábeis alternativos para o mesmo fenômeno econômico diminui a comparabilidade.

Verificabilidade

QC26. A verificabilidade ajuda a assegurar aos usuários que a informação representa fidedignamente o fenômeno econômico que se propõe representar. A verificabilidade significa que diferentes observadores, cônscios e independentes, podem chegar a um consenso, embora não cheguem necessariamente a um completo acordo, quanto ao retrato de uma realidade econômica em particular ser uma representação fidedigna. Informação quantificável não necessita ser um único ponto estimado para ser verificável. Uma faixa de possíveis montantes com suas probabilidades respectivas pode também ser verificável.

QC27. A verificação pode ser direta ou indireta. Verificação direta significa verificar um montante ou outra representação por meio de observação direta, como, por exemplo, por meio da contagem de caixa. Verificação indireta significa checar os dados de entrada do modelo, fórmula ou outra técnica e recalcular os resultados obtidos por meio da aplicação da mesma metodologia. Um exemplo é a verificação do valor contábil dos estoques por meio da checagem dos dados de entrada (quantidades e custos) e por meio do recálculo do saldo final dos estoques utilizando a mesma premissa adotada no fluxo do custo (por exemplo, utilizando o método PEPS).

QC28. Pode não ser possível verificar algumas explicações e alguma informação contábil-financeira sobre o futuro (*forward-looking information*) até que o período futuro seja totalmente alcançado. Para ajudar os usuários a decidir se desejam usar dita informação, é normalmente necessário divulgar as premissas subjacentes, os métodos de obtenção da informação e outros fatores e circunstâncias que suportam a informação.

Tempestividade

QC29. Tempestividade significa ter informação disponível para tomadores de decisão a tempo de poder influenciá-los em suas decisões. Em geral, a informação mais antiga é a que tem menos utilidade. Contudo, certa informação pode ter o seu atributo tempestividade prolongado após o encerramento do período contábil, em decorrência de alguns usuários, por exemplo, necessitarem identificar e avaliar tendências.

Compreensibilidade

QC30. Classificar, caracterizar e apresentar a informação com clareza e concisão torna-a compreensível.

QC31. Certos fenômenos são inerentemente complexos e não podem ser facilmente compreendidos. A exclusão de informações sobre esses fenômenos dos relatórios contábil-financeiros pode tornar a informação constante em referidos relatórios mais facilmente compreendida. Contudo, referidos relatórios seriam considerados incompletos e potencialmente distorcidos (*misleading*).

QC32. Relatórios contábil-financeiros são elaborados para usuários que têm conhecimento razoável de negócios e de atividades econômicas e que revisem e analisem a informação diligentemente. Por vezes, mesmo os usuários bem informados e diligentes podem sentir a necessidade de procurar ajuda de consultor para compreensão da informação sobre um fenômeno econômico complexo.

Aplicação das características qualitativas de melhoria

QC33. Características qualitativas de melhoria devem ser maximizadas na extensão possível. Entretanto, as características qualitativas de melhoria, quer sejam individualmente ou em grupo, não podem tornar a informação útil se dita informação for irrelevante ou não for representação fidedigna.

QC34. A aplicação das características qualitativas de melhoria é um processo iterativo que não segue uma ordem preestabelecida. Algumas vezes, uma característica qualitativa de melhoria pode ter que ser diminuída para maximização de outra característica qualitativa. Por exemplo, a redução temporária na comparabilidade como resultado da aplicação prospectiva de uma nova norma contábil-financeira pode ser vantajosa para o aprimoramento da relevância ou da representação fidedigna no longo prazo. Divulgações apropriadas podem parcialmente compensar a não comparabilidade.

Restrição de custo na elaboração e divulgação de relatório contábil-financeiro útil

QC35. O custo de gerar a informação é uma restrição sempre presente na entidade no processo de elaboração e divulgação de relatório contábil-financeiro. O processo de elaboração e divulgação de relatório contábil-financeiro impõe custos, sendo importante que ditos custos sejam justificados pelos benefícios gerados pela divulgação da informação. Existem variados tipos de custos e benefícios a considerar.

QC36. Fornecedores de informação contábil-financeira envidam grande parte de seus esforços na coleta, no processamento, na verificação e na disseminação de informação contábil-financeira, mas os usuários em última instância pagam por esses custos na forma de retornos reduzidos. Usuários de informação contábil--financeira também incorrem em custos de análise e interpretação de informação fornecida. Se a informação demandada não é fornecida, os usuários incorrem em custos adicionais de obtenção da informação por meio de outras fontes ou por meio de sua estimativa.

QC37. A elaboração e divulgação de relatório contábil-financeiro que seja relevante e que represente com fidedignidade o que se propõe representar auxilia os usuários a tomarem decisões com grau de confiança maior. Isso resulta em funcionamento mais eficiente dos mercados de capitais e em custo menor de capital para a economia como um todo. O investidor individual, o credor por empréstimo ou outro credor também se beneficiam desse processo por meio de decisões assentadas na melhor informação. Entretanto, não é possível para relatórios contábil-financeiros de propósito geral fornecer toda e qualquer informação que todo usuário repute ser relevante.

QC38. Na aplicação da restrição do custo, avalia-se se os benefícios proporcionados pela elaboração e divulgação de informação em particular são provavelmente justificados pelos custos incorridos para fornecimento e uso dessa informação. Quando da aplicação da restrição do custo no desenvolvimento do padrão proposto de elaboração e divulgação, o órgão normatizador deve procurar se informar junto aos fornecedores da informação, usuários, auditores independentes, acadêmicos e outros agentes sobre a natureza e quantidade esperada de benefícios e custos desse padrão. Em grande parte dos casos, as avaliações são baseadas na combinação de informação quantitativa e qualitativa.

QC39. Em função da subjetividade inerente ao processo, as avaliações de diferentes indivíduos acerca dos custos e benefícios da elaboração e divulgação de itens particulares de informação contábil-financeira devem variar. Dessa forma, o órgão normatizador deve procurar tomar por base os custos e benefícios com relação à elaboração e à divulgação de modo geral, e não somente em relação a entidades individuais que reportam a informação. Isso não quer dizer que as avaliações de custos e benefícios sempre são justificadas pelas mesmas exigências de divulgação para todas as entidades. Diferenças podem ser apropriadas em decorrência dos tamanhos variados das entidades, das diferentes formas de captação de capital (publicamente ou privadamente), das diferentes necessidades de usuários ou de outros fatores.

CAPÍTULO 4: ESTRUTURA CONCEITUAL PARA ELABORAÇÃO E APRESENTAÇÃO DAS DEMONSTRAÇÕES CONTÁBEIS: TEXTO REMANESCENTE

O texto remanescente da Estrutura Conceitual para Elaboração e Apresentação das Demonstrações Contábeis anteriormente emitida não foi emendado para refletir quaisquer alterações implementadas pela NBC TG 26 – Apresentação das Demonstrações Contábeis (a IAS 1 que o espelha foi revisada pelo IASB em 2007).

O texto remanescente será atualizado quando forem revisitados conceitualmente os elementos das demonstrações contábeis e suas bases de mensuração.

Premissa subjacente

Continuidade

4.1. As demonstrações contábeis normalmente são elaboradas tendo como premissa que a entidade está em atividade (*going concern assumption*) e irá manter-se em operação por um futuro previsível. Desse modo, parte-se do pressuposto de que a entidade não tem a intenção, nem tampouco a necessidade, de entrar em processo de liquidação ou de reduzir materialmente a escala de suas operações. Por outro lado, se essa intenção ou necessidade existir, as demonstrações contábeis podem ter que ser elaboradas em bases diferentes e, nesse caso, a base de elaboração utilizada deve ser divulgada.

Elementos das demonstrações contábeis

4.2 As demonstrações contábeis retratam os efeitos patrimoniais e financeiros das transações e outros eventos, por meio do grupamento dos mesmos em classes amplas de acordo com as suas características econômicas. Essas classes amplas são denominadas de elementos das demonstrações contábeis. Os elementos diretamente relacionados à mensuração da posição patrimonial e financeira no balanço patrimonial são os ativos, os passivos e o patrimônio líquido. Os elementos diretamente relacionados com a mensuração do desempenho na demonstração do resultado são as receitas e as despesas. A demonstração das mutações na posição financeira usualmente reflete os elementos da demonstração do resultado e as alterações nos elementos do balanço patrimonial. Assim, esta Estrutura Conceitual não identifica qualquer elemento que seja exclusivo dessa demonstração.

4.3.   A apresentação desses elementos no balanço patrimonial e na demonstração do resultado envolve um processo de subclassificação. Por exemplo, ativos e passivos podem ser classificados por sua natureza ou função nos negócios da entidade, a fim de mostrar as informações da maneira mais útil aos usuários para fins de tomada de decisões econômicas.

Posição patrimonial e financeira

4.4.   Os elementos diretamente relacionados com a mensuração da posição patrimonial e financeira são os ativos, os passivos e o patrimônio líquido. Estes são definidos como segue:

a) *ativo* é um recurso controlado pela entidade como resultado de eventos passados e do qual se espera que fluam futuros benefícios econômicos para a entidade;

b) *passivo* é uma obrigação presente da entidade, derivada de eventos passados, cuja liquidação se espera que resulte na saída de recursos da entidade capazes de gerar benefícios econômicos;

c) *patrimônio líquido* é o interesse residual nos ativos da entidade depois de deduzidos todos os seus passivos.

4.5.   As definições de ativo e de passivo identificam suas características essenciais, mas não procuram especificar os critérios que precisam ser observados para que eles possam ser reconhecidos no balanço patrimonial. Desse modo, as definições abrangem itens que não são reconhecidos como ativos ou como passivos no balanço patrimonial em função de não satisfazerem os critérios de reconhecimento discutidos nos itens 4.37 a 4.53. Especificamente, a expectativa de que futuros benefícios econômicos fluam para a entidade ou saiam da entidade deve ser suficientemente certa para que seja observado o critério de probabilidade do item 4.38, antes que um ativo ou um passivo seja reconhecido.

4.6.   Ao avaliar se um item se enquadra na definição de ativo, passivo ou patrimônio líquido, deve-se atentar para a sua essência subjacente e realidade econômica e não apenas para sua forma legal. Assim, por exemplo, no caso do arrendamento mercantil financeiro, a essência subjacente e a realidade econômica são a de que o arrendatário adquire os benefícios econômicos do uso do ativo arrendado pela maior parte da sua vida útil, em contraprestação de aceitar a obrigação de pagar por esse direito valor próximo do valor justo do ativo e o respectivo encargo financeiro. Dessa forma, o arrendamento mercantil financeiro dá origem a itens que satisfazem à definição de ativo e de passivo e, portanto, devem ser reconhecidos como tais no balanço patrimonial do arrendatário.

4.7.   Balanços patrimoniais elaborados de acordo com as normas, interpretações e comunicados técnicos vigentes podem incluir itens que não satisfaçam às definições de ativo ou de passivo e que não sejam tratados como parte do patrimônio líquido. As definições estabelecidas no item 4.4 devem, por outro lado, subsidiar futuras revisões a serem promovidas nos documentos vigentes, bem como na formulação de normas, interpretações e comunicados técnicos adicionais.

Ativos

4.8. O benefício econômico futuro incorporado a um ativo é o seu potencial em contribuir, direta ou indiretamente, para o fluxo de caixa ou equivalentes de caixa para a entidade. Tal potencial pode ser produtivo, quando o recurso for parte integrante das atividades operacionais da entidade. Pode também ter a forma de conversibilidade em caixa ou equivalentes de caixa ou pode ainda ser capaz de reduzir as saídas de caixa, como no caso de processo industrial alternativo que reduza os custos de produção.

4.9. A entidade geralmente emprega os seus ativos na produção de bens ou na prestação de serviços capazes de satisfazer os desejos e as necessidades dos consumidores. Tendo em vista que esses bens ou serviços podem satisfazer esses desejos ou necessidades, os consumidores se predispõem a pagar por eles e a contribuir assim para o fluxo de caixa da entidade. O caixa por si só rende serviços para a entidade, visto que exerce um comando sobre os demais recursos.

4.10. Os benefícios econômicos futuros incorporados a um ativo podem fluir para a entidade de diversas maneiras. Por exemplo, o ativo pode ser:

a) usado isoladamente ou em conjunto com outros ativos na produção de bens ou na prestação de serviços a serem vendidos pela entidade;

b) trocado por outros ativos;

c) usado para liquidar um passivo; ou

d) distribuído aos proprietários da entidade.

4.11. Muitos ativos, como, por exemplo, itens do imobilizado, têm forma física. Entretanto, a forma física não é essencial para a existência de ativo. Assim sendo, as patentes e os direitos autorais, por exemplo, são considerados ativos, caso deles sejam esperados que benefícios econômicos futuros fluam para a entidade e caso eles sejam por ela controlados.

4.12. Muitos ativos, como, por exemplo, contas a receber e imóveis, estão associados a direitos legais, incluindo o direito de propriedade. Ao determinar a existência do ativo, o direito de propriedade não é essencial. Assim, por exemplo, um imóvel objeto de arrendamento mercantil será um ativo, caso a entidade controle os benefícios econômicos que são esperados que fluam da propriedade. Embora a capacidade de a entidade controlar os benefícios econômicos normalmente resulte da existência de direitos legais, o item pode, contudo, satisfazer à definição de ativo mesmo quando não houver controle legal. Por exemplo, o conhecimento (*know-how*) obtido por meio da atividade de desenvolvimento de produto pode satisfazer à definição de ativo quando, mantendo esse conhecimento (*know-how*) em segredo, a entidade controlar os benefícios econômicos que são esperados que fluam desse ativo.

4.13. Os ativos da entidade resultam de transações passadas ou de outros eventos passados. As entidades normalmente obtêm ativos por meio de sua compra ou produção, mas outras transações ou eventos podem gerar ativos. Por exemplo, um imóvel recebido de ente governamental como parte de programa para fomentar o crescimento econômico de dada região ou a descoberta de jazidas minerais. Transações ou eventos previstos para ocorrer no futuro não dão origem, por si só, ao surgimento de ativos. Desse modo, por exemplo, a intenção de adquirir estoques não atende, por si só, à definição de ativo.

4.14. Há uma forte associação entre incorrer em gastos e gerar ativos, mas ambas as atividades não são necessariamente indissociáveis. Assim, o fato de a entidade ter incorrido em gasto pode fornecer uma evidência de busca por futuros benefícios econômicos, mas não é prova conclusiva de que um item que satisfaça à definição de ativo tenha sido obtido. De modo análogo, a ausência de gasto relacionado não impede que um item satisfaça à definição de ativo e se qualifique para reconhecimento no balanço patrimonial. Por exemplo, itens que foram doados à entidade podem satisfazer à definição de ativo.

Passivos

4.15. Uma característica essencial para a existência de passivo é que a entidade tenha uma obrigação presente. Uma obrigação é um dever ou responsabilidade de agir ou de desempenhar uma dada tarefa de certa maneira. As obrigações podem ser legalmente exigíveis em consequência de contrato ou de exigências estatutárias. Esse é normalmente o caso, por exemplo, das contas a pagar por bens e serviços recebidos. Entretanto, obrigações surgem também de práticas usuais do negócio, de usos e costumes e do desejo de manter boas relações comerciais ou agir de maneira equitativa. Desse modo, se, por exemplo, a entidade que decida, por questão de política mercadológica ou de imagem, retificar defeitos em seus produtos, mesmo quando tais defeitos tenham se tornado conhecidos depois da expiração do período da garantia, as importâncias que espera gastar com os produtos já vendidos constituem passivos.

4.16. Deve-se fazer uma distinção entre obrigação presente e compromisso futuro. A decisão da administração de uma entidade para adquirir ativos no futuro não dá origem, por si só, a uma obrigação presente. A obrigação normalmente surge somente quando um ativo é entregue ou a entidade ingressa em acordo irrevogável para adquirir o ativo. Nesse último caso, a natureza irrevogável do acordo significa que as consequências econômicas de deixar de cumprir a obrigação, como, por exemplo, em função da existência de penalidade contratual significativa, deixam a entidade com pouca, caso haja alguma, liberdade para evitar o desembolso de recursos em favor da outra parte.

4.17. A liquidação de uma obrigação presente geralmente implica a utilização, pela entidade, de recursos incorporados de benefícios econômicos a fim de satisfazer a demanda da outra parte. A liquidação de uma obrigação presente pode ocorrer de diversas maneiras, como, por exemplo, por meio de:

a) pagamento em caixa;

b) transferência de outros ativos;

c) prestação de serviços;

d) substituição da obrigação por outra; ou

e) conversão da obrigação em item do patrimônio líquido.

A obrigação pode também ser extinta por outros meios, tais como pela renúncia do credor ou pela perda dos seus direitos.

4.18. Passivos resultam de transações ou outros eventos passados. Assim, por exemplo, a aquisição de bens e o uso de serviços dão origem a contas a pagar (a não ser que pagos adiantadamente ou na entrega) e o recebimento de empréstimo bancário resulta na obrigação de honrá-lo no vencimento. A entidade também pode ter a necessidade de reconhecer como passivo os futuros abatimentos baseados no volume das compras anuais dos clientes. Nesse caso, a venda de bens no passado é a transação que dá origem ao passivo.

4.19. Alguns passivos somente podem ser mensurados por meio do emprego de significativo grau de estimativa. No Brasil, denominam-se esses passivos de provisões. A definição de passivo, constante do item 4.4, segue uma abordagem ampla. Desse modo, caso a provisão envolva uma obrigação presente e satisfaça os demais critérios da definição, ela é um passivo, ainda que seu montante tenha que ser estimado. Exemplos concretos incluem provisões para pagamentos a serem feitos para satisfazer acordos com garantias em vigor e provisões para fazer face a obrigações de aposentadoria.

Patrimônio líquido

4.20. Embora o patrimônio líquido seja definido no item 4.4 como algo residual, ele pode ter subclassificações no balanço patrimonial. Por exemplo, na sociedade por ações, recursos aportados pelos sócios, reservas resultantes de retenções de lucros e reservas representando ajustes para manutenção do capital podem ser demonstrados separadamente. Tais classificações podem ser relevantes para a tomada de decisão dos usuários das demonstrações contábeis quando indicarem restrições legais ou de outra natureza sobre a capacidade que a entidade tem de distribuir ou aplicar de outra forma os seus recursos patrimoniais. Podem também refletir o fato de que determinadas partes com direitos de propriedade sobre a entidade têm direitos diferentes com relação ao recebimento de dividendos ou ao reembolso de capital.

4.21. A constituição de reservas é, por vezes, exigida pelo estatuto ou por lei para dar à entidade e seus credores uma margem maior de proteção contra os efeitos de prejuízos. Outras reservas podem ser constituídas em atendimento a leis que concedem isenções ou reduções nos impostos a pagar quando são feitas transferências para tais reservas. A existência e o tamanho de tais reservas legais, estatutárias e fiscais representam informações que podem ser importantes para a tomada de decisão dos usuários. As transferências para tais reservas são apropriações de lucros acumulados, portanto, não constituem despesas.

4.22. O montante pelo qual o patrimônio líquido é apresentado no balanço patrimonial depende da mensuração dos ativos e passivos. Normalmente, o montante agregado do patrimônio líquido somente por coincidência corresponde ao valor de mercado agregado das ações da entidade ou da soma que poderia ser obtida pela venda dos seus ativos líquidos numa base de item-por-item, ou da entidade como um todo, tomando por base a premissa da continuidade (*going concern basis*).

4.23. Atividades comerciais e industriais, bem como outros negócios são frequentemente exercidos por meio de firmas individuais, sociedades limitadas, entidades estatais e outras organizações cujas estruturas, legal e regulamentar, em regra, são diferentes daquelas aplicáveis às sociedades por ações. Por exemplo, pode haver poucas restrições, caso haja, sobre a distribuição aos proprietários ou a outros beneficiários de montantes incluídos no patrimônio líquido. Não obstante, a definição de patrimônio líquido e os outros aspectos dessa Estrutura Conceitual que tratam do patrimônio líquido são igualmente aplicáveis a tais entidades.

Performance

4.24. O resultado é frequentemente utilizado como medida de performance ou como base para outras medidas, tais como o retorno do investimento ou o resultado por ação. Os elementos diretamente relacionados com a mensuração do resultado são as receitas e as despesas. O reconhecimento e a mensuração das receitas e despesas e, consequentemente, do resultado, dependem em parte dos conceitos de capital e de manutenção de capital adotados pela entidade na elaboração de suas demonstrações contábeis. Esses conceitos estão expostos nos itens 4.57 a 4.65.

4.25. Os elementos de receitas e despesas são definidos como segue:

a) *receitas* são aumentos nos benefícios econômicos durante o período contábil, sob a forma da entrada de recursos ou do aumento de ativos ou diminuição de passivos, que resultam em aumentos do patrimônio líquido, e que não estejam relacionados com a contribuição dos detentores dos instrumentos patrimoniais;

b) *despesas* são decréscimos nos benefícios econômicos durante o período contábil, sob a forma da saída de recursos ou da redução de ativos ou assunção de passivos, que resultam em decréscimo do patrimônio líquido, e que não estejam relacionados com distribuições aos detentores dos instrumentos patrimoniais.

4.26. As definições de receitas e despesas identificam suas características essenciais, mas não são uma tentativa de especificar os critérios que precisam ser satisfeitos para que sejam reconhecidas na demonstração do resultado. Os critérios para o reconhecimento das receitas e despesas estão expostos nos itens 4.37 a 4.53.

4.27. As receitas e as despesas podem ser apresentadas na demonstração do resultado de diferentes maneiras, de modo a serem prestadas informações relevantes para a tomada de decisões econômicas. Por exemplo, é prática comum distinguir os itens de receitas e despesas que surgem no curso das atividades usuais da entidade daqueles que não surgem. Essa distinção é feita considerando que a origem de um item é relevante para a avaliação da capacidade que a entidade tem de gerar caixa ou equivalentes de caixa no futuro. Por exemplo, atividades incidentais como a venda de um investimento de longo prazo são improváveis de voltarem a ocorrer em base regular. Quando da distinção dos itens dessa forma, deve-se levar em conta a natureza da entidade e suas operações. Itens que resultam das atividades usuais de uma entidade podem não ser usuais em outras entidades.

4.28. A distinção entre itens de receitas e de despesas e a sua combinação de diferentes maneiras também permitem demonstrar várias formas de medir a performance da entidade, com maior ou menor grau de abrangência dos itens. Por exemplo, a demonstração do resultado pode apresentar a margem bruta, o lucro ou o prejuízo das atividades usuais antes dos tributos sobre o resultado, o lucro ou o prejuízo das atividades usuais depois desses tributos e o lucro ou prejuízo líquido.

Receitas

4.29. A definição de receita abrange tanto receitas propriamente ditas quanto ganhos. A receita surge no curso das atividades usuais da entidade e é designada por uma variedade de nomes, tais como vendas, honorários, juros, dividendos, *royalties*, aluguéis.

4.30. Ganhos representam outros itens que se enquadram na definição de receita e podem ou não surgir no curso das atividades usuais da entidade, representando aumentos nos benefícios econômicos e, como tais, não diferem, em natureza, das receitas. Consequentemente, não são considerados como elemento separado nesta Estrutura Conceitual.

4.31. Ganhos incluem, por exemplo, aqueles que resultam da venda de ativos não circulantes. A definição de receita também inclui ganhos não realizados. Por exemplo, os que resultam da reavaliação de títulos e valores mobiliários negociáveis e os que resultam de aumentos no valor contábil de ativos de longo prazo. Quando esses ganhos são reconhecidos na demonstração do resultado, eles são usualmente apresentados separadamente, porque sua divulgação é útil para fins de tomada de decisões econômicas. Os ganhos são, em regra, reportados líquidos das respectivas despesas.

4.32. Vários tipos de ativos podem ser recebidos ou aumentados por meio da receita; exemplos incluem caixa, contas a receber, bens e serviços recebidos em troca de bens e serviços fornecidos. A receita também pode resultar da liquidação de passivos. Por exemplo, a entidade pode fornecer mercadorias e serviços ao credor por empréstimo em liquidação da obrigação de pagar o empréstimo.

Despesas

4.33. A definição de despesas abrange tanto as perdas quanto as despesas propriamente ditas que surgem no curso das atividades usuais da entidade. As despesas que surgem no curso das atividades usuais da entidade incluem, por exemplo, o custo das vendas, salários e depreciação. Geralmente, tomam a forma de desembolso ou redução de ativos como caixa e equivalentes de caixa, estoques e ativo imobilizado.

4.34. Perdas representam outros itens que se enquadram na definição de despesas e podem ou não surgir no curso das atividades usuais da entidade, representando decréscimos nos benefícios econômicos e, como tais, não diferem, em natureza, das demais despesas. Consequentemente, não são consideradas como elemento separado nesta Estrutura Conceitual.

4.35. Perdas incluem, por exemplo, as que resultam de sinistros como incêndio e inundações, assim como as que decorrem da venda de ativos não circulantes. A definição de despesas também inclui as perdas não realizadas. Por exemplo, as que surgem dos efeitos dos aumentos na taxa de câmbio de moeda estrangeira com relação aos empréstimos da entidade a pagar em tal moeda. Quando as perdas são reconhecidas na demonstração do resultado, elas são geralmente demonstradas separadamente, pois sua divulgação é útil para fins de tomada de decisões econômicas. As perdas são, em regra, reportadas líquidas das respectivas receitas.

Ajustes para manutenção de capital

4.36. A reavaliação ou a atualização de ativos e passivos dão margem a aumentos ou a diminuições do patrimônio líquido. Embora tais aumentos ou diminuições se enquadrem na definição de receitas e de despesas, sob certos conceitos de manutenção de capital eles não são incluídos na demonstração do resultado. Em vez disso, tais itens são incluídos no patrimônio líquido como ajustes para manutenção do capital ou reservas de reavaliação. Esses conceitos de manutenção de capital estão expostos nos itens 4.57 a 4.65 desta Estrutura Conceitual.

Reconhecimento dos elementos das demonstrações contábeis

4.37. Reconhecimento é o processo que consiste na incorporação ao balanço patrimonial ou à demonstração do resultado de item que se enquadre na definição de elemento e que satisfaça os critérios de reconhecimento mencionados no item 4.38. Envolve a descrição do item, a mensuração do seu montante monetário e a sua inclusão no balanço patrimonial ou na demonstração do resultado.

Os itens que satisfazem os critérios de reconhecimento devem ser reconhecidos no balanço patrimonial ou na demonstração do resultado. A falta de reconhecimento de tais itens não é corrigida pela divulgação das práticas contábeis adotadas nem tampouco pelas notas explicativas ou material elucidativo.

4.38. Um item que se enquadre na definição de um elemento deve ser reconhecido se:

a) for provável que algum benefício econômico futuro associado ao item flua para a entidade ou flua da entidade; e

b) o item tiver custo ou valor que possa ser mensurado com confiabilidade (*).

(*) A informação é confiável quando ela é completa, neutra e livre de erro.

4.39. Ao avaliar se um item se enquadra nesses critérios e, portanto, se qualifica para fins de reconhecimento nas demonstrações contábeis, é necessário considerar as observações sobre materialidade registradas no Capítulo 3 – *Características Qualitativas da Informação Contábil-Financeira Útil*. O inter-relacionamento entre os elementos significa que um item que se enquadre na definição e nos critérios de reconhecimento de determinado elemento, por exemplo, um ativo, requer automaticamente o reconhecimento de outro elemento, por exemplo, uma receita ou um passivo.

Probabilidade de futuros benefícios econômicos

4.40. O conceito de probabilidade deve ser adotado nos critérios de reconhecimento para determinar o grau de incerteza com que os benefícios econômicos futuros referentes ao item venham a fluir para a entidade ou a fluir da entidade. O conceito está em conformidade com a incerteza que caracteriza o ambiente no qual a entidade opera. As avaliações acerca do grau de incerteza atrelado ao fluxo de benefícios econômicos futuros devem ser feitas com base na evidência disponível quando as demonstrações contábeis são elaboradas. Por exemplo, quando for provável que uma conta a receber devida à entidade será paga pelo devedor, é então justificável, na ausência de qualquer evidência em contrário, reconhecer a conta a receber como ativo. Para uma ampla população de contas a receber, entretanto, algum grau de inadimplência é normalmente considerado provável; dessa forma, reconhece-se como despesa a esperada redução nos benefícios econômicos.

Confiabilidade da mensuração

4.41. O segundo critério para reconhecimento de um item é que ele possua custo ou valor que possa ser mensurado com confiabilidade. Em muitos casos, o custo ou valor precisa ser estimado; o uso de estimativas razoáveis é parte essencial da elaboração das demonstrações contábeis e não prejudica a sua confiabilidade. Quando, entretanto, não puder ser feita estimativa razoável, o item não deve ser reconhecido no balanço patrimonial ou na demonstração do resultado. Por exemplo, o valor que se espera receber de uma ação judicial pode enquadrar-se nas definições tanto de ativo quanto de receita, assim como nos critérios probabilísticos exigidos para reconhecimento. Todavia, se não é possível mensurar com confiabilidade o montante que será recebido, ele não deve ser reconhecido como ativo ou receita. A existência da reclamação deve ser, entretanto, divulgada nas notas explicativas ou nos quadros suplementares.

4.42. Um item que, em determinado momento, deixe de se enquadrar nos critérios de reconhecimento constantes do item 4.38 pode qualificar-se para reconhecimento em data posterior, como resultado de circunstâncias ou eventos subsequentes.

4.43. Um item que possui as características essenciais de elemento, mas não atende aos critérios para reconhecimento pode, contudo, requerer sua divulgação em notas explicativas, em material explicativo ou em quadros suplementares. Isso é apropriado quando a divulgação do item for considerada relevante para a avaliação da posição patrimonial e financeira, do desempenho e das mutações na posição financeira da entidade por parte dos usuários das demonstrações contábeis.

Reconhecimento de ativos

4.44. Um ativo deve ser reconhecido no balanço patrimonial quando for provável que benefícios econômicos futuros dele provenientes fluirão para a entidade e seu custo ou valor puder ser mensurado com confiabilidade.

4.45. Um ativo não deve ser reconhecido no balanço patrimonial quando os gastos incorridos não proporcionarem a expectativa provável de geração de benefícios econômicos para a entidade além do período contábil corrente. Ao invés disso, tal transação deve ser reconhecida como despesa na demonstração do resultado. Esse tratamento não implica dizer que a intenção da administração ao incorrer nos gastos não tenha sido a de gerar benefícios econômicos futuros para a entidade ou que a administração tenha sido mal conduzida. A única implicação é que o grau de certeza quanto à geração de benefícios econômicos para a entidade, além do período contábil corrente, é insuficiente para garantir o reconhecimento do ativo.

Reconhecimento de passivos

4.46. Um passivo deve ser reconhecido no balanço patrimonial quando for provável que uma saída de recursos detentores de benefícios econômicos seja exigida em liquidação de obrigação presente e o valor pelo qual essa liquidação se dará puder ser mensurado com confiabilidade. Na prática, as obrigações originadas de contratos ainda não integralmente cumpridos de modo proporcional – *proportionately unperformed* (por exemplo, passivos decorrentes de pedidos de compra de produtos e mercadorias ainda não recebidos) – não são geralmente reconhecidas como passivos nas demonstrações contábeis. Contudo, tais obrigações podem enquadrar-se na definição de passivos caso sejam atendidos os critérios de reconhecimento nas circunstâncias específicas, e podem qualificar-se para reconhecimento. Nesses casos, o reconhecimento dos passivos exige o reconhecimento dos correspondentes ativos ou despesas.

Reconhecimento de receitas

4.47. A receita deve ser reconhecida na demonstração do resultado quando resultar em aumento nos benefícios econômicos futuros relacionado com aumento de ativo ou com diminuição de passivo, e puder ser mensurado com confiabilidade. Isso significa, na prática, que o reconhecimento da receita ocorre simultaneamente com o reconhecimento do aumento nos ativos ou da diminuição nos passivos (por exemplo, o aumento líquido nos ativos originado da venda de bens e serviços ou o decréscimo do passivo originado do perdão de dívida a ser paga).

4.48. Os procedimentos normalmente adotados, na prática, para reconhecimento da receita, como, por exemplo, a exigência de que a receita tenha sido ganha, são aplicações dos critérios de reconhecimento definidos nesta Estrutura Conceitual. Tais procedimentos são geralmente direcionados para restringir o reconhecimento como receita àqueles itens que possam ser mensurados com confiabilidade e tenham suficiente grau de certeza.

Reconhecimento de despesas

4.49. As despesas devem ser reconhecidas na demonstração do resultado quando resultarem em decréscimo nos benefícios econômicos futuros, relacionado com o decréscimo de um ativo ou o aumento de um passivo, e puder ser mensurado com confiabilidade. Isso significa, na prática, que o reconhecimento da despesa ocorre simultaneamente com o reconhecimento de aumento nos passivos ou de diminuição nos ativos (por exemplo, a alocação por competência de obrigações trabalhistas ou da depreciação de equipamento).

4.50. As despesas devem ser reconhecidas na demonstração do resultado com base na associação direta entre elas e os correspondentes itens de receita. Esse processo, usualmente chamado de confrontação entre despesas e receitas (regime de competência), envolve o reconhecimento simultâneo ou combinado das receitas e despesas que resultem diretamente ou conjuntamente das mesmas transações ou outros eventos. Por exemplo, os vários componentes de despesas que integram o custo das mercadorias vendidas devem ser reconhecidos no mesmo momento em que a receita derivada da venda das mercadorias é reconhecida. Contudo, a aplicação do conceito de confrontação, de acordo com esta Estrutura Conceitual, não autoriza o reconhecimento de itens no balanço patrimonial que não satisfaçam à definição de ativos ou passivos.

4.51. Quando se espera que os benefícios econômicos sejam gerados ao longo de vários períodos contábeis e a associação com a correspondente receita somente possa ser feita de modo geral e indireto, as despesas devem ser reconhecidas na demonstração do resultado com base em procedimentos de alocação sistemática e racional. Muitas vezes isso é necessário ao reconhecer despesas associadas com o uso ou o consumo de ativos, tais como itens do imobilizado, ágio pela expectativa de rentabilidade futura (*goodwill*), marcas e patentes. Em tais casos, a despesa é designada como depreciação ou amortização. Esses procedimentos de alocação destinam-se a reconhecer despesas nos períodos contábeis em que os benefícios econômicos associados a tais itens sejam consumidos ou expirem.

4.52. A despesa deve ser reconhecida imediatamente na demonstração do resultado quando o gasto não produzir benefícios econômicos futuros ou quando, e na extensão em que, os benefícios econômicos futuros não se qualificarem, ou deixarem de se qualificar, para reconhecimento no balanço patrimonial como ativo.

4.53. A despesa também deve ser reconhecida na demonstração do resultado nos casos em que um passivo é incorrido sem o correspondente reconhecimento de ativo, como no caso de passivo decorrente de garantia de produto.

Mensuração dos elementos das demonstrações contábeis

4.54. Mensuração é o processo que consiste em determinar os montantes monetários por meio dos quais os elementos das demonstrações contábeis devem ser reconhecidos e apresentados no balanço patrimonial e na demonstração do resultado. Esse processo envolve a seleção da base específica de mensuração.

4.55. Um número variado de bases de mensuração é empregado em diferentes graus e em variadas combinações nas demonstrações contábeis. Essas bases incluem o que segue:

a) *Custo histórico*. Os ativos são registrados pelos montantes pagos em caixa ou equivalentes de caixa ou pelo valor justo dos recursos entregues para adquiri-los na data da aquisição. Os passivos são registrados pelos montantes dos recursos recebidos em troca da obrigação ou, em algumas circunstâncias (como, por exemplo, imposto de renda), pelos montantes em caixa ou equivalentes de caixa se espera serão necessários para liquidar o passivo no curso normal das operações.

b) *Custo corrente.* Os ativos são mantidos pelos montantes em caixa ou equivalentes de caixa que teriam de ser pagos se esses mesmos ativos ou ativos equivalentes fossem adquiridos na data do balanço. Os passivos são reconhecidos pelos montantes em caixa ou equivalentes de caixa, não descontados, que se espera seriam necessários para liquidar a obrigação na data do balanço.

c) *Valor realizável* (valor de realização ou de liquidação). Os ativos são mantidos pelos montantes em caixa ou equivalentes de caixa que poderiam ser obtidos pela sua venda em forma ordenada. Os passivos são mantidos pelos seus montantes de liquidação, isto é, pelos montantes em caixa ou equivalentes de caixa, não descontados, que se espera serão pagos para liquidar as correspondentes obrigações no curso normal das operações.

d) *Valor presente.* Os ativos são mantidos pelo valor presente, descontado, dos fluxos futuros de entradas líquidas de caixa que se espera seja gerado pelo item no curso normal das operações. Os passivos são mantidos pelo valor presente, descontado, dos fluxos futuros de saídas líquidas de caixa que se espera serão necessários para liquidar o passivo no curso normal das operações.

4.56. A base de mensuração mais comumente adotada pelas entidades na elaboração de suas demonstrações contábeis é o custo histórico. Ele é normalmente combinado com outras bases de mensuração. Por exemplo, os estoques são geralmente mantidos pelo menor valor entre o custo e o valor líquido de realização, os títulos e valores mobiliários negociáveis podem em determinadas circunstâncias ser mantidos a valor de mercado e os passivos decorrentes de pensões são mantidos pelo seu valor presente. Ademais, em algumas circunstâncias, determinadas entidades usam a base de custo corrente como resposta à incapacidade de o modelo contábil de custo histórico enfrentar os efeitos das mudanças de preços dos ativos não monetários.

Conceitos de capital e de manutenção de capital

Conceitos de capital

4.57. O conceito de capital financeiro (ou monetário) é adotado pela maioria das entidades na elaboração de suas demonstrações contábeis. De acordo com o conceito de capital financeiro, tal como o dinheiro investido ou o seu poder de compra investido, o capital é sinônimo de ativos líquidos ou patrimônio líquido da entidade. Segundo o conceito de capital físico, tal como capacidade operacional, o capital é considerado como a capacidade produtiva da entidade baseada, por exemplo, nas unidades de produção diária.

4.58. A seleção do conceito de capital apropriado para a entidade deve estar baseada nas necessidades dos usuários das demonstrações contábeis. Assim, o conceito de capital financeiro deve ser adotado se os usuários das demonstrações contábeis estiverem primariamente interessados na manutenção do capital nominal investido ou no poder de compra do capital investido. Se, contudo, a principal preocupação dos usuários for com a capacidade operacional da entidade, o conceito de capital físico deve ser adotado. O conceito escolhido indica o objetivo a ser alcançado na determinação do lucro, mesmo que possa haver algumas dificuldades de mensuração ao tornar operacional o conceito.

Conceitos de manutenção de capital e determinação do lucro

4.59. Os conceitos de capital mencionados no item 4.57 dão origem aos seguintes conceitos de manutenção de capital:

a) *Manutenção do capital financeiro.* De acordo com esse conceito, o lucro é considerado auferido somente se o montante financeiro (ou dinheiro) dos ativos líquidos no fim do período exceder o seu montante financeiro (ou dinheiro) no começo do período, depois de excluídas quaisquer distribuições aos proprietários e seus aportes de capital durante o período. A manutenção do capital financeiro pode ser medida em qualquer unidade monetária nominal ou em unidades de poder aquisitivo constante.

b) *Manutenção do capital físico.* De acordo com esse conceito, o lucro é considerado auferido somente se a capacidade física produtiva (ou capacidade operacional) da entidade (ou os recursos ou fundos necessários para atingir essa capacidade) no fim do período exceder a capacidade física produtiva no início do período, depois de excluídas quaisquer distribuições aos proprietários e seus aportes de capital durante o período.

4.60. O conceito de manutenção de capital está relacionado com a forma pela qual a entidade define o capital que ela procura manter. Ele representa um elo entre os conceitos de capital e os conceitos de lucro, pois fornece um ponto de referência para medição do lucro; é uma condição essencial para distinção entre o retorno sobre o capital da entidade e a recuperação do capital; somente os ingressos de ativos que excedam os montantes necessários para manutenção do capital podem ser considerados como lucro e, portanto, como retorno sobre o capital. Portanto, o lucro é o montante remanescente depois que as despesas (inclusive os ajustes de manutenção do capital, quando for apropriado) tiverem sido deduzidas do resultado. Se as despesas excederem as receitas, o montante residual será um prejuízo.

4.61. O conceito de manutenção do capital físico requer a adoção do custo corrente como base de mensuração. O conceito de manutenção do capital financeiro, entretanto, não requer o uso de uma base específica de mensuração. A escolha da base conforme este conceito depende do tipo de capital financeiro que a entidade está procurando manter.

4.62. A principal diferença entre os dois conceitos de manutenção de capital está no tratamento dos efeitos das mudanças nos preços dos ativos e passivos da entidade. Em termos gerais, a entidade terá mantido seu capital se ela tiver tanto capital no fim do período como tinha no início, computados os efeitos das distribuições aos proprietários e seus aportes para o capital durante esse período. Qualquer valor além daquele necessário para manter o capital do início do período é lucro.

4.63. De acordo com o conceito de manutenção do capital financeiro, por meio do qual o capital é definido em termos de unidades monetárias nominais, o lucro representa o aumento do capital monetário nominal ao longo do período. Assim, os aumentos nos preços de ativos mantidos ao longo do período, convencionalmente designados como ganhos de estocagem, são, conceitualmente, lucros. Entretanto, eles podem não ser reconhecidos como tais até que os ativos sejam realizados mediante transação de troca. Quando o conceito de manutenção do capital financeiro é definido em termos de unidades de poder aquisitivo constante, o lucro representa o aumento no poder de compra investido ao longo do período. Assim, somente a parcela do aumento nos preços dos ativos que exceder o aumento no nível geral de preços é considerada como lucro. O restante do aumento é tratado como ajuste para manutenção do capital e, consequentemente, como parte integrante do patrimônio líquido.

4.64. De acordo com o conceito de manutenção do capital físico, quando o capital é definido em termos de capacidade física produtiva, o lucro representa o aumento desse capital ao longo do período. Todas as mudanças de preços afetando ativos e passivos da entidade são vistas, nesse conceito, como mudanças na mensuração da capacidade física produtiva da entidade. Assim sendo, devem ser tratadas como ajustes para manutenção do capital, que são parte do patrimônio líquido, e não como lucro.

4.65. A seleção das bases de mensuração e do conceito de manutenção de capital é que determina o modelo contábil a ser utilizado na elaboração das demonstrações contábeis. Diferentes modelos contábeis apresentam diferentes graus de relevância e confiabilidade e, como em outras áreas, a administração deve buscar o equilíbrio entre a relevância e a confiabilidade. Esta Estrutura Conceitual é aplicável ao elenco de modelos contábeis e fornece orientação para elaboração e apresentação das demonstrações contábeis elaboradas conforme o modelo escolhido. No momento presente, não é intenção do CFC eleger um modelo em particular a não ser em circunstâncias excepcionais. Essa intenção será, contudo, revista *vis-à-vis* os desenvolvimentos que forem sendo observados no mundo.

TABELA DE EQUIVALÊNCIA

Esta tabela mostra como o conteúdo da Estrutura Conceitual anterior e a atual se correspondem.

Estrutura Conceitual Anterior	Estrutura Conceitual Atual
Prefácio e Introdução Itens 1 a 5	Introdução
6 a 21	Substituídos pelo Capítulo 1
22	Eliminado
23	4.1
24 a 46	Substituído pelo Capítulo 3
47 a 110	Capítulo 4
47 e 48	4.2 e 4.3
49 a 52	4.4 a 4.7
53 a 59	4.8 a 4.14
60 a 64	4.15 a 4.19
65 a 68	4.20 a 4.23
69 a 73	4.24 a 4.28

(continua)

(continuação)

Estrutura Conceitual Anterior	Estrutura Conceitual Atual
74 a 77	4.29 a 4.32
78 a 80	4.33 a 4.35
81	4.36
82 a 84	4.37 a 4.39
85	4.40
86 a 88	4.41 a 4.43
89 e 90	4.44 e 4.45
91	4.46
92 e 93	4.47 e 4.48
94 a 98	4.49 a 4.53
99 a 101	4.54 a 4.56
102 e 103	4.57 e 4.58
104 a 110	4.59 a 4.65

Anexo II

NORMA BRASILEIRA DE CONTABILIDADE (NBC) PG 01,
de 7 de fevereiro de 2019

Aprova a NBC PG 01 – Código de Ética Profissional do Contador.

O CONSELHO FEDERAL DE CONTABILIDADE, no exercício de suas atribuições legais e regimentais e com fundamento no disposto na alínea "f" do art. 6º do Decreto-Lei n. 9.295, de 1946, alterado pela Lei n. 12.249, de 2010, faz saber que foi aprovada em seu Plenário a seguinte Norma Brasileira de Contabilidade (NBC):

NBC PG 01 – CÓDIGO DE ÉTICA PROFISSIONAL DO CONTADOR

Objetivo
1) Esta Norma tem por objetivo fixar a conduta do contador, quando no exercício da sua atividade e nos assuntos relacionados à profissão e à classe.
2) A conduta ética do contador deve seguir os preceitos estabelecidos nesta Norma, nas demais Normas Brasileiras de Contabilidade e na legislação vigente.
3) Este Código de Ética Profissional do Contador se aplica também ao técnico em contabilidade, no exercício de suas prerrogativas profissionais.

Deveres, vedações e permissibilidades
4) São deveres do contador:
   a) exercer a profissão com zelo, diligência, honestidade e capacidade técnica, observando as Normas Brasileiras de Contabilidade e a legislação vigente, resguardando o interesse público, os interesses de seus clientes ou empregadores, sem prejuízo da dignidade e independência profissionais;
   b) recusar sua indicação em trabalho quando reconheça não se achar capacitado para a especialização requerida;
   c) guardar sigilo sobre o que souber em razão do exercício profissional, inclusive no âmbito do serviço público, ressalvados os casos previstos em lei ou quando solicitado por autoridades competentes, entre estas os Conselhos Federal e Regionais de Contabilidade;

d) informar a quem de direito, obrigatoriamente, fatos que conheça e que considere em condições de exercer efeito sobre o objeto do trabalho, respeitado o disposto na alínea (c) deste item;

e) aplicar as salvaguardas previstas pela profissão, pela legislação, por regulamento ou por organização empregadora toda vez que identificar ou for alertado da existência de ameaças mencionadas nas normas de exercício da profissão contábil, observando o seguinte:

    i) tomar medidas razoáveis para evitar ou minimizar conflito de interesses; e

    ii) quando não puder eliminar ou minimizar a nível aceitável o conflito de interesses, adotar medidas de modo a não perder a independência profissional;

f) abster-se de expressar argumentos ou dar conhecimento de sua convicção pessoal sobre os direitos de quaisquer das partes interessadas, ou da justiça da causa em que estiver servindo, mantendo seu trabalho no âmbito técnico e limitando-se ao seu alcance;

g) abster-se de interpretações tendenciosas sobre a matéria que constitui objeto do trabalho, mantendo a independência profissional;

h) zelar pela sua competência exclusiva na orientação técnica dos serviços a seu cargo, abstendo-se de emitir qualquer opinião em trabalho de outro contador, sem que tenha sido contratado para tal;

i) comunicar, desde logo, ao cliente ou ao empregador, em documento reservado, eventual circunstância adversa que possa gerar riscos e ameaças ou influir na decisão daqueles que são usuários dos relatórios e serviços contábeis como um todo;

j) despender os esforços necessários e se munir de documentos e informações para inteirar-se de todas as circunstâncias, antes de emitir opinião sobre qualquer caso;

k) renunciar às funções que exerce, logo que se positive falta de confiança por parte do cliente ou empregador e vice-versa, a quem deve notificar por escrito, respeitando os prazos estabelecidos em contrato;

l) quando substituído em suas funções, informar ao substituto sobre fatos que devam chegar ao conhecimento desse, a fim de contribuir para o bom desempenho das funções a serem exercidas;

m) manifestar, imediatamente, em qualquer tempo, a existência de impedimento para o exercício da profissão;

n) ser solidário com os movimentos de defesa da dignidade profissional, seja defendendo remuneração condigna, seja zelando por condições de trabalho compatíveis com o exercício ético-profissional da Contabilidade e seu aprimoramento técnico;

o) cumprir os Programas de Educação Profissional Continuada de acordo com o estabelecido pelo Conselho Federal de Contabilidade (CFC);

p) comunicar imediatamente ao CRC a mudança de seu domicílio ou endereço, inclusive eletrônico, e da organização contábil de sua responsabilidade, bem como informar a ocorrência de outros fatos necessários ao controle e fiscalização profissional;

q) atender à fiscalização do exercício profissional e disponibilizar papéis de trabalho, relatórios e outros documentos solicitados; e

r) informar o número de registro, o nome e a categoria profissional após a assinatura em trabalho de contabilidade, propostas comerciais, contratos de prestação de serviços e em todo e qualquer anúncio, placas, cartões comerciais e outros.

5) No desempenho de suas funções, é vedado ao contador:

a) assumir, direta ou indiretamente, serviços de qualquer natureza, com prejuízo moral ou desprestígio para a classe;

b) auferir qualquer provento em função do exercício profissional que não decorra exclusivamente de sua prática lícita;

c) assinar documentos ou peças contábeis elaborados por outrem alheio à sua orientação, supervisão ou revisão;

d) exercer a profissão, quando impedido, inclusive quando for procurador de seu cliente, mesmo que com poderes específicos, dentro das prerrogativas profissionais;

e) facilitar, por qualquer meio, o exercício da profissão aos não habilitados ou impedidos;

f) explorar serviços contábeis, por si ou em organização contábil, sem registro regular em Conselho Regional de Contabilidade;

g) concorrer, no exercício da profissão, para a realização de ato contrário à legislação ou destinado a fraudá-la, quando da execução dos serviços para os quais foi expressamente contratado;

h) solicitar ou receber de cliente ou empregador qualquer vantagem para aplicação ilícita;

i) prejudicar, culposa ou dolosamente, interesse confiado a sua responsabilidade profissional;

j) recusar-se a prestar contas de quantias que lhe forem comprovadamente confiadas;

k) apropriar-se indevidamente de valores, bens e qualquer tipo de crédito confiados a sua guarda;

l) reter abusivamente livros, papéis ou documentos, inclusive arquivos eletrônicos, comprovadamente confiados à sua guarda, inclusive com a finalidade de forçar o contratante a cumprir suas obrigações contratuais com o profissional da contabilidade, ou pelo não atendimento de notificação do contratante;

m) orientar o cliente ou o empregador contra Normas Brasileiras de Contabilidade e contra disposições expressas em lei;

n) exercer atividade ou ligar o seu nome a empreendimentos com finalidades ilícitas;

o) emitir referência que identifique o cliente ou o empregador, com quebra de sigilo profissional, em publicação em que haja menção a trabalho que tenha realizado ou orientado, salvo quando autorizado por eles;

p) iludir ou tentar iludir a boa-fé de cliente, empregador ou de terceiros, alterando ou deturpando o exato teor de documentos, inclusive eletrônicos, e fornecer falsas informações ou elaborar peças contábeis inidôneas;

q) não atender, no prazo estabelecido, à notificação dos Conselhos Federal e Regionais de Contabilidade;

r) intitular-se com categoria profissional que não possua na profissão contábil;

s) executar trabalhos técnicos contábeis sem observância das Normas Brasileiras de Contabilidade editadas pelo CFC;

t) renunciar à liberdade profissional, devendo evitar quaisquer restrições ou imposições que possam prejudicar a eficácia e a correção de seu trabalho;

u) publicar ou distribuir, em seu nome, trabalho científico ou técnico do qual não tenha participado;

v) revelar negociação confidenciada pelo cliente ou empregador para acordo ou transação que, comprovadamente, tenha tido conhecimento, ressalvados os casos previstos em lei ou quando solicitado por autoridades competentes, entre estas os Conselhos Federal e Regionais de Contabilidade; e

w) exercer a profissão contábil com negligência, imperícia ou imprudência, tendo violado direitos ou causado prejuízos a outrem.

6) O contador pode:

a) publicar trabalho, científico ou técnico, assinado e sob sua responsabilidade;

b) transferir o contrato de serviços a seu cargo a outro profissional, com a anuência do cliente, sempre por escrito;

c) transferir, parcialmente, a execução dos serviços a seu cargo a outro profissional, mantendo sempre como sua a responsabilidade técnica; e

d) indicar, em qualquer modalidade ou veículo de comunicação, títulos, especializações, serviços oferecidos, trabalhos realizados e a relação de clientes, esta quando autorizada por estes.

Valor e publicidade dos serviços profissionais

7) O contador deve estabelecer, por escrito, o valor dos serviços em suas propostas de prestação de serviços profissionais, considerando os seguintes elementos:

a) a relevância, o vulto, a complexidade, os custos e a dificuldade do serviço a executar;

b) o tempo que será consumido para a realização do trabalho;

c) a possibilidade de ficar impedido da realização de outros serviços;

d) o resultado lícito favorável que, para o contratante, advirá com o serviço prestado;

e) a peculiaridade de tratar-se de cliente eventual, habitual ou permanente; e

8) O local em que o serviço será prestado.

9) Nas propostas para a prestação de serviços profissionais, devem constar, explicitamente, todos os serviços cobrados individualmente, o valor de cada serviço, a periodicidade e a forma de reajuste.

10) Aceita a proposta apresentada, deve ser celebrado, por escrito, contrato de prestação de serviços, respeitando o disposto em legislação específica do CFC.

11) Caso parte dos serviços tenha que ser executada pelo próprio tomador dos serviços, isso deve estar explicitado na proposta e no contrato.

12) A publicidade, em qualquer modalidade ou veículo de comunicação, dos serviços contábeis, deve primar pela sua natureza técnica e científica, sendo vedada a prática da mercantilização.

13) A publicidade dos serviços contábeis deve ter caráter meramente informativo, ser moderada e discreta.

14) Cabe ao profissional da contabilidade manter em seu poder os dados fáticos, técnicos e científicos que dão sustentação à mensagem da publicidade realizada dos seus serviços.

15) O profissional deve observar, no que couber, o Código de Defesa do Consumidor, especialmente no que concerne à informação adequada e clara sobre os serviços a serem prestados, e a Lei de Propriedade Industrial que dispõe sobre crimes de concorrência desleal.

16) É vedado efetuar ações publicitárias ou manifestações que denigram a reputação da ciência contábil, da profissão ou dos colegas, entre as quais:

a) fazer afirmações desproporcionais sobre os serviços que oferece, sua capacitação ou sobre a experiência que possui;

b) fazer comparações depreciativas entre o seu trabalho e o de outros; e

c) desenvolver ações comerciais que iludam a boa-fé de terceiros.

Deveres em relação aos colegas e à classe

17) A conduta do contador com relação aos colegas deve ser pautada nos princípios de consideração, respeito, apreço, solidariedade e harmonia da classe.

18) O espírito de solidariedade, mesmo na condição de empregado, não induz nem justifica a participação, ou a conivência com erro ou com atos infringentes de normas técnicas, éticas ou legais que regem o exercício da profissão.

19) O contador deve, em relação aos colegas, observar as seguintes normas de conduta:

a) abster-se de fazer referências prejudiciais ou de qualquer modo desabonadoras;

b) abster-se da aceitação de encargo profissional em substituição a colega que dele tenha desistido para preservar a dignidade ou os interesses da profissão ou da classe, desde que permaneçam as mesmas condições que ditaram o referido procedimento;

c) jamais se apropriar de trabalhos, iniciativas ou de soluções encontradas por colegas, que deles não tenha participado, apresentando-os como próprios; e

d) evitar desentendimentos com o colega que substituir ou com o seu substituto no exercício profissional.

20) O contador deve, com relação à classe, observar as seguintes normas de conduta:

a) prestar sua cooperação moral, intelectual e material, salvo circunstâncias especiais que justifiquem a sua recusa;

b) zelar pelo cumprimento desta Norma, pelo prestígio da classe, pela dignidade profissional e pelo aperfeiçoamento de suas instituições;

c) aceitar o desempenho de cargo de dirigente nas entidades de classe, admitindo-se a justa recusa;

d) acatar as decisões aprovadas pela classe contábil;

e) não formular juízos depreciativos sobre a classe contábil;

f) informar aos órgãos competentes sobre irregularidades comprovadamente ocorridas na administração de entidade da classe contábil; e

g) jamais se utilizar de posição ocupada em entidades de classe para benefício próprio ou para proveito pessoal.

Penalidades

21) A transgressão de preceito desta Norma constitui infração ética, sancionada, segundo a gravidade, com a aplicação de uma das seguintes penalidades:

    a) advertência reservada;

    b) censura reservada; ou

    c) censura pública.

22) Na aplicação das sanções éticas, podem ser consideradas como atenuantes:

    a) ação desenvolvida em defesa de prerrogativa profissional;

    b) ausência de punição ética anterior;

    c) prestação de serviços relevantes à Contabilidade; e

    d) aplicação de salvaguardas.

23) Na aplicação das sanções éticas, podem ser consideradas como agravantes:

    a) ação ou omissão que macule publicamente a imagem do contador;

    b) punição ética anterior transitada em julgado; e

    c) gravidade da infração.

24) O contador pode requerer desagravo público ao Conselho Regional de Contabilidade, quando atingido, pública e injustamente, no exercício de sua profissão.

Disposições gerais

25) As demais normas profissionais complementam esta Norma.

26) Na existência de conflito entre esta Norma e as demais normas profissionais, prevalecem as disposições desta Norma.

27) Esta Norma entra em vigor no dia 1º de junho de 2019 e revoga, nessa mesma data, as Resoluções CFC ns. 803, de 1996; 819, de 1997; 942, de 2002; 950, de 2002 e 1.307, de 2010, publicadas no DOU, Seção 1, de 20 de novembro de 1996, 13 de janeiro de 1997, 4 de setembro de 2002, 16 de dezembro de 2002 e 14 de dezembro de 2010, respectivamente.

ZULMIR IVÂNIO BREDA
Presidente do Conselho

Anexo III

Decreto-Lei n. 9.295, de 1946

De 27 de maio de 1946

Cria o Conselho Federal de Contabilidade, define as atribuições do Contador e do Guarda-livros e dá outras providências.

O Presidente da República, usando da atribuição que lhe confere o art. 180 da Constituição, decreta:

CAPÍTULO I
DO CONSELHO FEDERAL DE CONTABILIDADE E DOS CONSELHOS REGIONAIS

Art. 1º Ficam criados o Conselho Federal de Contabilidade e os Conselhos Regionais de Contabilidade, de acordo com o que preceitua o presente Decreto Lei.

Art. 2º A fiscalização do exercício da profissão contábil, assim entendendo-se os profissionais habilitados como contadores e técnicos em contabilidade, será exercida pelo Conselho Federal de Contabilidade e pelos Conselhos Regionais de Contabilidade a que se refere o art. 1º.

* Art. 2º com redação dada pelo art. 76 da Lei n. 12.249, de 11 de junho de 2010.

Art. 3º Terá sua sede no Distrito Federal o Conselho Federal de Contabilidade, ao qual ficam subordinados os Conselhos Regionais.

Art. 4º (Revogado pelo Decreto-Lei n. 1.040, de 21 de outubro de 1969, com nova redação dada pela Lei 11.160, de 2005).

Art. 5º (Revogado pelo Decreto-Lei n. 1.040, de 21 de outubro de 1969).

Parágrafo único. (Revogado pelo Decreto-Lei n. 1.040, de 21 de outubro de 1969).

Art. 6º São atribuições do Conselho Federal de Contabilidade:

a) organizar o seu Regimento Interno;

b) aprovar os Regimentos Internos organizados pelos Conselhos Regionais, modificando o que se tornar necessário, a fim de manter a respectiva unidade de ação;

c) tomar conhecimento de quaisquer dúvidas suscitadas nos Conselhos Regionais e dirimi-las;

d) decidir, em última instância, os recursos de penalidade imposta pelos Conselhos Regionais;

e) publicar o relatório anual de seus trabalhos, em que deverá figurar a relação de todos os profissionais registrados.

f) regular acerca dos princípios contábeis, do Exame de Suficiência, do cadastro de qualificação técnica e dos programas de educação continuada; e editar Normas Brasileiras de Contabilidade de natureza técnica e profissional.

* Letra "f" acrescentada pelo art. 76 da Lei n. 12.249, de 11 de junho de 2010.

Art. 7º Ao Presidente compete, além da direção do Conselho, a suspensão de qualquer decisão que o mesmo tome e lhe pareça inconveniente.

Parágrafo único. O ato da suspensão vigorará até novo julgamento do caso, para o qual o Presidente convocará segunda reunião no prazo de quinze dias, a contar de seu ato; e se, no segundo julgamento, o Conselho mantiver, por dois terços de seus membros, a decisão suspensa, esta entrará em vigor imediatamente.

Art. 8º Constitui renda do Conselho Federal de Contabilidade:

a) 1/5 (um quinto) da renda bruta de cada Conselho Regional nela não se compreendendo doações, legados e subvenções;

b) doação e legados;

c) subvenções dos Governos.

Art. 9º Os Conselhos Regionais de Contabilidade serão organizados nos moldes do Conselho Federal, cabendo a este fixar-lhes o número de componentes, determinando a forma da eleição local para sua composição, inclusive do respectivo Presidente.

* O mandato dos presidentes dos Conselhos de Contabilidade é disciplinado pelo art. 3º do DL n. 1.040, de outubro de 1969.

* A forma de eleição para os CRCs está prevista no art. 4º do DL n. 1.040, de 21 de outubro de 1969, com redação dada pela Lei n. 5.730, de 8 de novembro de 1971.

Parágrafo único. O Conselho promoverá a instalação, nos Estados, nos Territórios e nos Municípios dos órgãos julgados necessários, podendo estender-se a mais de um Estado a ação de qualquer deles.

Art. 10 São atribuições dos Conselhos Regionais:

a) expedir e registrar a carteira profissional prevista no art. 17;

* Alínea "a" com redação dada pela Lei n. 9.710, de 3 de setembro de 1946.

b) examinar reclamações e representações escritas acerca dos serviços de registro e das infrações dos dispositivos legais vigentes, relativos ao exercício da profissão de contabilista, decidindo a respeito;

c) fiscalizar o exercício das profissões de contador e guarda-livros, impedindo e punindo as infrações, e, bem assim, enviando às autoridades competentes minuciosos e documentados relatórios sobre fatos que apurarem, e cuja solução ou repressão não seja de sua alçada;

d) publicar relatório anual de seus trabalhos e a relação dos profissionais registrados;

e) elaborar a proposta de seu regimento interno, submetendo-o à aprovação do Conselho Federal de Contabilidade;

f) representar ao Conselho Federal de Contabilidade acerca de novas medidas necessárias, para regularidade do serviço e para fiscalização do exercício das profissões previstas na alínea "b", deste artigo;

g) admitir a colaboração das entidades de classe nos casos relativos à matéria das alíneas anteriores.

* Art. 11 A renda dos Conselhos Regionais será constituída do seguinte:

a) 4/5 da taxa de expedição das carteiras profissionais estabelecidas no art. 17 e seu parágrafo único;
b) 4/5 das multas aplicadas conforme alínea "b", do artigo anterior;
c) 4/5 da arrecadação da anuidade prevista no art. 21 e seus parágrafos;
d) doações e legados;
e) subvenções dos Governos.

CAPÍTULO II
DO REGISTRO DA CARTEIRA PROFISSIONAL

Art. 12 Os profissionais a que se refere este Decreto-Lei somente poderão exercer a profissão após a regular conclusão do curso de Bacharelado em Ciências Contábeis, reconhecido pelo Ministério da Educação, aprovação em Exame de Suficiência e registro no Conselho Regional de Contabilidade a que estiverem sujeitos.

* Art. 12 com redação dada pelo art. 76 da Lei n. 12.249, de 11 de junho de 2010.

§ 1º O exercício da profissão, sem o registro a que alude este artigo, será considerado como infração do presente Decreto-Lei.

* anterior parágrafo único renumerado pela Lei n. 12.249, de 11 de junho de 2010.

§ 2º Os técnicos em contabilidade já registrados em Conselho Regional de Contabilidade e os que venham a fazê-lo até 1º de junho de 2015 têm assegurado o seu direito ao exercício da profissão.

* § 2º com redação dada pelo art. 76 da Lei n. 12.249, de 11 de junho de 2010.

Art. 13 Os profissionais punidos por inobservância do artigo anterior e seu parágrafo único não poderão obter o registro sem provar o pagamento das multas em que houverem incorrido.

Art. 14 Se o profissional, registrado em qualquer dos Conselhos Regionais de Contabilidade, mudar de domicílio, fará visar, no Conselho Regional a que o novo local dos seus trabalhos estiver sujeito, a carteira profissional de que trata o art. 17 Considera-se que há mudança, desde que o profissional exerça qualquer das profissões, no novo domicílio, por prazo maior de noventa dias.

Art. 15 Os indivíduos, firmas, sociedades, associações, companhias e empresas em geral, e suas filiais que exerçam ou explorem, sob qualquer forma, serviços técnicos contábeis, ou a seu cargo tiverem alguma secção que a tal se destine, somente poderão executar os respectivos serviços depois de provarem, perante os Conselhos de Contabilidade, que os encarregados da parte técnica são exclusivamente profissionais habilitados e registrados na forma da lei.

Parágrafo único. As substituições dos profissionais obrigam à nova prova, por parte das entidades a que se refere este artigo.

Art. 16 O Conselho Federal organizará, anualmente, com as alterações havidas e em ordem alfabética, a relação completa dos registros, classificados conforme os títulos de habilitação e a fará publicar no Diário Oficial.

Art. 17 A todo profissional registrado de acordo com este Decreto-Lei será entregue uma carteira profissional, numerada, registrada e visada no Conselho Regional respectivo, a qual conterá:

* Art. 17, *caput*, com redação dada pela Lei n. 9.710, de 3 de setembro de 1946.

a) seu nome por extenso;
b) sua filiação;

c) sua nacionalidade e naturalidade;

d) a data do seu nascimento;

e) denominação da escola em que se formou ou declaração de sua categoria de provisionado;

f) a data em que foi diplomado ou provisionado, bem como, indicação do número do registro no órgão competente do Departamento Nacional de Educação;

g) a natureza do título ou dos títulos de sua habilitação;

h) o número do registro do Conselho Regional respectivo;

i) sua fotografia de frente e impressão dactiloscópica do polegar;

j) sua assinatura.

Parágrafo único. A expedição da carteira fica sujeita à taxa de Cr$ 30,00 (trinta cruzeiros).

Art. 18 A carteira profissional substituirá o diploma ou o título de provisionamento para os efeitos legais; servirá de carteira de identidade e terá fé pública.

Art. 19 As autoridades federais, estaduais e municipais só receberão impostos relativos ao exercício da profissão de contabilista mediante exibição da carteira a que se refere o art. 18.

Art. 20 Todo aquele que, mediante anúncios, placas, cartões comerciais, ou outros meios, se propuser ao exercício da profissão de contabilista, em qualquer de seus ramos, fica sujeito às penalidades aplicáveis ao exercício ilegal da profissão, se não estiver devidamente registrado.

Parágrafo único. Para fins de fiscalização, ficam os profissionais obrigados a declarar, em todo e qualquer trabalho realizado e nos elementos previstos neste artigo, a sua categoria profissional de contador ou guarda-livros, bem como o número de seu registro no Conselho Regional.

CAPÍTULO III
DA ANUIDADE DEVIDA AOS CONSELHOS REGIONAIS

Art. 21 Os profissionais registrados nos Conselhos Regionais de Contabilidade são obrigados ao pagamento da anuidade.

§ 1º O pagamento da anuidade será efetuado até 31 de março de cada ano, devendo, no primeiro ano de exercício da profissão, realizar-se por ocasião de ser expedida a carteira profissional.

§ 2º As anuidades pagas após 31 de março serão acrescidas de multa, juros de mora e atualização monetária, nos termos da legislação vigente.

* § 2º com redação dada pelo art. 76 da Lei n. 12.249, de 11 de junho de 2010.

§ 3º Na fixação do valor das anuidades devidas ao Conselho Federal e aos Conselhos Regionais de Contabilidade, serão observados os seguintes limites:

* § 3º com redação dada pelo art. 76 da Lei n. 12.249, de 11 de junho de 2010.

I – R$ 380,00 (trezentos e oitenta reais), para pessoas físicas;

II – R$ 950,00 (novecentos e cinquenta reais), para pessoas jurídicas.

§ 4º Os valores fixados no § 3º deste artigo poderão ser corrigidos anualmente pelo Índice Nacional de Preços ao Consumidor Amplo (IPCA), calculado pela Fundação Instituto Brasileiro de Geografia e Estatística (IBGE).

* § 4º com redação dada pelo art. 76 da Lei n. 12.249, de 11 de junho de 2010.

Art. 22. Às empresas ou a quaisquer organizações que explorem ramo dos serviços contábeis é obrigatório o pagamento de anuidade ao Conselho Regional da respectiva jurisdição.

* Art. 22 com redação dada pelo art. 76 da Lei n. 12.249, de 11 de junho de 2010.

§ 1º A anuidade deverá ser paga até o dia 31 de março, aplicando-se, após essa data, a regra do § 2º do art. 21.

* § 1º com redação dada pelo art. 76 da Lei n. 12.249, de 11 de junho de 2010.

§ 2º O pagamento da primeira anuidade deverá ser feito por ocasião da inscrição inicial no Conselho Regional.

Art. 23 O profissional ou a organização contábil que executarem serviços contábeis em mais de um Estado são obrigados a comunicar previamente ao Conselho Regional de Contabilidade no qual são registrados o local onde serão executados os serviços.

* Art. 23 com redação dada pelo art. 76 da Lei n. 12.249, de 11 de junho de 2010.

Art. 24 Somente poderão ser admitidos à execução de serviços públicos de contabilidade, inclusive à organização dos mesmos, por contrato particular, sob qualquer modalidade, o profissional ou pessoas jurídicas que provem quitação de suas anuidades e de outras contribuições a que estejam sujeitos.

CAPÍTULO IV
DAS ATRIBUIÇÕES PROFISSIONAIS

Art. 25 São considerados trabalhos técnicos de contabilidade:

a) organização e execução de serviços de contabilidade em geral;

b) escrituração dos livros de contabilidade obrigatórios, bem como de todos os necessários no conjunto da organização contábil e levantamento dos respectivos balanços e demonstrações;

c) perícias judiciais ou extra-judiciais, revisão de balanços e de contas em geral, verificação de haveres, revisão permanente ou periódica de escritas, regulações judiciais ou extra- judiciais de avarias grossas ou comuns, assistência aos Conselhos Fiscais das sociedades anônimas e quaisquer outras atribuições de natureza técnica conferidas por lei aos profissionais de contabilidade.

Art. 26 Salvo direitos adquiridos ex-vi do disposto no art. 2º do Decreto n. 21.033, de 8 de fevereiro de 1932, as atribuições definidas na alínea "c" do artigo anterior são privativas dos contadores diplomados.

CAPÍTULO V
DAS PENALIDADES

Art. 27 As penalidades ético-disciplinares aplicáveis por infração ao exercício legal da profissão são as seguintes:

* art. 27 com redação dada pelo art. 76 da Lei n. 12.249, de 11 de junho de 2010.

a) multa de 1 (uma) a 10 (dez) vezes o valor da anuidade do exercício em curso aos infratores dos arts. 12 e 26 deste Decreto-Lei;

  * Alínea "a" com redação dada pelo art. 76 da Lei n. 12.249, de 11 de junho de 2010.

b) multa de 1 (uma) a 10 (dez) vezes aos profissionais e de 2 (duas) a 20 (vinte) vezes o valor da anuidade do exercício em curso às empresas ou a quaisquer organizações contábeis, quando se tratar de infração dos arts. 15 e 20 e seus respectivos parágrafos;

  * Alínea "b" com redação dada pelo art. 76 da Lei n. 12.249, de 11 de junho de 2010.

c) multa de 1 (uma) a 5 (cinco) vezes o valor da anuidade do exercício em curso aos infratores de dispositivos não mencionados nas alíneas "a" e "b" ou para os quais não haja indicação de penalidade especial;

*Alínea "c" com redação dada pelo art. 76 da Lei n. 12.249, de 11 de junho de 2010.

d) suspensão do exercício da profissão, pelo período de até 2 (dois) anos, aos profissionais que, dentro do âmbito de sua atuação e no que se referir à parte técnica, forem responsáveis por qualquer falsidade de documentos que assinarem e pelas irregularidades de escrituração praticadas no sentido de fraudar as rendas públicas;

*Alínea "d" com redação dada pelo art. 76 da Lei n. 12.249, de 11de junho de 2010.

e) suspensão do exercício da profissão, pelo prazo de 6 (seis) meses a 1 (um) ano, ao profissional com comprovada incapacidade técnica no desempenho de suas funções, a critério do Conselho Regional de Contabilidade a que estiver sujeito, facultada, porém, ao interessado a mais ampla defesa;

*Alínea "e" com redação dada pelo art. 76 da Lei n. 12.249, de 11 de junho de 2010.

f) cassação do exercício profissional quando comprovada incapacidade técnica de natureza grave, crime contra a ordem econômica e tributária, produção de falsa prova de qualquer dos requisitos para registro profissional e apropriação indevida de valores de clientes confiados a sua guarda, desde que homologada por 2/3 (dois terços) do Plenário do Tribunal Superior de Ética e Disciplina;

*Alínea "f" com redação dada pelo art. 76 da Lei n. 12.249, de 11 de junho de 2010.

g) advertência reservada, censura reservada e censura pública nos casos previstos no Código de Ética Profissional dos Contabilistas elaborado e aprovado pelos Conselhos Federal e Regionais de Contabilidade, conforme previsão do art. 10 do Decreto-Lei n. 1.040, de 21 de outubro de 1969.

*Alínea "g" com redação dada pelo art. 76 da Lei n. 12.249, de 11 de junho de 2010.

Art. 28 São considerados como exercendo ilegalmente a profissão e sujeitos à pena estabelecida na alínea "a" do artigo anterior:

a) os profissionais que desempenharem quaisquer das funções específicas na alínea "c", do art. 25, sem possuírem, devidamente legalizado, o título a que se refere o art. 26 deste Decreto-Lei;

b) os profissionais que, embora legalmente habilitados, não fizerem, ou com referência a eles não for feita, a comunicação exigida no art. 15 e seu parágrafo único.

Art. 29 O profissional suspenso do exercício da profissão fica obrigado a depositar a carteira profissional no Conselho Regional de Contabilidade que tiver aplicado a penalidade, até a expiração do prazo de suspensão, sob pena de apreensão desse documento.

Art. 30 A falta de pagamento de multa devidamente confirmada importará, decorridos trinta (30) dias da notificação, em suspensão, por noventa dias, do profissional ou da organização que nela tiver incorrido.

Art. 31 As penalidades estabelecidas neste capítulo não isentam de outras, em que os infratores hajam incorrido, por violação de outras leis.

Art. 32 Das multas impostas pelos Conselhos Regionais poderá, dentro do prazo de sessenta dias, contados da notificação, ser interposto recurso, sem efeito suspensivo, para o Conselho Federal de Contabilidade.

§ 1º Não se efetuando amigavelmente o pagamento das multas, serão estas cobradas pelo executivo fiscal, na forma da legislação vigente.

§ 2º Os autos de infração, depois de julgados definitivamente, contra o infrator, constituem títulos de dívida líquida e certa para efeito de cobrança a que se refere o parágrafo anterior.

§ 3º São solidariamente responsáveis pelo pagamento das multas os infratores e os indivíduos, firmas, sociedades, companhias, associações ou empresas a cujos serviços se achem.

Art. 33 As penas de suspensão do exercício serão impostas aos profissionais pelos Conselhos Regionais, com recurso para o Conselho Federal de Contabilidade.

Art. 34 As multas serão aplicadas no grau máximo quando os infratores já tiverem sido condenados, por sentença passada em julgado, em virtude da violação de dispositivos legais.

Art. 35 No caso de reincidência da mesma infração, praticada dentro do prazo de dois anos, a penalidade será elevada ao dobro da anterior.

CAPÍTULO VI
DISPOSIÇÕES GERAIS

Art. 36 Aos Conselhos Regionais de Contabilidade fica cometido o encargo de dirimir quaisquer dúvidas suscitadas acerca das atribuições de que trata o Capítulo IV, com recurso suspensivo para o Conselho Federal de Contabilidade, a quem compete decidir em última instância sobre a matéria.

Art. 36-A Os Conselhos Federal e Regionais de Contabilidade apresentarão anualmente a prestação de suas contas aos seus registrados.

* Art. 36-A acrescentado pelo art. 77 da Lei n. 12.249, de 11 de junho de 2010.

Art. 37 A exigência da carteira profissional de que trata o Capítulo II somente será efetiva a partir de 180 dias, contados da instalação do respectivo Conselho Regional.

Art. 38 Enquanto não houver associações profissionais ou sindicatos em algumas das regiões econômicas a que se refere a letra "b", do art. 4º, a designação dos respectivos representantes caberá ao Delegado Regional do Trabalho, ou ao Diretor do Departamento Nacional do Trabalho, conforme a jurisdição onde ocorrer a falta.

Art. 39 A renovação de um terço dos membros do Conselho Federal, a que alude o parágrafo único do art. 5º, far-se-á no primeiro Conselho mediante sorteio para os dois triênios subseqüentes.

* Art. 39 com redação dada pela Lei n. 9.710, de 3 de setembro de 1946.

Art. 40 O presente Decreto-Lei entrará em vigor trinta (30) dias após sua publicação no Diário Oficial.

Art. 41 Revogam-se as disposições em contrário.

Rio de Janeiro, 27 de maio de 1946.

EURICO GASPAR DUTRA
Presidente

Decreto-Lei n. 9.295, de 27 de maio de 1946
[...]

CAPÍTULO V
DAS PENALIDADES

Art. 27 As penalidades ético-disciplinares aplicáveis por infração ao exercício legal da profissão são as seguintes:

[...]

g) advertência reservada, censura reservada e censura pública nos casos previstos no Código de Ética Profissional dos Contabilistas elaborado e aprovado pelos Conselhos Federal e Regionais de Contabilidade, conforme previsão do art. 10 do Decreto-Lei n. 1.040, de 21 de outubro de 1969.

   * Alínea "g" com redação dada pelo art. 76 da Lei n. 12.249, de 11 de junho de 2010.

Anexo IV

Lei n. 3.384, de 1958

De 28 de abril de 1958

DÁ NOVA DENOMINAÇÃO À PROFISSÃO DE GUARDA-LIVROS

O Presidente da República: Faço saber que o Congresso Nacional decreta e eu sanciono a seguinte lei:

Art. 1º Os profissionais habilitados como guarda-livros, de acordo com os Decretos nºs 20.158, de 30 de junho de 1931, e 21.033, de 8 de fevereiro de 1932, bem como os técnicos em contabilidade diplomados em conformidade com o disposto no Decreto-Lei n. 6.141, de 28 de dezembro de 1943, modificado pelo Decreto-Lei n. 8.191, de 20 de novembro de 1945, passam a integrar a categoria profissional de Técnicos em Contabilidade, com as atribuições e prerrogativas atualmente conferidas aos guarda-livros.

Art. 2º Esta lei entrará em vigor na data de sua publicação, revogadas as disposições em contrário.

Rio de Janeiro, 28 de abril de 1958.

JUSCELINO KUBITSCHEK
Clóvis Salgado
Parsifal Barroso

Referências

I – Legislação consultada

Lei n. 3.384, de 1958 – Dá nova denominação à profissão de guarda-livros.

Lei n. 6.404, de 15 de dezembro de 1976 (Lei das Sociedades por Ações).

Lei n. 11.638, de 2007 – Alterou e revogou dispositivos da Lei n. 6.404, de 15 de dezembro de 1976, e da Lei n. 6.385, de 7 de dezembro de 1976, e estende às sociedades de grande porte disposições relativas a elaboração e divulgação de demonstrações financeiras.

Lei n. 11.941, de 2009 – Promoveu alterações na Lei n. 6.404, de 1976, na legislação tributária federal além de outras providências.

Decreto-Lei n. 9.295, de 1946 – Cria o Conselho Federal de Contabilidade, define as atribuições do Contador e do Guarda-livros e dá outras providências.

II – Documentos consultados

Estrutura Conceitual Básica da Contabilidade – estudo elaborado pelo Instituto Brasileiro de Pesquisas Contábeis, Atuariais e Financeiras (Ipecafi).

RESOLUÇÃO CFC n. 530, de 1981 – Aprova os Princípios Fundamentais de Contabilidade. (revogada).

RESOLUÇÃO CFC n. 750, de 1993 – Dispõe sobre os Princípios de Contabilidade (PC) (revogada).

RESOLUÇÃO CFC n. 774, de 1994 – Aprova o Apêndice à Resolução sobre os Princípios Fundamentais de Contabilidade (revogada).

RESOLUÇÃO CFC n. 1.328, de 2011 – Dispõe sobre a Estrutura das Normas Brasileiras de Contabilidade.

RESOLUÇÃO CFC n. 1.374, de 2011 – Dá nova redação à NBC TG ESTRUTURA CONCEITUAL – Estrutura Conceitual para Elaboração e Divulgação de Relatório Contábil-Financeiro.

Normas Brasileiras de Contabilidade do tipo NBC TG de 01 a 13; de 15 a 33; de 35 a 49 e 1.000.

NBC PG 01 – Código de Ética Profissional do Contador, aprovada pelo CFC em seu Plenário de 7 de fevereiro de 2019.

III – Obras sugeridas

Para sedimentar os conceitos tratados no presente livro e ampliar os seus conhecimentos sobre contabilidade, sugerimos os seguintes livros:

RIBEIRO, O. M. *Contabilidade Básica em Foco*. 30. ed. São Paulo: Saraiva, 2017.

_____. *Contabilidade Comercial em Foco*. 19. ed. São Paulo: Saraiva, 2017.

_____. *Contabilidade de Custos em Foco*. 10. ed. São Paulo: Saraiva, 2017.